ANA GALLO
Mit Illustrationen von SWASKY

Das 1x1 des häuslichen Überlebens

ANA GALLO
Mit Illustrationen von SWASKY

Das 1 x 1 des häuslichen Überlebens

Umziehen leicht gemacht # Clever einkaufen und sparen # Survival in der Küche # Einfrieren und Konservieren # Putzen mit System # Alles in Ordnung # Notfälle im Haushalt # Waschtag ohne Katastrophen # Zeit zum Bügeln # Mit Nadel und Faden # Heimwerken für Anfänger # Der perfekt gepackte Koffer # Erste Hilfe # Ein sicheres Zuhause # Energie- und Wasserverbrauch

CV

IMPRESSUM

Erstveröffentlichung in Spanien 2013 unter dem Titel
„¡Socorro! Manual de supervivencia dómestica“ bei
Zahorí de Ideas
Carrer de Sicília 358
Barcelona

Diese Ausgabe wurde vermittelt durch
Manuela Kerkhoff – International Licensing Agency, Deutschland
www.manuela-kerkhoff.de

ISBN 978-3-8388-3602-7
Art. Nr. 3602

ÜBERSETZUNG: Hanna Grzimek
LEKTORAT: Wiebke Krabbe
COVERLAYOUT UND SATZ: GrafikwerkFreiburg

Printed in Slovenia

01
02
03
04
05
06
07
08
09
10
11
12
13

15

INHALT

14

ZERBRECHLICH

01

UMZIEHEN LEICHT GEMACHT

Wo fange ich nur an? Diese Frage stellt sich zwangsläufig, wenn ein Umzug bevorsteht. An erster Stelle steht die Organisation. Zweitens gilt es, Prioritäten zu setzen. Wer gut organisiert ist, behält immer alles im Blick und bewahrt die Ruhe. Wer Prioritäten setzt, verschwendet keine Zeit und vermeidet unnötige Kosten.

Dieses Kapitel will dir das Grundwissen für jeden Raum in deinem neuen Zuhause vermitteln – für Küche, Bad, Wohnzimmer, Schlafzimmer und natürlich auch für deinen Arbeitsbereich.

Dabei geht es nicht nur um die Umzugsorganisation selbst. Du musst auch die neue Wohnung richtig vermessen, die vorhandenen Installationen unter die Lupe nehmen und gut informiert zum Kauf von Möbeln und Haushaltsgeräten aufbrechen. Das alles wird dir dabei helfen, Zeit und Geld zu sparen.

Die Dekoration der Wohnung kann später folgen. Sie ist Geschmackssache und soll ganz dir und deiner Kreativität überlassen bleiben.

Der Umzug

Es macht einen Unterschied, ob nur eine Person, ein Pärchen oder eine ganze Familie in eine Wohnung oder ein Haus einzieht. Die Anzahl der Bewohner beeinflusst schließlich die Menge der Einrichtungsgegenstände und die Größe der Haushaltsgeräte. Doch woran musst du zuerst denken?

- **Erstelle eine Liste** der zu transportierenden Dinge: Umzugskisten, Koffer, Elektrogeräte, sonstige Gegenstände. Überlege, ob du eine Umzugsfirma brauchst oder ob die Fahrzeuge von Verwandten und Freunden ausreichen. Um böse Überraschungen zu vermeiden, solltest du frühzeitig den Umzugstag festlegen. Informiere auch die Nachbarn und bitte darum, dass Parkplatz, Zugang zum Haus oder Aufzug möglichst nicht blockiert werden.
- **Nimm nicht alles mit.** Was seit Jahren nicht mehr benutzt wird, kannst du verschenken oder entsorgen.
- **Besorge dir frühzeitig Kartons,** z. B. aus Geschäften in der Nachbarschaft. Sie lassen sich vor der Benutzung auffalten und flach verstauen. Für Zerbrechliches sind Flaschenkartons praktisch. Sie sind robuster, und ihre Papp-Trennwände eignen sich optimal für Gläser und Ähnliches.
- **Geh systematisch vor.** Ordne die Kartons nach Wichtigkeit. Markiere zum Beispiel Kartons mit Kleidung und Dingen des täglichen Gebrauchs mit der Nummer 1, Kartons mit weniger Wichtigem mit 2 und Kisten mit Saisonkleidung oder anderen Dingen, die du in den nächsten Monaten nicht benutzen wirst, mit 3. So kannst du später allmählich und ganz in Ruhe auspacken. Notiere auf den Kisten außerdem, in welchen Raum der Inhalt gehört. Gut sichtbare Anfangsbuchstaben genügen: K wie Küche, S wie Schlafzimmer, B wie Bad.
- **Wichtige Dinge** wie Schlüssel, Ausweis, Handy und Ladegerät solltest du im Rucksack oder der Handtasche immer zur Hand haben.
- **Nicht zu schwer!** Damit sie noch gut zu tragen sind, sollten Kisten oder Taschen nicht schwerer sein als 25 kg.

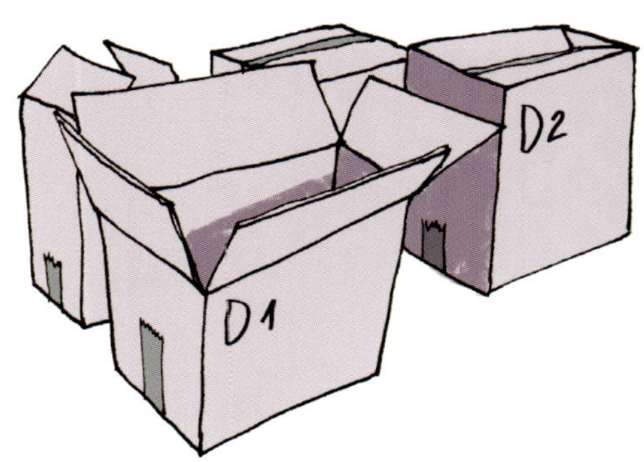

Praktisch für den Umzug:

- Lackstift
- Cutter
- Schere
- Zum Schutz:
  Luftblasenfolie
  Klarsichtfolie
  Dünne Decke
  Pappecken für Bilder
  Packpapier
  Zeitungen
- Klebestreifen (mehrere Rollen)
- Extrastarkes Klebeband
- Kleidertasche für die ersten Tage

Einziehen

Wenn du keine komplette Einrichtung besitzst, beginne mit dem Wichtigsten und lass deine Wohnung allmählich Gestalt annehmen. Es ist kein Fehler, zwei Monate mit einer Minimalausstattung zu leben und erst dann zu entscheiden, was noch angeschafft werden soll. Zuerst sind Schlafzimmer und Küche dran. Falls du zu Hause arbeitest, entscheide frühzeitig, welcher Bereich sich dafür am besten eignet. Im Wohnzimmer und Bad genügen anfangs die wichtigsten Notwendigkeiten, der Rest kann später folgen.

ABC für den Umzug

A. Installationen

Vor dem Umzug sollten alle Anschlüsse (Strom, Wasser, Gas) und sanitären Installationen in Ordnung sein. Überprüfe insbesondere den Waschmaschinenanschluss und die Anschlüsse in der Küche. Sieh nach, ob genügend Steckdosen in Schlafzimmer, Wohnzimmer und Bad vorhanden sind. Beantrage frühzeitig Telefon- und Internetanschluss.

B. Wichtige Anschaffungen

• Haushaltsgeräte: Sie sollten im Idealfall vor dem Umzugstermin geliefert werden. Lass die Waschmaschine gleich bei der Lieferung anschließen und schalte den Kühlschrank einen Tag vor dem Umzug ein. Wenn du eine Mikrowelle hast, kannst du dir mit der Anschaffung des Herds etwas mehr Zeit lassen.
• Möbel: Schaffe dir zuerst die wichtigsten großen Stücke an, etwa ein Sofa und einen Esstisch. Für das Zubehör ist immer noch Zeit. Wähle Möbel, die dir gefallen, aber achte auch auf die Qualität, damit du lange Freude an ihnen hast. Je kleiner die Wohnung, desto weniger Möbel sollten darin stehen, damit man sich nicht beengt fühlt.

C. Licht, Farben und Platz

• Versuche, in allen Räumen das Tageslicht optimal zu nutzen und den Lichteinfall nicht durch Möbel zu behindern. Leuchte dunklere Ecken mit Lampen aus.
• Streiche die Wände lieber weiß oder hell, falls du dir über die endgültige Gestaltung noch nicht klar bist. Wenn du dich nach einer Weile eingelebt hast, kannst du immer noch gewagtere Farbentscheidungen treffen.
• Achte darauf, dass Möbel oder andere Gegenstände nicht die Durchgänge verstellen.

NIEMALS!

• Beim Möbelkauf der Mode folgen. Möbel sind langlebiger als Kleidung. Lege Wert auf Qualität.

• Alles in einem dieser riesigen Einrichtungshäuser für Selbstmontage-Möbel kaufen. Sonst sieht deine Wohnung genauso aus wie die Wohnungen deiner Freunde.

• Ein Möbelstück oder Haushaltsgerät kaufen, nur weil es im Sonderangebot ist.

• Die Wände farbig streichen, bevor du die Möbel gekauft hast.

• Die Zweckmäßigkeit aus dem Auge verlieren. Ein Sofa mit hellem Bezug ist nicht immer die klügste Wahl.

• Die Wohnungseinrichtung aus einer Zeitschrift kopieren wollen. Deine Wohnung sollte deinem individuellen Stil entsprechen.

Unerlässlich in der Küche

Oft geben vorhandene Anschlüsse vor, welche Haushaltsgeräte infrage kommen. Egal, ob deine Energiequelle Gas oder Strom ist, dies sind die wichtigsten Geräte für deine neue Küche:

1. DIE MIKROWELLE
Weil es mit ihr so schön schnell geht, ist sie inzwischen fast unersetzlich in der Küche geworden. Sie erlaubt dir außerdem, den Kauf des Herds aufzuschieben.

Vor dem Kauf

1. **Miss die Stelle aus, wo sie stehen soll.** Die Tiefe nicht zu knapp kalkulieren und auf gute Standfestigkeit achten.
2. **In der Nähe muss eine Steckdose vorhanden sein.**
3. **Überlege, wofür du sie brauchst.** Wenn du Essen nur aufwärmen, auftauen oder garen willst, genügt ein einfaches Modell. Wenn du damit auch grillen oder überbacken willst, brauchst du ein Gerät mit Grillfunktion. Am vielseitigsten, aber auch am teuersten sind die Modelle mit Umluftbetrieb.
4. **Wichtige Fakten:**
   • Volumen: Es sollte den Mengen entsprechen, die du normalerweise zubereitest. Gängige Größen liegen zwischen 20 und 30 Litern.
   • Der Drehteller: Er muss zur Größe deiner Kochgefäße passen.
   • Leistung: Die Leistung gängiger Geräte liegt zwischen 700 und 1000 Watt.

2. DER KÜHLSCHRANK

Preiswertere Geräte sind meist mit einem gemeinsamen Kühlkreislauf für Kühlschrank und Gefrierfach ausgestattet. Geräte mit separaten Kreisläufen kosten etwas mehr. Wenn du viel einfrierst, ist ein Gerät mit getrennten Kühlkreisläufen sinnvoll.

Vor dem Kauf

1. **Wähle möglichst einen Platz mit viel Abstand zu Wärmequellen** wie Herd oder Heizung, da das Gerät sonst häufiger anspringt und mehr Energie verbraucht.
2. **Denk beim Ausmessen daran,** dass das Gitter auf der Rückseite mindestens 10 bis 15 cm Abstand von der Wand haben muss, damit die Belüftung gut funktioniert.
3. **Wichtige Fakten:**
   • Volumen: Für eine Person reichen etwa 100–150 Liter aus, für vier Personen werden 350–500 Liter empfohlen.
   • Sterne weisen auf die Gefrierleistung hin. Tiefgekühltes hält sich bei drei Sternen monatelang, bei zwei Sternen etwa drei Tage und bei einem Stern nur ein paar Stunden.
   • Im Juli 2012 hat die EU die Anforderungen an die Energieeffizienz von Kühlschränken erhöht. Klasse A darf nicht mehr verkauft werden, das Minimum ist A+.

3. DIE WASCHMASCHINE

• Eine Waschmaschine muss nicht schön sein, sondern bequem zu bedienen und energieeffizient.
• Ihr Standort muss gut belüftet und frostfrei sein. Im Bad sollte der Abstand zu Dusche und Waschbecken mindestens einen Meter betragen. Achte wegen des Lärms beim Schleudern darauf, dass sie so weit wie möglich von Ruheräumen wie dem Schlafzimmer oder dem Wohnzimmer entfernt steht. Der Fußboden sollte eben sein, damit keine unnötigen Schleudergeräusche entstehen. Bei Platzmangel empfiehlt sich ein schmaler Toplader.
• Für die Installation müssen neben Höhe und Tiefe des Geräts auch die Anschlüsse beachtet werden. Eine korrekt abgesicherte Steckdose, ein Wasseranschluss und ein Abfluss für das abgepumpte Wasser müssen in der Nähe sein.

Vor dem Kauf

1. **Modelle:** Je nach Budget kannst du eine Waschmaschine oder einen Waschtrockner kaufen. Beide werden als Toplader und als Frontlader angeboten. Frontlader brauchen mehr Platz, sind aber in der Regel preisgünstiger.

100% GRÜN

Das EU-Energielabel ist auf Kühlschränken und Gefrierschränken, Spülmaschinen, Waschmaschinen, Trocknern, Leuchtmitteln, Elektroherden und Klimaanlagen zu finden.

Buchstaben und Pfeile in unterschiedlichen Farben geben Auskunft über die Energieeffizienz des Geräts.

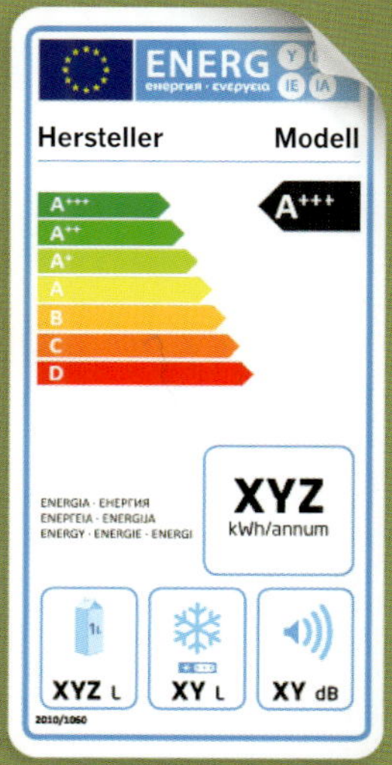

Eine große Auswahl an Waschprogrammen ist weniger wichtig, da letztlich nur wenige davon regelmäßig genutzt werden.

2. **Wichtige Fakten:**
   • Das Fassungsvermögen der Trommel liegt bei normalen Haushaltsmaschinen meist zwischen 4 und 6 kg und entscheidet über die Menge der Textilien pro Waschgang.
   • Die Schleudergeschwindigkeit sollte nicht unter 700 Umdrehungen in der Minute (rpm) liegen. Je mehr Umdrehungen, desto trockener die Wäsche. Ab 1000 rpm werden fast 50 % des Wassers herausgeschleudert.
   • Der Energieverbrauch wird anhand der EU-Klassifizierung angegeben. A+++ ist besonders sparsam, bei D ist der Verbrauch am höchsten.

4. DER HERD

Entscheidungskriterien sind der Energieverbrauch, der Preis, das Erscheinungsbild und der Reinigungsaufwand.

1. **Gasherd:** In der Wohnung muss ein Gasanschluss vorhanden sein. Unter Umständen ist auch der Betrieb mit Flaschengas denkbar. Ein Gasherd ist relativ preiswert und eignet sich für alle Arten von Töpfen und Pfannen. Gasherde mit Glaskeramik-Kochfeld werden ebenfalls angeboten. Sie sind teurer, sehen aber ansprechender aus und sind leichter zu reinigen.
2. **Elektroherd:** Hier gibt es verschiedene Typen. Induktionskochfelder heizen schnell und energiesparend, erfordern aber spezielle Töpfe. Glaskeramik-Kochfelder sind preiswerter, kochen aber etwas langsamer und verbrauchen mehr Energie. Kochplatten aus Gusseisen verbrauchen am meisten Strom und sind mühsam zu reinigen.

SPARTIPPS

Beim Kauf:

- Wenn die Mikrowelle nur zum Aufwärmen und Auftauen benutzt wird, ist kein teures Gerät mit Grill oder Umluftbetrieb nötig.
- Ein zu großer Kühlschrank, der immer halb leer ist, verbraucht unnötig viel Strom. Lebensmittel speichern Kälte, Luft jedoch nicht.
- Erkundige dich im Geschäft nach preisreduzierten Ausstellungsstücken oder zurückgegebenen Geräten.
- Das neueste Modell ist immer das teuerste, doch die Mehrleistung oder Neuerung gegenüber älteren Modellen ist nicht immer notwendig.

Beim Stromverbrauch:

- Achte auf das Energielabel. Energieeffiziente Geräte sind freundlich zur Umwelt und zum Portemonnaie.
- Der Kühlschrank macht ca. 18 % des Stromverbrauchs eines Haushalts aus. Versuche, Kälteverlust durch Wärmequellen in der Nähe, eine schlecht funktionierende Belüftung der Rückseite, häufiges Öffnen oder defekte Gummidichtungen an der Tür zu vermeiden.
- Die Waschmaschine verbraucht die meiste Energie zum Erhitzen des Wassers. Oft genügen Waschgänge mit niedrigen Temperaturen. Viele Waschmittel wirken schon bei 30 °C gut.
- Öfter mal die Mikrowelle benutzen. Sie verbraucht viel weniger Energie als der Herd.
- Auf dem Glaskeramik-Kochfeld Töpfe und Pfannen mit ebenem Boden benutzen, damit sich die Hitze gut verteilt.

- Das Sofa sollte nicht den Durchgang verstellen. Probiere aus, wo es stehen könnte, indem du Zeitungspapier in seiner Größe auslegst. So kannst du einschätzen, wie viel Raum das Sofa einnehmen wird.
- Wenn du oft Besuch bekommst und ein Schlafsofa brauchst, denk daran, dass es auch ausgezogen noch gut in den Raum passen muss.
- Ecksofas oder Ottomanen benötigen mehr Platz. Wenn du den nicht hast, wähle lieber ein gerades Sofa aus.

Dieser Test ist ein Muss: Setz dich!

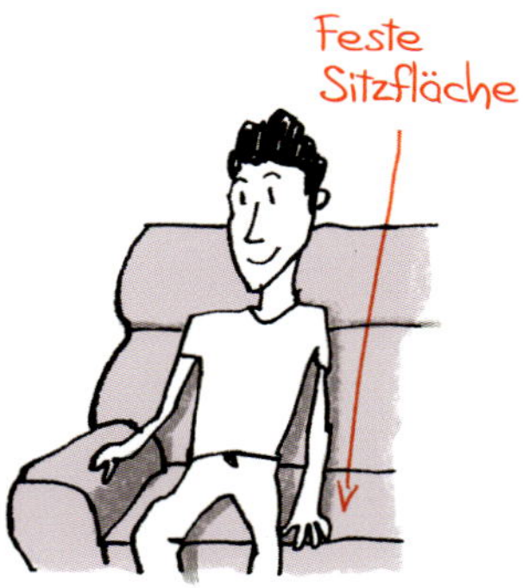

1. Die Sitzfläche sollte nicht zu sehr nachgeben.

2. Das Polster sollte fest sein, aber die Lendenwirbelsäule gut stützen. In diesem Bereich darf es also nicht zu hart sein.

3. Probiere, ob du den Kopf bequem leicht nach hinten geneigt auf der Kopflehne ablegen kannst.

4. Strecke dich aus. Teste, ob du den Kopf bequem auf die Armlehne legen kannst. Nach dem Aufstehen soll keine Delle in ihr zurückbleiben.

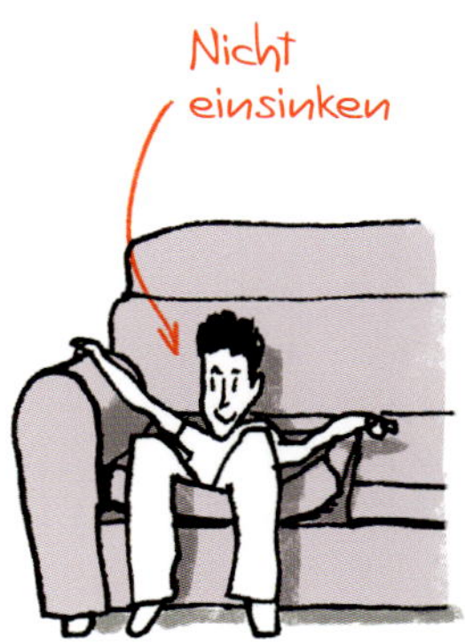

5. Im Sitzen darf das Becken nicht unter Kniehöhe in die Polster einsinken.

6. Wenn du dich zurücklehnst, sollten deine Füße bequem auf dem Boden ruhen. Sie dürfen nicht in der Luft hängen, und die Vorderkante der Sitzfläche darf keinen Druck auf die Kniekehlen ausüben.

2. DER ESSTISCH

Brauchst du den Tisch nur zum Essen, oder magst du ihn gern hübsch dekorieren? Lädst du gern Freunde zum Essen ein? Hier findest du einige Orientierungshilfen für die Wahl des Esstischs

Was für einen Tisch brauche ich?

- **Die Anzahl der Sitzplätze** hängt vom vorhandenen Platz ab, aber auch davon, ob du gern Gäste hast. Vier Stühle sind empfehlenswert.
- Berechne **die Tischgröße** für die gewünschte Anzahl von Sitzplätzen. Für die Länge multipliziert man die Standardgröße eines vollständigen Gedecks (60 cm) mit der Anzahl der Sitzplätze. Falls die Stühle Armlehnen haben, addiere pro Platz mindestens 10 cm. Die Tiefe eines Gedecks entspricht etwa 40 cm. Weil in der Mitte Platz für Schüsseln und Flaschen bleiben sollte, muss die Tischplatte also mindestens 90 cm breit sein, damit du bequem servieren kannst. Wenn du die Tischgröße berechnet hast, teste sie mit Zeitungspapier. Klebe Zeitungsseiten mit Malerkrepp zusammen und breite sie dort auf dem Fußboden aus, wo der Tisch stehen soll. So weißt du, wie viel Platz ringsherum bleibt.
- **Die Tischform** ist nicht nur Geschmackssache, sondern sollte sich auch an den Platzverhältnissen orientieren. Wo es enger ist, sind rechteckige Tische zu empfehlen, vielleicht auch ein Ausziehtisch. Runde Tische sind angenehmer für größere Runden, weil man sich daran besser austauschen kann und die Hierarchie der Tischenden aufgehoben ist, doch oft bleibt ringsherum wenig Raum. An quadratische Tische passen meist nur vier Personen, dafür fügen sie sich leichter in den Raum ein.

Unentbehrlich im Schlafzimmer

SCHLAFZIMMER-BASICS

- Matratze
- Lattenrost
- Zwei Garnituren Bettwäsche
- Matratzenauflage
- Bettdecke/Kopfkissen
- Schrank
- Vorhänge
- Nachttisch
- Nachttischlampe
- Stuhl oder Sessel

1. DAS BETT

Das Bett ist der einzige unentbehrliche Gegenstand im Schlafzimmer. Wenn kein Einbauschrank vorhanden ist, brauchst du recht bald auch einen Schrank für deine Kleidung. Für ein Bett sollte jedoch vom allerersten Tag an gesorgt sein, damit du dich nach einem langen Umzugstag richtig ausruhen kannst.

- Meist steht das Bett mittig im Zimmer, das Kopfende an einer Wand. Idealerweise sollten zwischen 50 cm und 1 m Abstand an den Seiten und etwas mehr noch am Fußende sein, damit man bequem aufstehen kann und genug Platz zum Anziehen hat.
- **Standard-Bettgrößen:**
  Einzelbett:
  90 x 190 / 100 x 200
  Französisches Bett:
  140 x 200 / 160 x 200
  Doppelbett:
  180 x 200 / 200 x 200

2. DIE VORHÄNGE

Vorhänge im Schlafzimmer sorgen nicht nur für Privatsphäre, sondern auch für Dunkelheit. Ob du fertige Vorhänge kaufst, sie anfertigen lässt oder selbst nähst: Du musst die Fenstermaße kennen und die Vorhanglänge festlegen – bis zur Fensterbank oder bis zum Boden?

Maßnehmen für Vorhänge

Die fertige Vorhangbreite ergibt sich aus der Länge der Vorhangstange oder -schiene. Üblich ist, sie auf jeder Seite 15 cm über das Fenster hinausragen zu lassen. Stange oder Schiene sollten also 30 cm länger als die Fensterbreite sein.
Montagehöhe: Stange oder Schiene werden meist 15 cm über dem oberen Fensterrahmen angebracht.
Fertige Vorhanglänge: 15 cm unter der Fensterbankhöhe oder länger.
Weitere Zugaben: 35 cm in der Länge (20 cm für den unteren Saum, 15 cm für den oberen Saum).
Die Stoffbreite hängt von der Aufhängung des Vorhangs ab. Für manche Kräusel- oder Faltenbänder wird die dreifache Vorhangbreite benötigt. Für Vorhänge mit Schlaufen oder Ösen brauchst du weniger. Als Faustregel kannst du die fertige Vorhangbreite verdoppeln. Addiere außerdem 10 cm für die beiden seitlichen Säume jedes Vorhangschals.

100% GRÜN

- Matratzen aus natürlichen Materialien wie Naturkautschuk, Naturlatex, Wolle, Baumwolle bestehen aus nachwachsenden Rohstoffen. Einige, darunter Naturlatex, sind langlebiger als synthetische Schaumstoffe, die meist aus Erdölderivaten hergestellt werden.
- Kissenfüllungen sollten aus natürlichen Stoffen bestehen. Denkbar sind Federn, Dinkelspreu, Rosshaar, Buchweizenschalen, Lavendelblüten oder Weizenkörner.
- Auch bei Laken und Bettwäsche solltest du dich für Naturfasern wie Leinen oder Baumwolle entscheiden. Es gibt sie auch in Qualitäten, die weder mit Bleichmitteln noch mit anderen Chemikalien behandelt wurden.

Unentbehrlich im Arbeitsbereich

Das Wichtigste:

- Computer
- Lampe
- Papierkorb
- Stifthalter
- Ordner

Das Büro zu Hause

Viele Menschen arbeiten ständig oder stundenweise zu Hause. Manchmal ist es aus Platzgründen nötig, eine Arbeitsecke im Schlafzimmer einzurichten, aber das ist nicht die beste Lösung. Auch im Wohnzimmer möchte man gern abschalten und nicht immer die Arbeit vor Augen haben. Wenn irgend möglich, richte dir zum Arbeiten einen separaten, vor Ablenkungen geschützten Bereich ein.

Berücksichtige bei der Wahl des Arbeitsbereichs:

- **Deine Arbeitsstunden:** Wenn dein eigentlicher Arbeitsplatz nicht zu Hause ist, kommst du gut mit weniger aus. Sitzt du aber viele Stunden täglich zu Hause am Schreibtisch, suche dir einen angenehmen, hellen Ort aus. Viel Zeit in einem dunklen, schlecht belüfteten Raum zu verbringen, kann deprimierend sein und die Arbeitsleistung beeinträchtigen.
- **Die Art deiner Arbeit:** Es gibt Berufe, die einen großen Tisch für Entwürfe oder Zeichnungen, viel Licht und Platz erfordern. Vielleicht brauchst du auch Raum für Produktmuster oder Bestellungen, dafür aber nur einen kleineren Bereich für Unterlagen und Computer.
- **Die Arbeitsatmosphäre:** Ideal ist ein ruhiger Ort, an dem du dich gut konzentrieren kannst – fern von Ablenkungen wie Waschmaschine, Hof oder Straße.

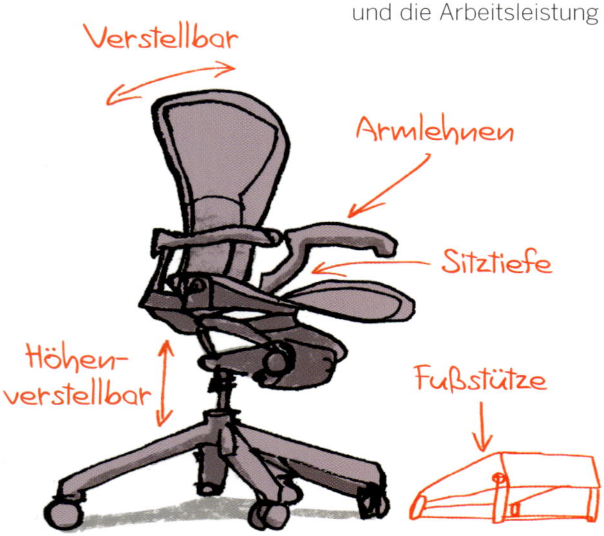

1. Der Schreibtischstuhl

Wer viele Stunden vor dem Computer verbringt, braucht einen Stuhl, der bestimmte ergonomische Anforderungen erfüllt.

- **Körperhaltung:** Die Beine sollten im rechten Winkel stehen und der Rücken aufrecht.
- **Sitzfläche:** An der Stuhlkante sollte noch eine Handbreit Platz sein, die Kniekehlen dürfen nicht eingedrückt werden.
- **Neigung:** Eine Sitzfläche mit Wippmechanismus ermöglicht es, sich im Stuhl nach vorn und hinten zu neigen.
- **Rollen:** Weiche Rollen für Hartböden, harte Rollen für Teppichboden.
- **Material:** Ob Kunststoff, Leder oder Textilmaterial – unter dem Bezug sollte sich eine weiche Polsterung befinden, damit der Stuhl keinen Druck auf die Beine ausübt.
- **Armlehnen:** Nützlich, um Schultern und Hände zu entlasten.
- **Fußstütze:** Ideal für kleinere Menschen, um die Knie im rechten Winkel zu halten.

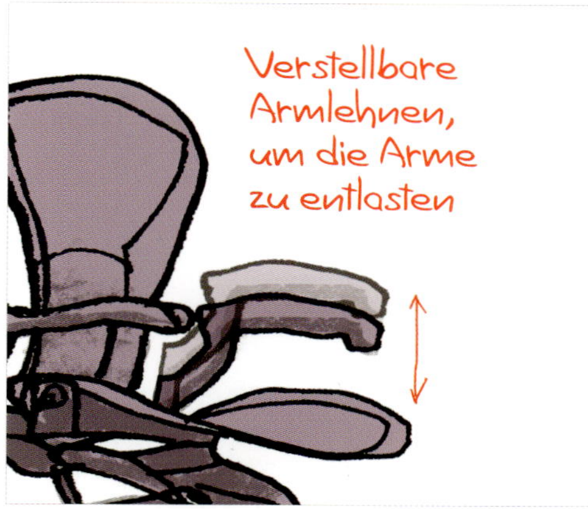

2. Der Schreibtisch
Das altbewährte Modell mit Tischplatte aus Holz, Glas oder Kunststoff auf zwei Böcken kann man in vielen Ausführungen kaufen. Empfehlenswerte Maße sind 73–75 cm Höhe und 140–180 cm Länge. Tische in vielen anderen Abmessungen, auch zur Selbstmontage, sind in allen Preislagen zu haben.

3. Stauraum
Wer Ordner und Unterlagen unsichtbar verstauen will, wird sich für ein geschlossenes System mit Türen oder Rollläden entscheiden. Vielleicht bevorzugst du auch eine offene Aufbewahrungslösung. In beiden Fällen muss alles an seinem Platz und schnell zur Hand sein.

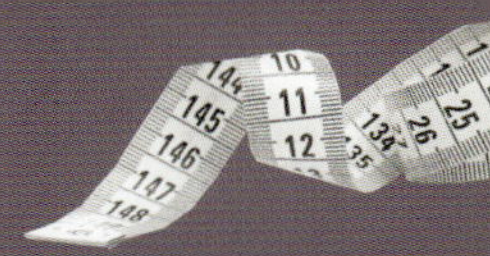

Internetanschluss

- Vergiss nicht, schon frühzeitig vor dem Umzug die Telefon- und Internetanschlüsse zu beantragen, damit der Internetzugang möglichst vom ersten Tag an funktioniert. Das ist besonders wichtig, wenn du zu Hause arbeitest.
- Sollte sich die Einrichtung des Festnetzanschlusses verzögern, kannst du dir als Übergangslösung einen USB-Surfstick besorgen. In ländlichen Gegenden kann es allerdings vorkommen, dass der Empfang zu wünschen übrig lässt.

Unerlässlich im Bad

Die Sanitärobjekte findest du normalerweise in der neuen Wohnung vor. Falls du etwas austauschen möchtest, findest du hier einige Entscheidungshilfen.

1. DIE DUSCHE

Die Dusche ist praktischer als eine Badewanne und verbraucht weniger Wasser (bis 170 l pro Benutzung).

Die Möglichkeiten:

- **Geschlossene Duschkabine:** Diese geschlossenen, überdachten Gehäuse sind auch mit Extras wie Massagedüsen, Sauna und Musik erhältlich. Solche Kabinen nehmen nur wenige Quadratmeter Platz ein, die Installation kann aber kompliziert sein.
- **Eingebaute Dusche:** Am günstigsten ist eine Dusche mit Flexschlauch und Wandstange. Es ist keine Renovierung nötig, die vorhandenen Anschlüsse können genutzt werden. Diese Art Dusche hat auch den Vorteil, dass sie sich besser in die Badezimmereinrichtung einfügt.

2. DAS WASCHBECKEN

Ob Schalen- oder Trogform, ob rund, rechteckig, extraflach oder asymmetrisch, wähle eine Form, die dir gefällt und alltagstauglich erscheint. Bei Platzproblemen ist ein extrakleines Handwaschbecken die Lösung.

Die Waschbeckentypen:

- **Hängend:** Das Becken ist an der Wand montiert, das Abflussrohr kann sichtbar oder verdeckt sein. Eine gute Option bei Platzmangel, da ein kleiner Schrank darunter passt.
- **Mit Waschtisch:** Das Becken kann an der Wand angebracht, in den Waschtisch eingelassen oder ganz freistehend installiert werden. Auch hier hat ein Unterschrank Platz.
- **Mit Säule:** Diese Becken sehen elegant aus, bieten aber keine Stauraummöglichkeiten.

3. STAURAUM

Waschbeckenunterschränke sind die übliche Lösung, doch gibt es inzwischen viele raffinierte funktionelle Möbel, die den meist begrenzten Platz im Badezimmer bestmöglich nutzen. Natürlich können auch Regale oder Schränke an den Wänden angebracht werden.

Wichtiges Zubehör

- WC-Bürste
- Zahnputzbecher
- Seifenschale oder -spender
- Nagelbürste
- Handtuchhalter
- Haken

Maß nehmen für die Renovierung

Falls du Wände streichen oder im Badezimmer Fliesen legen möchtest, musst du die Wand- oder Bodenflächen genau ausmessen. Anhand dieser Maße kannst du berechnen, wie viel Farbe oder Fliesen du brauchst – und was du ausgeben musst.

Unregelmäßiger Raumzuschnitt

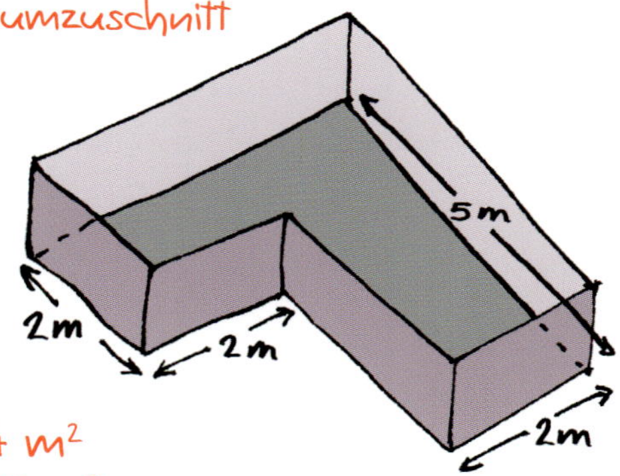

$2 \times 2 = 4\ m^2$

$5 \times 2 = 10\ m^2$

$4\ m^2 + 10\ m^2 = 14\ m^2$

Regelmäßiger Raumzuschnitt

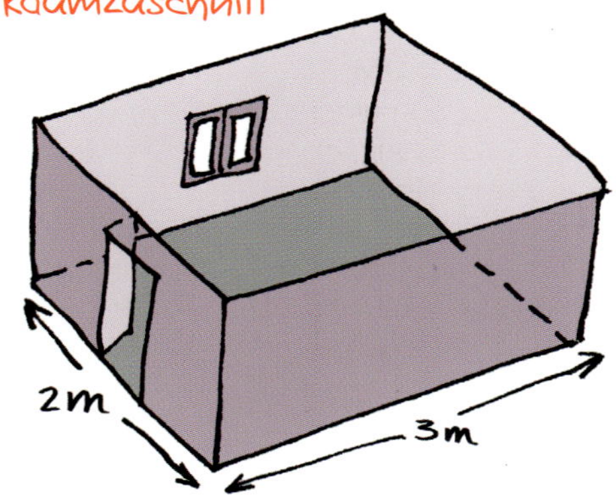

$2 \times 3 = 6\ m^2$

Die Gesamtfläche ist die Summe aller zu renovierenden Flächen. Türen und Fenster zieht man davon ab.

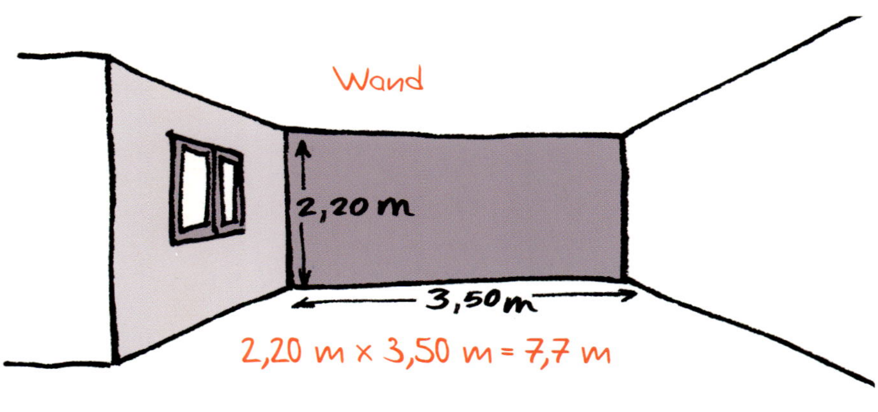

2,20 m × 3,50 m = 7,7 m

HILFE!

DIE EXPERTIN WEISS RAT

ANA GALLO

SONJA

ARZTHELFERIN
27 JAHRE

Ich habe keine Ahnung von Elektrizität ... Wie kalkuliere ich meine Stromkosten?

LÖSUNG: Die Stromversorger berechnen die monatlichen Abschläge zunächst anhand von allgemeinen Erfahrungswerten für Wohnfläche und Personenzahl im Haushalt und passen sie später anhand des individuellen Verbrauchs an. Du kannst einen geänderten Abschlag aber auch beantragen. Versuche, deinen Verbrauch zu schätzen, indem du die Leistung all der Geräte addierst, die bei dir gleichzeitig in Betrieb sind (Kühlschrank, Computer ...), und lass dich dann beim Kundenservice deines Energieversorgers beraten. Einfacher ist es, zweimal im Abstand von 24 Stunden den Zählerstand zu notieren. Die Differenz entspricht deinem ungefähren Tagesverbrauch. Multipliziere ihn mit 365 und gib eine Sicherheitsmarge hinzu, weil der Verbrauch von Jahreszeit zu Jahreszeit schwankt, z. B. weil über Winter mehr Energie für Beleuchtung verbraucht wird.

WILMA

HAUSFRAU
40 JAHRE

In meiner Wohnung sind Gasleitungen verlegt, doch ein Installateur hat mir gesagt, sie würden nicht den Vorgaben entsprechen. Wie sichere ich mich ab?

LÖSUNG: Wende dich an den Gasanbieter. Dieser wird einen Installateur schicken, der die Leitungen und Anschlüsse überprüft. Lass dir eine Bescheinigung über die fachgerechte Installation aushändigen. Wenn du in einer Mietwohnung lebst, fordere den Vermieter auf, eine entsprechende Bescheinigung vorzulegen. Für Installation von Gasanschlüssen und Führung von Rohren gibt es strenge Vorschriften. Diese können sich von Zeit zu Zeit ändern. Die Versorgungsunternehmen, aber auch qualifizierte Handwerkbetriebe, kennen stets den aktuellen Stand. Nur sie dürfen Arbeiten an Gasinstallationen vornehmen. Wer einen Altbau kauft, sollte die Installation von einem Fachmann prüfen lassen.

JÜRGEN

TAXIFAHRER
30 JAHRE

Ich habe einen Esstisch geschenkt bekommen und möchte nun Stühle dazu kaufen. Wie berechne ich den Platzbedarf?

LÖSUNG: Die Standard-Sitzhöhe eines Stuhls beträgt 45 cm. Der Abstand zwischen der Tischplatte und den Beinen einer sitzenden Person sollte 25 bis 30 cm betragen. Außerdem sollte ein Zwischenraum von mindestens 10–15 cm zwischen den Stühlen bleiben. Jede Person braucht etwa 60 cm Platz am Tisch. Miss die Tischlänge oder bei einem runden Tisch den Umfang und rechne aus, wie viele Stühle daran passen. Kalkuliere mit Standardbreiten von 45–60 cm. Nimm ruhig Papier und Stift zu Hilfe, dann kommt die Lösung fast von allein.

HAUKE

KOCH
30 JAHRE

Was ist besser, ein Bett auf Bodenhöhe oder eins in normaler Höhe?

LÖSUNG: Niedrige Betten im Futonstil sehen modern aus. Der Hauptnachteil besteht darin, dass das Aufstehen unbequemer ist. Viele Leute finden sie auch zum Bettenmachen unpraktisch. Futons liegen meist auf einem Unterbau, der ringsherum etwas vorsteht. Diese Extrazentimeter müssen einkalkuliert werden. Bei Standardbetten, wie sie in westlichen Ländern üblich sind, hat die Liegefläche eine Höhe von 45–47 cm (31 cm das Gestell, 15 cm die Matratze). Diese Maße gelten als ergonomisch.

CARMEN

KRANKENSCHWESTER
28 JAHRE

Wie verschiebt man ein schweres Möbelstück, ohne den Boden zu beschädigen?

LÖSUNG: Es gibt mehrere Möglichkeiten. Wenn du ein Möbelstück über Teppichboden schieben musst, kannst du vorher einen Metalldeckel (von einer Konservendose) unter jeden Fuß des Möbelstücks legen. Kratzer auf Holz, Fliesen und anderen Hartböden vermeidest du, indem du Fußmatten oder einen größeren Teppichrest unter die Füße schiebst. Notfalls genügen sogar dicke Socken.

MARTIN

APOTHEKER
36 JAHRE

Welche Materialien empfiehlst du mir für meine Terrasse?

LÖSUNG: Teak, Iroko und Bangkirai sind außergewöhnlich wetterfest und feuchtigkeitsbeständig. Achte bei Tropenhölzern auf das FSC-Siegel. Schmiedeeiserne Möbel sind robust, allerdings empfindlich gegen Feuchtigkeit. Darum sollte man sie regelmäßig wachsen. Wesentlich günstiger, aber bemerkenswert robust sind Möbel aus synthetischen Holzimitaten wie z. B. Geflecht in Rattanoptik.

02

HAUSPUTZ IST ANGESAGT

Putzen ist nicht gerade das Lieblingshobby, aber zu viel Staub und Keime schaden der Gesundheit. Das beste Rezept dagegen ist Regelmäßigkeit. In Hygienebereichen wie Küche und Bad muss der Lappen häufiger kreisen, aber auch der Staub von Möbeln und Wänden muss ab und zu beseitigt werden.

Am schnellsten und preisgünstigsten ist es, wenn man sich gut organisiert, sich regelmäßige Routinen angewöhnt und auf unkomplizierte Reinigungsmittel zurückgreift. Empfehlenswert sind, nicht zuletzt der Umwelt zuliebe, Putzmittel mit natürlichen, biologisch abbaubaren Inhaltsstoffen.

Was man braucht und wie man es pflegt

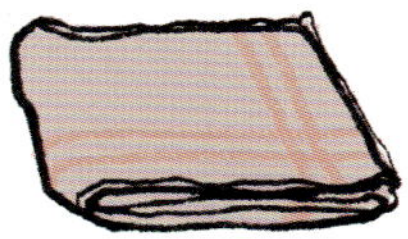

- **Besen:** Besen mit weichen Borsten sind für harte Oberflächen wie Holz- oder Steinboden geeignet, Besen mit harten Borsten für Beton, aber auch für kurzflorige Auslegeware. Reinige die Borsten mindestens alle zwei Wochen. Mit heißem Seifenwasser gründlich auswaschen, mit klarem Wasser nachspülen und den Besen mit dem Besenkopf nach oben trocknen lassen. Oder weiche die Borsten in einem Eimer Wasser mit einem Schuss Salmiakgeist (50 ml) ein und spüle sie gut aus.
- **Staubtücher:** Am besten eignen sich Wolltücher oder leicht feuchte Baumwolltücher. Sie nehmen Staub gut auf und sind bei hohen Temperaturen waschbar. Nach jedem Gebrauch in der Waschmaschine zusammen mit der anderen Wäsche waschen.
- **Fensterputzlappen:** Ideal sind Fensterleder oder Reste von alten Baumwolllaken, die aber nicht fusseln dürfen. Zum Abtrocknen eignen sich auch Zeitungspapier oder ein Gummiabzieher mit Griff.
- **Staubwedel:** Sie eignen sich nicht für die gründliche Reinigung, sondern verhindern lediglich, dass der ständig in der Luft vorhandene Staub sich ansammelt und eine Staubschicht bildet. Sie sind praktisch, um den Staub von empfindlichen Gegenständen und aus den Ritzen zu entfernen. Staubwedel mit antistatischen Eigenschaften bestehen aus Straußenfedern oder aus synthetischen Materialien. Sie reduzieren die statische Aufladung, durch die der Staub von Oberflächen angezogen wird.
- **Putzlappen:** Vorsicht, dies sind ideale Keimherde. Küchenlappen solltest du immer gründlich ausspülen und häufiger desinfizieren. Am wirksamsten ist es, sie fünf Minuten in einen Eimer mit drei Liter Wasser und einer Tasse (200 ml) Hygienereiniger zu geben. Die zweitbeste Methode ist, sie in der Spülmaschine mitzuwaschen. Die Putzlappen aus dem Bad wandern mit anderer Wäsche in die Waschmaschine. Wichtig ist, sie trocken aufzubewahren, solange sie nicht in Gebrauch sind.
- **Fensterleder:** Sie sind langlebiger als normale Lappen, sollten aber nur zur Reinigung mit Essig, Alkohol oder Wasser verwendet werden. Nach dem Gebrauch mit Seifenwasser auswaschen, mit klarem Wasser ausspülen und an einem schattigen Platz zum Trocknen aufhängen. Trockene Fensterleder sind steif, doch man muss sie nur ein bisschen kneten, dann werden sie wieder geschmeidig.

- **Stahlwolle:** Sie kommt dort zum Einsatz, wo Schmutz nur durch Scheuern zu entfernen ist. Sauber wird sie, wenn man sie in Zitronenwasser oder Wasser mit einem Schuss Hygienereiniger legt.
- **Wischmopp:** Nach dem Wischen musst du Schmutz und Putzmittel gut ausspülen. Ab und zu den Mopp in einem nur zu einem Viertel gefüllten Eimer Wasser mit einem Schuss Hygienereiniger und ein paar Tropfen Spülmittel tunken und den Stiel rasch hin- und herdrehen. Gut ausspülen und Vorgang mehrmals wiederholen. Damit er schneller trocknet, wird der Mopp aufgehängt.
- **Schwamm:** Empfindliche Oberflächen werden am besten mit einem Schwamm gereinigt, der keine Kratzer hinterlässt. Danach den Schwamm gut ausspülen und wie einen Putzlappen desinfizieren.

Das ABC der Sauberkeit

A. Von oben nach unten: Folge dem Gesetz der Schwerkraft und entferne immer zuerst den Schmutz von höhergelegenen Gegenständen – Lampen, Bilderrahmen, Fenster, Möbel, Fußleisten. Zuletzt ist der Fußboden dran. Gibt es zwei Geschosse, beginne oben. Ein Fenster oder einen Spiegel putzt man von oben nach unten. Nur beim Abwaschen von Wänden unten beginnen, damit der Schmutz nicht herunterrinnt.

B. Von trocken nach nass: Beginne mit Reinigungsarbeiten, für die du kein Wasser brauchst (fegen, Staub wischen, staubsaugen), sonst verteilst du den Schmutz mit der Feuchtigkeit nur. Erst dann folgt die Nassreinigung.

C. Von sanft nach kräftig: Immer erst versuchen, Flecken mit sanften Reinigungsmethoden zu entfernen, damit die Flächen nicht beschädigt werden. Aggressivere Methoden mit Bedacht anwenden, damit kein Schaden entsteht.

D. Kommt Zeit, kommt Sauberkeit. Eine gute Putzstrategie ist, Reinigungsmitteln ausreichend Einwirkzeit zuzugestehen. Du kannst beispielsweise Reinigungsmittel auf die Fliesen in der Küche sprühen und dann erst einmal woanders putzen, während das Produkt wirkt. Später brauchst du die Fliesen nur noch mit einem Schwamm abzuwischen.

Staub? Der Staubsauger schafft ihn

Was du wissen solltest:

- Die Saugkraft ist von der Leistung abhängig. Effizienz beginnt bei 1300 W.
- Je mehr Volumen der Staubsaugerbeutel hat, desto seltener musst du ihn auswechseln.
- Der Filter hat zwei Funktionen. Er schützt den Motor und verhindert, dass Staub aus dem Beutel austritt.
- Die Kabellänge bestimmt, wie viel Bewegungsfreiheit du beim Saugen hast.
- Das Gewicht des Geräts bestimmt, wie handlich es ist.

VIER NATÜRLICHE PUTZMITTEL:

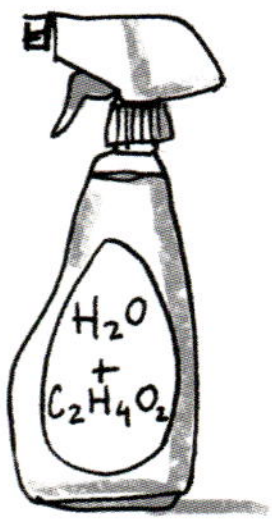

ESSIGESSENZ

NEUTRALSEIFE

ZITRONENSAFT

OLIVENÖL

Reinigungsmittel

Jede Oberfläche sollte man mit dem richtigen Reinigungsmittel behandeln. Darum ist es gut zu wissen, wie jedes Mittel wirkt. Wir haben die Wahl zwischen Naturprodukten, aus denen wir unsere eigenen Reiniger herstellen können, und industriell hergestellten Produkten aus chemischen Substanzen, die wir umsichtig und problembewusst verwenden sollten.

1. NATURPRODUKTE

Es gibt eine ganze Reihe von natürlichen Substanzen, die über eine gute Reinigungswirkung verfügen. Aus ihnen lassen sich leicht Hausreiniger herstellen. Sie haben den Vorteil, dass man die Zutaten fast immer zu Hause hat, dass sie relativ preisgünstig sind und dass sie weder bei der Herstellung noch bei der Anwendung und Entsorgung der Umwelt schaden.

Essigessenz: Sie enthält Essigsäure und ist unverdünnt nicht zum Verzehr geeignet. Sie wirkt entkalkend, desinfizierend und bringt Oberflächen zum Glänzen. Sie beseitigt effektiv Fett, Kalk und Schimmel und kann aus einer Sprühflasche aufgetragen werden.
Neutralseife: Diese traditionelle Seife ist stückweise, flüssig oder in Flockenform erhältlich.
Zitrone: Zitronensäure ist wirksam gegen Bakterien, Kalkablagerungen und Fett. Sie neutralisiert Gerüche und ist auch als Bronze- und Kupferpolitur einsetzbar.
Olivenöl: Es kann zur Holzpflege und -politur verwendet werden.

2. CHEMISCHE PRODUKTE

Diese Reinigungsmittel enthalten chemische Substanzen wie Tenside, Basen oder Säuren, manchmal auch Ammoniak oder Chlor. Sie eignen sich zur Beseitigung starker Verschmutzungen, können aber bei falscher Anwendung Gesundheitsschäden hervorrufen. Lies vor dem Gebrauch die Anwendungshinweise genau, um dich über die Risiken einer unsachgemäßen Verwendung oder Aufbewahrung zu informieren.

Spülmittel: Geschirrspülmittel wirken desinfizierend und verstärken die Reinigungskraft von Wasser.
Salmiakgeist: Das stark riechende chemische Produkt muss mit Wasser verdünnt werden. Es löst Fett und entfernt Flecken. Salmiakgeist sollte nur in gut belüfteten Räumen und mit Handschuhen verwendet werden, da er Haut, Schleimhäute und Atemwege angreifen und Kopfschmerzen verursachen kann. Darf nicht mit Säuren, Oxidantien oder Metallen in Berührung kommen. Anwendung: Einen Schuss Salmiakgeist in einen Eimer Wasser geben. Oberflächen: Glas, rostfreier Stahl, Porzellan, Fliesen, Polster und Teppichboden. Nicht auf lackierten Flächen, gewachstem Holz oder LCD-Bildschirmen anwenden.
Hygienereiniger: Diese Reiniger mit desinfizierender und bleichender Wirkung enthalten Chlor. Oberflächen: Fußböden, Küche, Bad. Anwendung: 200 ml Hygienereiniger in einen Eimer Wasser geben, direkt mit einem Schwamm auf Waschbecken, Badewanne etc. auftragen und mit klarem Wasser abspülen. Warnung: Keinesfalls mit anderen Reinigern wie Salmiakgeist in Berührung bringen. Dabei kann es zu einer chemischen Reaktion und zur Bildung giftiger Gase kommen.

Natron: Das weiße Pulver desinfiziert, löst Flecken, beseitigt Gerüche. Es entfernt Schimmel (direkt aufstreuen), kann als Abflussreiniger und zur Säuberung von Fliesen und Marmor verwendet werden. Anwendung: Einen feuchten Lappen direkt in das Natronpulver tunken. Auf dem Lappen bildet sich eine Paste, mit der sich beispielsweise Backofen oder Cerankochfeld gut säubern lassen. Alternativ ½ Tasse Natron in 4,5 Liter Wasser auflösen. Zum Säubern von Kupfer und Messing eine Paste aus gleichen Teilen Natron und Essig herstellen.

Allzweckreiniger: Diese Produkte werden in Flaschen oder Sprühflaschen angeboten. Sie enthalten normalerweise weder Chlor noch Salmiakgeist oder Säuren, bringen glatte Oberflächen zum Glänzen und sind auf fast allen Materialien einsetzbar, beispielsweise Fliesen, Glas, Spiegel, Chrom, Aluminium. Oft sind die behandelbaren Oberflächen auf dem Flaschenetikett aufgelistet. Vorsicht: Manche dieser Produkte trocknen Holz- und Plastikoberflächen aus. Nicht auf LCD-Bildschirmen verwenden.

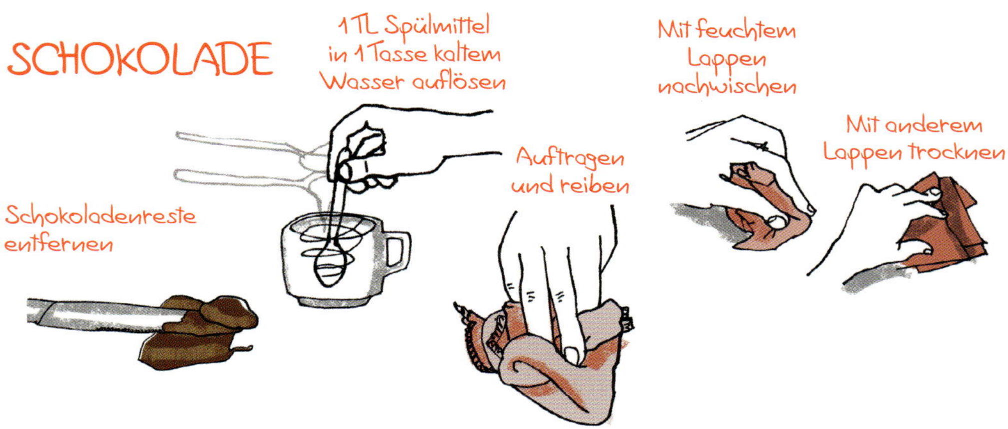

CLEVER

FLECKEN AUF DEM SOFA

Flecken auf Polstermöbeln solltest du so schnell wie möglich entfernen. Wie? Das hängt vom Fleck ab. Zum Beispiel:

- **Schokolade:** Schokoladenreste entfernen. 1 TL Spülmittel in 1 Tasse kaltem Wasser lösen, mit einem Lappen von außen nach innen auf den Fleck tupfen. Mit einem sauberen feuchten Lappen nachwischen und mit einem Tuch trocknen.
- **Wein oder Kaffee:** Fleck gut anfeuchten. Lappen in 1 Tasse kaltes Wasser mit etwas Essigessenz tauchen, Fleck damit einreiben, mit klarem Wasser nachtupfen. Bei Flecken auf weißen Stoffen kannst du auch einen Lappen in Wasserstoffperoxid und Wasser (1:4) tunken, einreiben und klar nachwischen.

NIEMALS!

- Holz mit Holzimitaten verwechseln! Sie werden unterschiedlich behandelt. Scheuermittel enthalten abrasive Teilchen, die Kunststoff-Oberflächen beschädigen können.
- An trockenem Glas reiben, da Staubreste Kratzer auf der Oberfläche hinterlassen können.
- Marmor mit Zitrone oder Essig behandeln, da Säure das Material angreift.
- Bunten oder bunt gemaserten Steinboden mit chlorhaltigen Reinigungsmitteln behandeln. Es können Verfärbungen entstehen.
- Flüssigprodukte direkt auf empfindliche Oberflächen wie Monitore oder Bilder sprühen. Verwende immer einen Lappen.

Welche Oberfläche wie reinigen?

1. GLAS UND SPIEGEL

Wasser mit einigen Tropfen Salmiakgeist mischen. Einen Lappen anfeuchten und den Rahmen säubern. Für Aluminiumrahmen Wasser und etwas Spülmittel verwenden. Danach trockenreiben.
Dann Staub und Fusseln sanft mit einem trockenen Tuch entfernen, ohne die Oberfläche zu zerkratzen.
Glasreiniger auf ein fusselfreies Tuch oder Fensterleder geben und die Oberfläche mit kreisenden Bewegungen säubern. Nicht zu viel Reiniger verwenden, sonst hinterlässt er Rückstände und du brauchst nur länger. Du kannst auch eine Mischung aus 4 Teilen heißem Wasser und 1 Teil Essigessenz verwenden.
Zum Trockenwischen gibt es mehrere Möglichkeiten. Verwende ein fusselfreies Tuch oder einen Gummiabzieher. Oben anfangen und mit leichtem Druck nach unten führen, Gummilippe mit einem sauberen trockenen Tuch abwischen, Spuren an den Rändern mit trockenem Tuch entfernen. Um gut zu erkennen, wo Spuren zurückgeblieben sind, trockne die Fensterinnenseite von rechts nach links und die Außenseite von oben nach unten.

2. MÖBEL

Möbelpolituren bringen Holz zum Glänzen, reinigen aber nicht. Als alleiniges Pflegemittel für Holzmöbel genügen sie nicht. Es gilt, eventuelle Kratzer zu beseitigen und sie mit einem Schutzfilm zu versehen, der die Holzporen vor dem Eindringen des Staubs schützt. Wer nur Politur verwendet, muss das Holz sehr häufig reinigen.
Antike Holzmöbel: Um die Patina zu erhalten, häufiger Staub wischen und mit einem Lappen nachreiben. Bei vorstehenden Leisten oder Verzierungen den Staub mit einem Pinsel oder einer kleinen weichen Bürste entfernen. Mindestens einmal im Jahr die Möbel mit Wachs oder einer speziellen Pflegeemulsion behandeln.
Korbmöbel: Sie werden mit Seifenwasser oder Zitronensaft behandelt. Mit einer Bürste den Staub aus den Zwischenräumen entfernen. Gut an der Luft trocknen lassen. Trocknen die Möbel in der Sonne, wird das Korbgeflecht heller.
Kunststoffbeschichtungen (wie Melamin): Sie benötigen keine speziellen Produkte. Es reicht aus, ab und zu den Staub zu entfernen und mit einem Lappen mit Seifenwasser nachzuwischen. Keine Scheuermittel verwenden! Tintenflecke lassen sich mit Alkohol oder Spülmittel entfernen.
Holz: Von Gartenmöbeln aus tropischen Hölzern solltest du den Schmutz entfernen. Danach mit Holzreiniger oder Seifenwasser reinigen und feucht nachwischen. Für Holzmöbel im Innenbereich (Eiche, Kiefer, Kirsche, Nussbaum) genügt Möbelpolitur nicht, weil sie nicht ins Holz eindringt. Verwende hin und wieder ein Holzpflegeprodukt mit Wachs.
Lackiertes Holz mit einem mit Seifenwasser befeuchteten Lappen abwischen, trocknen und polieren. Keine Polituren mit Alkohol, Salmiakgeist oder Silikon verwenden.
Lackierte Flächen: Ein Fensterleder mit warmem Wasser anfeuchten, Fingerabdrücke abwischen, gut trocknen und polieren. Um Kratzer zu beseitigen, ein durchsichtiges Wachs aufbringen und danach mit einem Wolltuch polieren.
Kunstleder: Weil es sich um einen synthetischen Stoff handelt, reinigt man Kunstledermöbel mit einem feuchten Fensterleder, wischt sie gut trocken und reibt nach für den Glanz. Bei Flecken Wasser, etwas

Salmiakgeist und ein wenig Spülmittel in ein Gefäß geben, mit einer kleinen Bürste auf den Fleck tupfen, gut abtrocknen und mit einem trockenen Lappen nachreiben.
Leder: Leder-Reinigungsmittel sollten immer auf den Farbton abgestimmt sein. Von hellem Leder lassen sich Flecken mit 90%igem Alkohol oder mit Feuchttüchern für Babyhygiene entfernen.

3. WÄNDE

Staub lässt sich gut von den Wänden entfernen, indem man einen Besen mit einem sauberen trockenen Lappen umwickelt und sie damit säubert. Sind die Wände durch häufige Berührung schmutzig, nimm einen Eimer Wasser und 1 EL Spülmittel, befeuchte einen weichen Schwamm ohne Scheuerseite und wische die ganze Fläche in gleichmäßigen Bahnen zügig von unten nach oben sauber. Mit sauberem Wasser nachwischen und einem trockenen Tuch abreiben, damit die Feuchtigkeit nicht eindringt.

Am besten lassen sich Wände reinigen, die mit abwaschbarer Farbe (seidenmatt oder glänzend) gestrichen wurden.
Auch matte Farbe lässt sich feucht abwischen. Hier muss man sanfter vorgehen, um Abrieb zu vermeiden.
Für abwaschbare Tapete kannst du ein neutrales oder sanftes Reinigungsprodukt mit Wasser benutzen.
Nicht abwaschbare Tapeten und Wandfarben müssen trocken gereinigt werden. Staub abfegen und mit einem weichen Schaumstoffschwamm abwischen. Flecken mit einem Radiergummi entfernen.
Fliesen: Allzweckreiniger oder Seifenwasser verwenden, mit klarem Wasser nachwischen und abtrocknen. Essigwasser sorgt für Glanz. Mit Wasser nachwischen und trocknen. Die Fugen mit einer schmalen Bürste mit Wasser und chlorhaltigem Hygienereiniger schrubben. Werden sie dabei nicht weiß genug, kannst du Fugenweißer anwenden. Er reinigt aber nicht, sondern deckt Verfärbungen ab.

Geheimtipp zum Fensterputzen: Zeitungspapier

CLEVER

FLECKEN AN DER WAND

- **Fettflecken:** Mit warmem Wasser und einem Schuss Salmiakgeist abwaschen und nachtrocknen. Auf der Tapete: Küchenpapier auf den Fleck legen und ein heißes Bügeleisen aufsetzen. Das Papier saugt das Fett auf. Falls nötig, wiederholen.
- **Schimmel:** Schwamm in 1 l Wasser und 10 ml Hygienereiniger tunken. Mit Wasser nachwischen und mit einem Lappen trocknen.
- **Kugelschreiber:** Haarlack aufsprühen, um die Tinte anzulösen. Kurz einwirken lassen und trockentupfen. Wenn nötig, wiederholen. Zuletzt mit einem Schwamm und Seifenwasser nachputzen.
- **Wachsmalstift:** Lässt sich meist mit einem Radiergummi entfernen.

NIEMALS!

- Säurehaltige Putzmittel einsetzen, wenn das Zimmer nicht gut belüftet ist.
- Unvereinbare Produkte mischen, weder auf dem Lappen noch im Eimer. Es können giftige Gase entstehen, die Schwindel oder Kopfschmerzen auslösen oder die Schleimhäute angreifen. Niemals chlorhaltige Reiniger und Salmiakgeist mischen. Niemals chlorhaltige Reiniger mit Säuren wie Essig oder mit Salzsäure und Kalklöser in Kontakt bringen.
- Leere Reinigungsmittelflaschen mit anderen Produkten füllen.
- Scheuermittel oder aggressive Reiniger mit Chlor oder Salmiakgeist ohne Handschuhe verwenden.
- Reinigungsmittel in Reichweite von Kindern aufbewahren.

Wichtige Gefahrensymbole

Diese weltweit einheitlichen Piktogramme werden zur Kennzeichnung von Chemikalien verwendet.

Verschiedene Gesundheitsgefahren (z. B. organschädigend, krebserregend, erbgutverändernd, allergieauslösend).

Gefahr von Reizungen der Augen, Haut oder Atemwegsorgane.

Behälter steht unter Druck!

Führt in kleineren Mengen sofort zu schweren Gesundheitsschäden oder zum Tode.

Ätzendes Produkt, besonderes Risiko von Haut- und Augenschäden.

Leicht entzündbar.

Brandfördernder Stoff. Bei Mischung mit brennbaren Stoffen entstehen explosionsgefährliche Gemische.

Explosiongefährlicher Stoff (z. B. durch Feuer, Schlag, Reibung, Erwärmung).

Stark umweltgefährlicher Stoff.

Putzmittel selbst gemacht

Natürliche, biologisch abbaubare Reiniger sind preisgünstig und leicht herzustellen. Auf kleine Oberflächen lassen sie sich gut mit einer Sprühflasche auftragen.

1. Allzweckreiniger
Für die Küche oder das Geschirr: 500 ml Wasser mit 2 EL Zitrone (oder Essig) und 2 EL flüssiger Neutralseife.

3. Glasreiniger
In der Sprühflasche mischen: Saft einer Zitrone, 250 ml Essig und Wasser

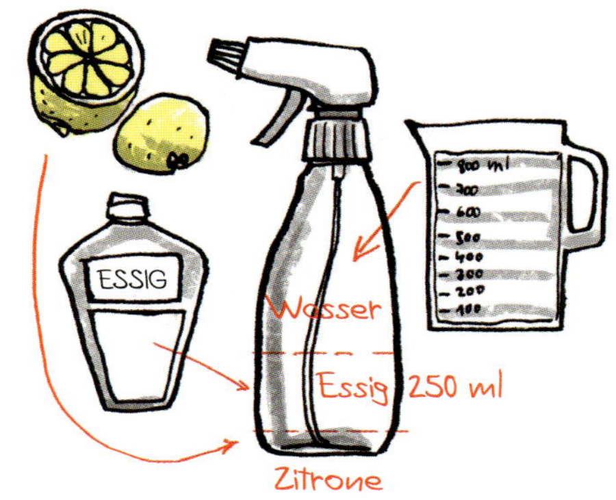

2. Fettlöser
Fülle eine Sprühflasche mit heißem Wasser und dem Saft einer Zitrone. Oder sprühe Essigessenz direkt auf und tupfe später trocken. Du kannst auch einen Lappen mit warmem Wasser anfeuchten und in Natron tauchen. Dabei entsteht eine Paste mit guter Reinigungswirkung.

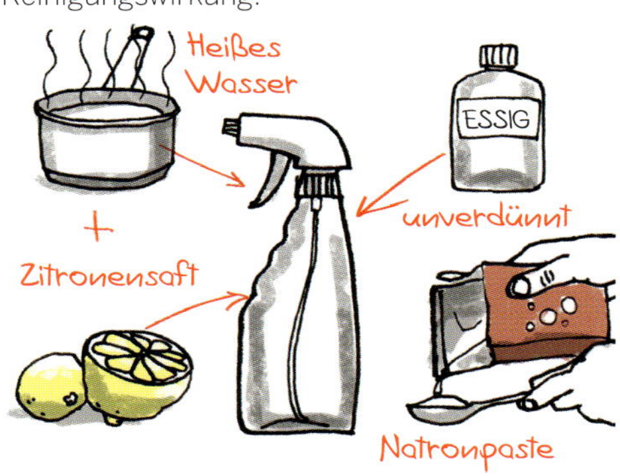

4. Holzreiniger und -politur
60 ml Olivenöl, 60 ml Essigessenz und 2 TL Zitronensaft mischen. Immer nur die nötige Menge auf den Lappen geben und nach und nach reinigen. Die Mischung nicht direkt auf das Holz geben.

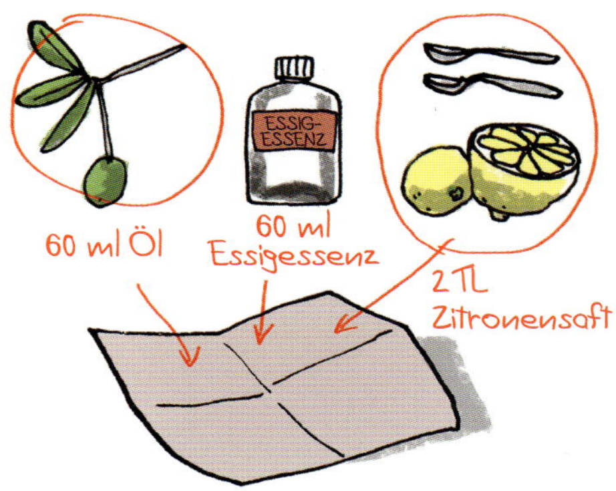

100% GRÜN

Viele chemische Produkte sind nicht biologisch abbaubar und werden aus Erdölderivaten hergestellt.

1. Phosphatfreie, biologisch abbaubare Seifen verwenden. Achte auch auf umweltfreundliche Verpackungen.

2. Vorzugsweise natürliche Putzmittel verwenden. Setze chemische Produkte nur ein, wenn es unbedingt nötig ist.

3. Wenn man regelmäßig saubermacht, sammelt sich der Schmutz nicht so stark an und aggressive Produkte werden überflüssig.

4. Stelle deine Putzmittel selbst her. Sie sind effizient, günstig und umweltfreundlich.

Die appetitlich saubere Küche

Wo ständig mit Lebensmitteln hantiert wird, muss es wirklich sauber sein. In der Küche sind vor allem fettlösende und desinfizierende Reiniger mit antibakterieller Wirkung gefragt.

Die Elektrogeräte Schritt für Schritt

Der Kühlschrank

1. Stecker aus der Steckdose ziehen.
2. Lebensmittel aus dem Kühlschrank nehmen – geordnet nach Art und Kühlschrankfach, damit es nachher einfacher ist, alles wieder an seinen Platz zu legen. Verdorbenes oder Abgelaufenes wegwerfen.
3. Zuerst die Fächer und Regale mit sehr heißem Wasser und Spülmittel säubern. Trocknen lassen.
4. Die Türfächer leeren. Wie in Schritt 2 und 3 reinigen.
5. Alle Innenflächen sowie die Tür mit einem sauberen Lappen und warmer Seifenlauge abwischen. Du kannst auch eine Paste aus Natron und Wasser verwenden. Den Lappen zwischendurch oft gründlich ausspülen. Lege auf hartnäckige Schmutzringe lieber ein nasses Tuch, um sie aufzuweichen, statt mit der Scheuerseite des Schwamms zu schrubben, wodurch die Oberfläche zerkratzt.
6. Mit dem Lappen gründlich die Gummidichtungen säubern. Sollte der Schmutz hier stark verkrustet sein, nimm eine alte Zahnbürste zu Hilfe. Wenn Gummidichtungen durch Schmutz rissig werden, schließen sie nicht sauber und der Kühlschrank verbraucht mehr Energie.
7. Das Gitter auf der Rückseite sollte zweimal im Jahr gereinigt werden, damit die Wärmeabfuhr gewährleistet ist und das Gerät effizient arbeitet.

Der Tiefkühlschrank

1. Am besten säubert man ihn dann, wenn er nicht sehr voll ist. Tiefkühlwaren dick mit Zeitungspapier umwickeln und in die Spüle oder einen sauberen Eimer legen. Reinige den Tiefkühlschrank rasch.
2. Eis am besten von selbst auftauen lassen. Falls du es eilig hast oder die Eisschicht sehr dick ist, nimm die Schubladen heraus, stelle einen Topf mit heißem Wasser auf einem Untersetzer in den Tiefkühler und schließe die Tür. Nun kann der heiße Dampf das Eis auftauen. Zum Kratzen keine scharfen Gegenstände benutzen, sondern einen Plastikschaber.
3. Lege den Boden vor dem Tiefkühler dick mit Zeitungspapier oder Handtüchern aus, damit kein Tauwasser unter das Gerät laufen kann.
4. Wasche Schubladen und Innenraum ebenso aus wie den Kühlschrank. Große Schubladen kannst du in der Dusche säubern. Auch die Gummidichtungen reinigen. Mit einem Tuch abtrocknen, dann den Stecker wieder einstecken und die Lebensmittel einräumen.
5. Wenn du länger verreist, zieh den Stecker heraus, lass den Tiefkühlschrank abtauen und nimm Verderbliches heraus. Lass die Tür des Tiefkühlers offen, damit sich kein Schimmel bildet.

Die Spülmaschine

1. Essensreste immer unter fließendem Wasser abspülen.
2. Es ist nicht egal, wo das Geschirr steht: Leichte, zerbrechliche Gläser und Tassen gehören nach oben, größere und robustere Teile nach unten.
3. Die Drehbewegung der Sprüharme darf nicht behindert werden, sonst wird das Geschirr nicht sauber.
4. Einer der Gründe für unsauberes Geschirr können verstopfte Öffnungen in den Sprüharmen sein. Man kann die Arme herausnehmen und die Öffnungen mit einem starken Wasserstrahl reinigen.
5. Was sich in den Gummidichtungen im unteren Bereich ansammelt, sollte regelmäßig entfernt werden.
6. Bei der Reinigung von außen keine flüssigen Reiniger auf die Schalter sprühen, sie könnten in den Stromkreislauf dringen. Nimm eine kleine, nur leicht angefeuchtete Bürste zu Hilfe, um Knöpfe und Drehschalter zu säubern. Den Rest mit einem Lappen und Reinigungsmittel reinigen.

Wenn die Spülmaschine nicht in Betrieb ist, sollte sie immer leicht offen stehen, damit die Luft zirkulieren und die Feuchtigkeit entweichen kann.

Die Mikrowelle

1. Das Gerät vom Stromnetz trennen.
2. Drehteller und Halterung herausnehmen und mit Spülmittel abwaschen.
3. Mit einem weichen Schwamm Innenwände abwischen. Keine Stahlwolle oder Scheuermittel verwenden und niemals den Blecheinsatz an einer der Innenwände abschrubben.
4. Für eine Generalreinigung Spezialreiniger für Mikrowellen auftragen. Eine zur Hälfte mit Wasser und dem Saft einer Zitrone gefüllte Schüssel hineinstellen, fünf Minuten lang auf höchster Stufe erhitzen. Dann zehn weitere Minuten darin stehen lassen, damit der säurehaltige Dampf das Fett lösen kann.
5. Mit einem feuchten Lappen nachwischen und gut trocknen.
6. Die Mikrowelle eine Weile offen stehen lassen.

NIEMALS!

- Den Küchengroßputz an einem Tag erledigen wollen. Besser sind zwei Tage. Mit den Geräten anfangen und am zweiten Tag Schränke und Flächen säubern.
- Die Schmutzringe von Flüssigkeiten oder Essen im Kühlschrank antrocknen lassen, sie verhärten sich.
- Speisen ohne Abdeckung in der Mikrowelle erhitzen. Die Haube verhindert nicht nur das Austrocknen der Speisen, sondern schützt auch vor Spritzern.
- Fett im Backofen zurücklassen, da es beim nächsten Erhitzen verbrennt. Eingebranntes Fett ist viel schwieriger zu entfernen.

DER BACKOFEN

1. Am besten säuberst du den Backofen nach jedem Gebrauch, solange er noch etwas warm ist.
2. Du sparst dir das Reinigen des Bodens, indem du dort Alufolie auslegst. Achtung, keine Heizschlangen zudecken.
3. Spezielle Backofenreiniger immer genau nach Herstelleranweisung anwenden. Bei falscher Anwendung drohen Gesundheitsschäden.
4. Innenwände mit einer Paste aus Wasser und Natron oder Natron und Salz schrubben, 30 Minuten einwirken lassen. Dann erneut schrubben und mit einem nassen Lappen mehrmals nachwischen.

DER HERD

Egal ob Gasbrenner oder Cerankochfeld: Spritzer und Flüssigkeiten solltest du bald nach dem Kochen vom erkalteten Herd abwischen. Milch und Zucker lassen sich am besten entfernen, solange der Herd noch warm ist.

Ceranfeld

1. Vor dem Reinigen ganz abkühlen lassen. Den erhärteten Schmutz zuerst mit einem speziellen Ceranfeldschaber entfernen. Die Klinge des Schabers regelmäßig wechseln.
2. Reinigungsemulsion auf die erkaltete Platte geben und verteilen. Kurz einwirken lassen und mit einem feuchten, weichen Lappen oder Zeitungspapier nachwischen. Keine Stahlwolle oder Scheuermittel verwenden.
3. Verwende Kochgeschirr mit möglichst ebenen Böden und stelle es immer trocken auf die Herdplatte, um Kalkablagerungen zu vermeiden.

Gasherd

1. Auf den Brennern sollte sich kein Schmutz ansammeln. Am besten nach jedem Gebrauch mit der rauen Seite des Schwammes und Essigessenz oder Spülmittel reinigen.
2. Sind die Brenner sehr schmutzig, kannst du sie in warmem Wasser und dem Saft zweier Zitronen einweichen. Danach mit einer Bürste reinigen.
3. Die Brenner sollten mindestens einmal im Monat abgenommen und gereinigt werden, damit ihre Düsen stets durchgängig bleiben.
4. Die emaillierte Wanne lässt sich mit warmem Seifenwasser gut reinigen. Verkrusteten Schmutz vorher einweichen.

SCHRITT FÜR SCHRITT >>>

Chrom und Edelstahl

Kratzer vermeiden

Verwende weder pulverförmigen Reiniger noch Stahlwolle. Silberputzmittel und andere Reiniger für Metall sind für Edelstahl meist nicht geeignet. Chlorreiniger kann die Oberfläche beschädigen.

Flecken

Fettflecken entfernt man mit einem weichen Lappen und warmem Seifenwasser. Behandle Kalkflecken mit verdünnter Essigessenz und Kaffeeflecken mit Natron und einem feuchten Tuch.

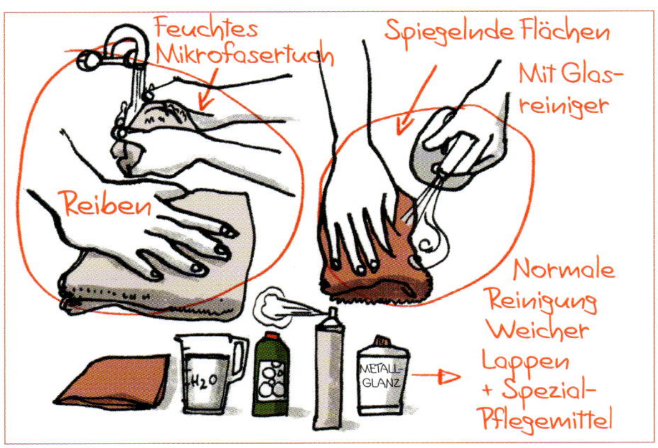

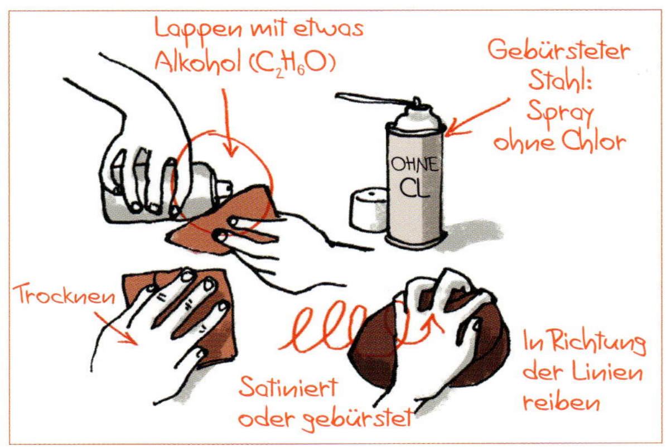

Fingerabdrücke beseitigen

Am besten entfernt man sie mit einem feuchten Mikrofasertuch. Bei spiegelnden Flächen Glasreiniger auf ein Tuch geben. Für die normale Reinigung einen weichen Lappen mit Seifenwasser, Spray oder anderen Produkten für Chrom und Edelstahl verwenden.

Auf Hochglanz bringen

Mit einem weichen, fusselfreien Lappen, der mit etwas Alkohol befeuchtet ist, lassen sich solche Oberflächen glänzend polieren. Für spiegelblanke Flächen gibt es Spezialsprays ohne Chlor. Satinierte oder gebürstete Metalloberflächen immer in Richtung der Struktur abwischen.

Tricks für den Abwasch:

EINGEBRANNTES AUF DER GRILLPLATTE
Stecker ziehen. Solange die Platte noch warm ist, einen Schuss Essigessenz darauf geben – oder Zitrone, die vielleicht ja noch vom Kochen übrig ist. Mit einem Schwamm abschrubben und einem nassen Lappen nachwischen. Gut mit Papiertüchern trocknen. Zuletzt etwas Speiseöl auf ein Stück Küchenpapier geben und die Platte dünn damit einreiben.

BODENSATZ IN DER PFANNE
Wenn nach dem Braten Essensrückstände am Pfannenboden haften, erspart man sich das ewige Schrubben, indem man einen Schuss Essig in der Pfanne erhitzt. Fünf Minuten köcheln lassen und die Pfanne dann ganz normal abwaschen.

AUSSENSEITEN VON GUSSEISENTÖPFEN
Die Außenseite von Pfannen und Töpfen werden mit der Zeit durch das erhitzte Fett schwarz. Zur Reinigung in der Spüle oder einem größeren Gefäß eine nicht zu dickflüssige Natronpaste anrühren. Pfanne oder Topf drei Stunden darin einweichen. Dann mit Stahlwolle und derselben Paste schrubben – das Schwarz sollte deutlich heller werden.

DAMIT NICHTS KLEBEN BLEIBT
Damit künftig in der Pfanne nichts mehr festklebt, erhitze sie, bedecke den Boden mit Salz und röste dieses leicht. Dann das Salz wegschütten, ein Stück Küchenpapier in Speiseöl tauchen und die Pfanne damit auswischen. Schon kannst du alles darin braten, was du willst. Nicht einmal ein Spiegelei wird haften bleiben.

FETTRÜCKSTÄNDE AUS EINEM TOPF LÖSEN
Wenn sich hartnäckige Fettrückstände auf dem Topfboden angesammelt haben, streue zwei Esslöffel Natron darauf, gib etwas Wasser dazu und warte 10 Minuten. Danach wird der Belag leicht zu lösen sein.

VERFÄRBUNGEN AUF DER ROHKOSTREIBE

Beim Reiben von Mohrrüben hinterlässt das Carotin Flecken auf dem Metall. Um sie zu entfernen, wasche die Reibe zuerst mit Wasser und Spülmittel ab. Dann träufele etwas Speiseöl auf Küchenpapier und wische damit über die Flecken. Weg sind sie!

VERFÄRBTE PLASTIKDOSEN

Auch wenn man sie immer gut abwäscht, färben sich weiße Plastikbehälter mit der Zeit gelblich. Um die Verfärbungen zu beseitigen, weiche sie über Nacht in Wasser ein, dem du den Saft einer Zitrone beigibst. Am Morgen brauchst du sie nur normal abzuwaschen und sie sehen aus wie neu.

BESTECK WIE NEU

Besteck aus Edelstahl wird wieder blitzblank, wenn es einmal in der Woche in einen Topf mit kochendem Wasser und Spülmittel gelegt wird. Drei Minuten kochen lassen und dann abspülen. Achtung: Besteck mit Holzgriffen nicht ins Wasser legen!

GLÄNZENDE GLÄSER

Durch Abwaschen mit Spülmittel verlieren Gläser allmählich ihren Glanz. Essig schafft Abhilfe. Reibe die Gläser mit einem essiggetränkten Tuch ab. Mit warmem Wasser nachspülen und abtropfen lassen.

ESPRESSOKOCHER VON INNEN SÄUBERN

Die klassischen italienischen Espressokocher lassen sich von innen reinigen, indem man den Wasserbehälter mit Wasser und einem Esslöffel Essigessenz füllt. Essigwasser durchlaufen lassen. Danach noch einmal klares Wasser durchlaufen lassen.

Fußböden und Wände

Fliesen und andere Keramikoberflächen sind sehr widerstandsfähig gegen Außeneinwirkungen, selbst gegen chemische Produkte. Für die desinfizierende Reinigung kannst du einen antibakteriellen Reiniger oder Entkalker verwenden. Ist das Wasser sehr kalkhaltig, entfernst du die Kalkspuren mit einer Mischung aus warmem Wasser und Essigessenz (1:1). Einwirken lassen, nass nachwischen und trockenreiben, bis die Fläche glänzt.

Auf porösen Materialien wie Marmor, in den Fugen zwischen Fliesen, am Badewannenrand und auf gestrichenen Wänden bildet sich gern Schimmel.
So verschwindet er:
1. Mit einer in Chlorreiniger getauchten Bürste abbürsten.
2. Trocknen lassen und farblose Spezialversiegelung auftragen, damit das Wasser abperlt.

Das Badezimmer putzen

Um im Bad für die notwendige Hygiene zu sorgen, kommen hauptsächlich drei Reiniger zum Einsatz: Desinfektionsmittel, Entkalker und Glanzreiniger. Waschbecken, Toilette, Dusche und Fliesen musst du dir regelmäßig vornehmen.

BADREINIGER

- Bewahre die nötigen Putzmittel griffbereit im Bad auf. Damit machst du dir die regelmäßigen Reinigungsarbeiten leichter.
- Chlorhaltige Hygienereiniger und Scheuermittel eignen sich nur für die Desinfektion der Toilette, aber nicht für die Badewanne, das Waschbecken oder die Fliesen.
- Auch säurehaltige Reiniger nur in Maßen auf Badewanne und Waschbecken verwenden, sie greifen die Oberflächen an.
- Benutze geeignete Flüssigreiniger für Kunststoffoberflächen, Waschbecken und Wanne.
- Arbeite mit einem weichen Schwamm, der keine Kratzer verursacht.

ARMATUREN

- Keine säurehaltigen oder ätzenden Produkte verwenden. Sie greifen die verchromten Oberflächen an.
- Auf Kalkablagerungen um Armaturen herum Essigessenz geben, einwirken lassen, nachwischen und trocknen. Kalkverschmutzte Rohre mit einem essiggetränktem Tuch umwickeln, mehrere Stunden einwirken lassen und abreiben.
- Vergoldete oder emaillierte Armaturen mit Spezialprodukten reinigen und trocken halten.
- Chlorhaltige Hygienereiniger können Chromarmaturen im Lauf der Zeit angreifen.

DIE TOILETTE

- Mit chlorhaltigem Hygienereiniger oder Salmiakgeist desinfizieren – aber die Produkte nie mischen.
- Kalkränder, die durch stehendes Wasser entstanden sind, mit Essigessenz behandeln, einwirken lassen. Auch Salzsäure ist stark kalklösend, sollte aber nur bei sehr hartnäckigen Ablagerungen verwendet werden.
- Im Spülkasten mit einer langstieligen Bürste Ablagerungen an den Innenwänden und am Grund beseitigen. Spülung betätigen und mit Entkalker nachschrubben. Nach der Reinigung bei Bedarf Desinfektionstabletten für Spülkästen hineingeben. Gelegentlich einen Schuss Essigessenz in den Spülkasten geben, um Kalkablagerungen vorzubeugen.

WASCHBECKEN, BADEWANNE, BIDET

- Flüssigreiniger verwenden. Scheuermittel können die Oberflächen angreifen. Nach dem Putzen mit einem Lappen trockenreiben.

Nicht vergessen:
Wenn du das Bad immer sauber hältst, brauchst du kaum noch aggressive Produkte.

HILFE!

DIE EXPERTIN WEISS RAT

ANA GALLO

JANNIK

MUSIKER
24 JAHRE

Wie säubert man LCD-Bildschirme?

LÖSUNG: Die empfindliche Monitor-Oberfläche darf nicht wie normales Glas behandelt werden.

- Trocken abwischen. Kein Küchen- oder Toilettenpapier nehmen, es könnte die Oberfläche zerkratzen. Ideal sind weiche Mikrofasertücher, die oft mit dem Gerät mitgeliefert werden. Auch Brillenputztücher oder weiche, fusselfreie Lappen aus Baumwolle eignen sich.
- Fingerabdrücke oder Flecken kannst du mit einem antistatischen Allzweckreiniger beseitigen – unbedingt ohne Salmiakgeist, denn dieser kann die Antireflexbeschichtung zerstören. Die Flüssigkeit nie direkt auf den Bildschirm auftragen, sondern auf einen Lappen geben und ohne Druck wischen. Alternativ ein Mikrofaser- oder Baumwolltuch mit wenig warmem Wasser befeuchten, den Bildschirm abwischen und nachtrocknen.

DORIS

VERKÄUFERIN
23 JAHRE

Ich habe Staub von der Zimmerdecke immer nur trocken entfernt. Nun habe ich gehört, dass man Decken auch abwaschen kann. Gibt es eine einfache Methode?

LÖSUNG: Im Vergleich zu den Zimmerwänden, wo durch Berührung schneller Flecken entstehen, muss man die Decken eher selten reinigen. Sollten sie jedoch sehr schmutzig sein, geh folgendermaßen vor:

- Staub gründlich mit einem langstieligen Staubwedel entfernen.
- Möbel im Zimmer abdecken.
- Zwei Eimer füllen: einen mit Seifenwasser oder mit einem hautschonenden Reiniger (da du bestimmt einige Tropfen abbekommen wirst) und einen mit klarem Wasser zum Nachspülen. Stell außerdem einen sauberen Wischmopp und eine Leiter bereit.
- Fang in einer Ecke an und nimm dir die Decke in Etappen vor.
- Bereich für Bereich jeweils einseifen und mit dem ausgespülten Wischmopp nachwischen.

ELLEN

FOTOGRAFIN
33 JAHRE

Warum bekomme ich den Terrazzofußboden nicht zum Glänzen? Womit kann ich ihn behandeln?

LÖSUNG: Vermutlich wurde der Boden mit alkalischen Produkten wie Salmiakgeist und Borax oder mit Scheuermitteln gereinigt, die seine Glanzschicht zerstört haben. Da kann nur eine Firma helfen, die den Boden neu versiegelt. Danach nur mit Wasser und neutraler Seife reinigen und ab und zu mit einem Mopp nachwischen, um den Glanz zu erneuern.

GIORGOS

UHRMACHER
43 JAHRE

Wie kann man Telefone oder Kopfhörer reinigen?

LÖSUNG: Auf häufig verwendeten technischen Geräten können sich mehr Keime ansammeln als im Badezimmer. Zur Reinigung das Gerät oder die Stelle mit einem Lappen und etwas Allzweckreiniger ohne Salmiakgeist abwischen. Schaumstoff-Ohrpolster von Kopfhörern aus hygienischen Gründen regelmäßig erneuern.

IRIS

PHYSIOTHERAPEUTIN
38 JAHRE

Kann ich Silberbesteck in der Spülmaschine reinigen?

LÖSUNG: Wertvolles Besteck aus Silber oder versilbertem Edelstahl sollte man lieber mit der Hand abwaschen. Ansonsten ist beim Reinigen in der Spülmaschine einiges zu beachten. Vorher säurehaltige Essensreste entfernen und die Besteckteile locker in den Korb stellen, damit beim Waschen und Spülen keine Seifenreste an ihnen hängen bleiben. Teile aus Silber und Edelstahl nicht ins gleiche Fach stellen. Das Spülmittel sollte nicht unverdünnt auf das Silber gelangen. Sobald der Spülgang beendet ist, das Besteck entnehmen und gut abtrocknen.

SACHIKO

BANKANGESTELLTE
32 JAHRE

Auf den Wänden der Duschkabine bildet sich eine weiße Schicht, obwohl ich sie nach jedem Duschen trocken wische.

LÖSUNG: Diese Schicht entsteht durch Kalk. Für Duschkabinenwände aus Glas oder Kunststoff gibt es spezielle Reinigungsprodukte, du kannst aber auch heißes Essigwasser verwenden (Mischungsverhältnis 1:1). Auf die Oberfläche sprühen und einwirken lassen. Die Dauer hängt vom Grad der Verkalkung ab. Um Kalkbildung vorzubeugen, nach dem Duschen das Badezimmer sofort gründlich lüften, damit Wasserdampf abziehen kann. Die Duschkabinenwand mit kaltem Wasser abspülen und abtrocknen.

30
40°

03

WASCHTAG OHNE KATASTROPHEN

Wäsche waschen heißt nicht einfach nur, die Wäsche in die Maschine zu stecken und auf den Knopf zu drücken. Da kann es leicht passieren, dass die Kleidung ausbleicht, einläuft, verfärbt oder grau wird. Noch schlimmer wäre es, wenn die Waschmaschine vorzeitig den Dienst quittiert.

Du kannst die Waschmaschine bedienen? Prima, aber leider nicht genug. Du solltest auch wissen, welche Temperaturen und Waschmittel deine Textilien vertragen, welche Behandlung unnötig oder schädlich für die Wäsche ist und wie sich Flecken schonend, aber zuverlässig entfernen lassen.

Denk daran, dass du auch beim Wäschewaschen Verantwortungsbewusstsein zeigen kannst, indem du Strom und Wasser sparst und umweltschädliche Produkte vermeidest.

Farben sortieren

Um die Farben deiner Kleidung zu schonen, drehst du sie am besten auf links. Wasche immer beide Teile eines Ensembles zusammen, damit die Farbintensität gleich bleibt. Sortiere die Wäsche noch folgenden Farbgruppen:

Rot, Orange, Rosa

Weiß

Grau, Gelb, Hellblau

Dunkles: Schwarz, Dunkelblau, Braun, Lila und Grün

Das Wäsche-ABC

A. Flecken vorbehandeln

- Lass Flecken nicht eintrocknen. Befeuchte sie so schnell wie möglich mit kaltem Wasser. Heißes Wasser lässt sie tiefer ins Gewebe eindringen.
- Geeigneten Fleckenentferner auftragen (siehe unten) oder eine Paste aus Spülmittel und Wasser herstellen und mit dem Finger auf den Fleck tupfen. Nicht am Stoff reiben, sonst breitet sich der Fleck aus.
- Einige Stunden oder über Nacht einwirken lassen.

B. Es kann losgehen

- Zuerst die Wäsche nach Farben und Gewebearten sortieren. Wasche zuerst Teile, die am längsten zum Trocknen brauchen. Stark verschmutzte Wäsche separat waschen.
- Die Pflegehinweise auf den eingenähten Etiketten beachten.
- Stimme das Waschmittel und seine Dosierung auf den Wäschetyp und den Wasserhärtegrad ab.

Vor dem Waschen

1. Hosentaschen leeren, Reißverschlüsse schließen, Schnüre festknoten und Kleidung auf links drehen.
2. Die Wäsche nach Farben sortieren, empfindliche Stücke separat legen.
3. Kleidungsstücke mit Flecken aussortieren, um diese vorzubehandeln.

C. In der Waschmaschine

- Packe die Trommel nicht zu voll. Lass zwischen Tür und Kleidung eine Handbreit Platz.
- Stimme Waschtemperatur und Schleudertouren auf den Wäschetyp ab. Denk daran, dass höhere Temperaturen mehr Strom verbrauchen.
- Empfindliche Kleidungsstücke oder Kleidung mit Schmuckelementen aus Metall in einem Wäschenetz waschen. Ein Kissenbezug tut es auch.
- Soll weiße Wäsche strahlen, versuche es mit Zitrone, bevor du zu chemischen Bleichmitteln greifst.

Färbt das ab?

Neue Kleidung sollte beim ersten Mal grundsätzlich separat gewaschen werden, da sie möglicherweise Farbe abgibt. So kannst du herausfinden, ob ein Kleidungsstück abfärbt:

1. Feuchte einen Wattebausch an. Dreh das Kleidungsstück auf links und lege den Wattebausch fünf Minuten auf eine wenig sichtbare Stelle (z. B. Innenseite des Saums). Sieh dann nach, ob er Farbe aufgenommen hat.
2. Das Kleidungsstück an einer Stelle mit dem Dampfbügeleisen befeuchten. Ein Stück weißen Stoff darunter legen, über die Stelle bügeln und nachsehen, ob der weiße Stoff Farbe angenommen hat.

Gewebearten

Wenn du die folgenden Tipps beachtest und geeignete Waschmittel benutzt, wirst du an deiner Kleidung lange Freude haben.

Gewebe	Tipps für die Wäsche	
Weiße Baumwolle (weiße Kleidung, Bettwäsche, Handtücher, Unterwäsche)	90 °C. Kalt spülen Vollwaschgang Normal schleudern (1000 rpm)	Hochwertige Baumwolle benötigt keinen Weichspüler. Keine Chlorbleiche verwenden, langfristig wird das Gewebe angegriffen und vergilbt.
Baumwolle / Polyester (weiße Feinwäsche, Stickereien, Hemden)	Höchsttemperatur 90 °C	Kurz schleudern
Baumwolle / Nylon (hell, nicht abfärbend)	Höchsttemperatur 40 °C	Kurz schleudern
Reine Baumwolle, farbig (Hemden, feinere Stoffe ...)	Kalt waschen Schleudern: 700 Umdrehungen	Keinen Weichspüler oder Chlorreiniger verwenden
Leinen	Höchsttemperatur 60 °C Ein wenig Wäschestärke hinzufügen	Nicht schleudern Keine Chlorreiniger verwenden
Polyacryl	Höchsttemperatur 30 °C Lädt sich statisch auf Weichspüler hinzugeben Keine Bleichmittel verwenden	Nimmt Gerüche auf, häufig waschen Trockner: niedrige Temperaturen, Kurzprogramm
Cord, Strickwaren ...	Höchsttemperatur 40 °C Programm für Feinwäsche	Keine Bleichmittel verwenden
Jeans	Kalt oder 30 °C Nicht mit anderen Geweben mischen	Normal schleudern (1000 Umdrehungen) Keine Chlorreiniger verwenden
Seide	Kalt waschen mit Neutralseife Schonwaschgang, Handwäsche oder chemische Reinigung	Schleudern bei 700 Umdrehungen Nicht auswringen, nicht reiben
Elastische Stoffe (Lycra, Elasthan), Damenwäsche, Strumpfhosen, Badehosen	30 °C Programm für Feinwäsche	Ist der Anteil an Elasthan groß, nicht in den Trockner geben
Acetatgewebe (Sportkleidung)	30 °C kalt spülen	Nicht oder nur kurz schleudern
Polyester	60 °C (bei heißeren Temperaturen gehen Stoffe ein)	Lädt sich statisch auf Weichspüler und Bleichmittel möglich
Wolle	Wollprogramm oder Handwäsche Keinen Weichspüler verwenden, weil er die Fasern verklebt	Keine Bleichmittel verwenden

WASCHPULVER

FLÜSSIGWASCHMITTEL

WÄSCHEWEISS

BIO-WASCHMITTEL

WEICHSPÜLER

BLEICHMITTEL

Die einzelnen Waschmittel

Waschmittel sollte man nicht beliebig verwenden. Es ist wichtig zu wissen, wie ihre Substanzen wirken, um sie sinnvoll auf die Wasserhärte sowie auf verschiedene Gewebetypen und Waschtemperaturen abzustimmen.

Waschpulver: Manche Waschpulver enthalten optische Aufheller und sind daher besonders für Weißwäsche geeignet. Sie sind wirksam gegen proteinhaltige Flecken und reinigen bei hartem Wasser oft besser als Flüssigwaschmittel. Dosierungshinweise für verschiedene Wasserhärten sind meist auf der Verpackung zu finden. Sie sind meist weniger umweltverträglich als Flüssigwaschmittel.

Flüssigwaschmittel: Es gibt Produkte für Weißwäsche und für Buntwäsche. Sie eignen sich zur Vorbehandlung von Fettflecken und sind auch bei niedrigen Temperaturen gut wirksam.

Wäscheweiß: Diese Produkte enthalten Substanzen, die dem Vergilben der Wäsche entgegenwirken. Mittel mit Aktivsauerstoff entfalten ihre Wirkung bei hohen Wassertemperaturen am besten. Optische Aufheller reinigen nicht, sie reflektieren die UV-Strahlen und lassen das Weiß dadurch intensiver erscheinen.

Biologische Waschmittel: Sie enthalten Enzyme, die auch bei niedrigen Temperaturen und in Kurzprogrammen ihre Wirkung entfalten. Tabs oder Kapseln mit Flüssigwaschmittel sind bequem in der Anwendung, weil man sie direkt in die Trommel geben kann. Manche Produkte weisen eine höhere Enzymaktivität auf und sind besonders wirksam gegen Blut- oder Grasflecken. Andere besitzen besonders gute Fettlöse-Eigenschaften. Generell stehen sie herkömmlichen Waschmitteln in der Wirkung nicht nach.

Weichspüler: Weichgespülte Naturfaserstoffe wie Baumwolle und Leinen lassen sich leichter bügeln, andererseits werden diese Stoffe auch einfach durch den Bügelvorgang selbst geschmeidig. Bei Synthetikstoffen wirken Weichspüler der statischen Aufladung entgegen, die durch Feuchtigkeit und Reibung entsteht. Nicht verwenden für Federbetten, elastische Gewebe mit Elasthan und reine Schurwolle.
Für Babywäsche oder Kleidung von Allergikern sollte kein Weichspüler verwendet werden.
Eine gute natürliche Alternative ist weißer Essig. Es genügt, eine kleine Tasse voll ins Weichspülerfach der Waschmaschine zu geben. Er hinterlässt keinen Geruch auf der Wäsche.

Bleiche: Bleichprodukte enthalten oft Chlor und sind recht aggressiv. Sie sollten immer der letzte Ausweg bei sehr hartnäckigem Schmutz sein. Nur verdünnt und in der empfohlenen Dosierung für weiße Wäsche verwenden. Verwende kaltes Wasser und spüle die Textilien anschließend sehr gründlich, sonst besteht Gefahr, dass sie vergilben.

Lies das Etikett

Verwendung von bleichenden Produkten:

	• Chlor- und Sauerstoff-Bleichmittel erlaubt
	• Nicht bleichen
	• Nur Bleichmittel mit Sauerstoff erlaubt

Temperaturen und Waschprogramme

	• Nur Handwäsche oder Handwaschprogramm der Maschine. • Normal spülen und vorsichtig trocknen. Höchsttemperatur 30 °C. • Bunte Gewebe nicht einweichen. • Waschmittel gut auflösen. Stoff hineingeben und gut durchfeuchten. Nicht reiben oder schleudern. Vorsichtig auswaschen.
	• Höchsttemperaturen für Maschinenwäsche: • 30 °C empfindliche Farben. • 40 °C bunte Hemden, elastische Unterwäsche, abfärbende Wäsche. • 60 °C farbechte Buntwäsche, Weißwäsche.
	• Schonwaschgang (geringere mechanische Bewegung)
	• Wollprogramm, Spezial-Schonwaschgang (sehr geringe mechanische Bewegung)
	• Nicht waschen.
	• Nur chemische Reinigung. Verschiedene Buchstaben informieren den Fachmann über die geeignete Art der Reinigung. P weist auf das häufig eingesetzte Reinigungsmittel Perchlorethylen hin.
	• Chemische Reinigung nicht möglich.

100% GRÜN

Eine Waschmaschine braucht viel Wasser und Strom. Aber mit etwas Überlegung kannst du den Verbrauch senken.

Strom sparen:

- Bei geringer Verschmutzung niedrige Waschtemperatur wählen.
- Für kleine Wäschemengen Kurzprogramme oder Programme für die halbvolle Maschine einstellen.

Gesundheits- und Umweltschäden minimieren:

- Waschmittel nicht überdosieren, um die Schadstoffbelastung des Abwassers im Rahmen zu halten.
- Wäsche mit natürlichen Bleichmitteln behandeln.

Für jeden Fleck das richtige Mittel

In einem heißen Waschgang werden Flecken normalerweise recht zuverlässig entfernt. Aber nicht jede Textilfaser verträgt hohe Temperaturen. Da muss man zu anderen Mitteln greifen – je eher, desto besser.

Wenn du einen Fleck entdeckst, solltest du ihn sofort behandeln – auf jeden Fall, bevor du das Kleidungsstück in die Maschine steckst. Nicht immer sind Waschmittel oder Seife die beste Lösung. Aber eine Wissenschaft ist die Fleckentfernung trotzdem nicht, denn die meisten Flecken lassen sich einer von vier Kategorien zuordnen. Der Typ des Flecks entscheidet, mit welcher Methode er sich am effektivsten behandeln lässt. Und nicht vergessen: Am besten verschwinden Flecken, wenn man sie sofort anfeuchtet – mit kaltem, niemals mit heißem Wasser.

Art des Flecks	Behandlung Schritt für Schritt
EIWEISS (Milchprodukte, Blut, Stuhl, Schlamm, Ei, Erbrochenes, Sperma, Schweiß ...)	Tierisches oder pflanzliches Eiweiß ist in kaltem Wasser löslich. Die Beseitigung der Flecken gelingt nur mit Enzymen. 1. Mit einer Zahnbürste reinigen. 2. Enzymreiniger auftragen und ca. 2 Stunden wirken lassen. 3. Fleck 30 Minuten in kaltem Wasser einweichen. 4. Mit lauwarmem Wasser auswaschen. Nicht mit heißem Wasser anfeuchten. Biologischen Reiniger mit Enzymen verwenden.
FARBSTOFFE (Gras, Senf, Farbe, Kirschen ...)	1. Vorbehandlung: Fleck mit Enzymreiniger für die Vorwäsche besprenkeln, 15 Minuten einwirken lassen. 2. Mit einer Zahnbürste bearbeiten und den Fleck so gut wie möglich entfernen. 3. Mit einem Buntwaschmittel bei höchstzulässiger Temperatur waschen (siehe Kleidungsetikett).
FETT (Öl, Butter, Mayonnaise, Hautcreme, Lippenstift ...)	Lässt sich am besten mit einem tensidhaltigen Produkt entfernen. 1. Fettreste mit feuchtem Handtuch oder kleiner Bürste entfernen. 2. Fettflecken-Entferner auf die Stelle geben und 10 Minuten einwirken lassen. 3. Kleidungsstück mit einem Flüssigwaschmittel waschen. In hartnäckigen Fällen chemisch reinigen lassen.
GERBSTOFFE (Alkohol, Himbeeren, Erdbeeren, Rote Beete, Fruchtsaft, Tomatensauce, Kaffee, Tee ...)	Die Flecken sind wasserlöslich, und da sie oxidierbar sind, ist Sauerstoff das Mittel der Wahl. 1. Reste mit kaltem, feuchtem Schwamm entfernen. 2. Paste aus Waschpulver und Wasser herstellen und 10 Minuten einwirken lassen. 3. Bei höchstzulässiger Temperatur mit Waschmittel waschen, bei farbechter Wäsche eventuell ein Produkt mit Wasserstoffperoxid einsetzen.

Art des Flecks	Behandlung Schritt für Schritt
KAUGUMMI	Eis auf die Stelle legen, bis der Kaugummi hart wird, oder das Kleidungsstück in einer Tüte ins Gefrierfach legen. Nach einer Weile lässt sich der Kaugummi vom Stoff lösen.
TINTE	Kleidungsstück 8 Stunden lang in kaltes Wasser und Flüssigwaschmittel legen. Dann normal waschen.
DEO	Flüssigwaschmittel auf den Fleck geben und einwirken lassen. Kurz in heißes Wasser mit Waschmittel tauchen. Danach sofort normal waschen.
KLEBSTOFFE (Kleber, Nagellack)	Fleck mit Aceton betupfen (außer auf Synthetikstoffen und Viskose). Dann normal waschen.
SCHIMMEL	Salz auf den Fleck streuen, mit Zitronensaft befeuchten und einige Stunden einwirken lassen. Dann normal waschen.
WACHS	So viel Wachs wie möglich abkratzen. Verwende dafür keine scharfen Gegenstände, die den Stoff beschädigen könnten. Auf den Fleck und unter den Stoff je ein Stück Küchenpapier legen. Die Stelle heiß bügeln, sodass das Wachs schmilzt und vom Papier aufgesaugt wird. Papier mehrmals verschieben oder austauschen und so lange bügeln, bis nur noch ein schwacher Fleck sichtbar ist. Dann normal waschen.
ROST	Zitronensaft auf den Fleck geben. Einwirken lassen und auswaschen. Wenn nötig, mehr Zitronensaft aufträufeln und Kleidungsstück in der Sonne trocknen lassen (farbige Stoffe auf links). Nach einigen Stunden auswaschen.
GELBE FLECKEN AUF WEISSER WÄSCHE	1. Den Fleck mit flüssiger Schmierseife einreiben und eine Stunde einwirken lassen. Danach normal mit Waschpulver waschen. 2. 3 EL Natron in 1 l heißem Wasser auflösen. Stoff darin 30 Minuten einweichen, dann ausspülen. 3. Ist Fleck immer noch sichtbar, eine Paste aus Natron und Zitronensaft auftragen, einige Minuten einwirken lassen und auswaschen.
FARBE	Wasserfarben mit Wasser entfernen. Ölhaltige Farben mit Terpentin oder Lösungsmittel behandeln und dann normal waschen.

CLEVER

BLUTFLECKEN

Immer sofort behandeln! Ist das Blut angetrocknet, Kleidungsstück in kaltes Essigwasser legen.

Auf Wolle und farbechten Stoffen: Aspirin in Wasser auflösen.

Nicht waschbare Stoffe auf der Rückseite mit einer Paste aus Speisestärke und Wasser bestreichen. Trocknen lassen, erneut anfeuchten und mit einer Bürste entfernen.

NIEMALS!

- Tinten- oder Lippenstiftflecken anfeuchten, sonst dringen sie noch tiefer ins Gewebe ein.
- Salz auf einen Weinfleck streuen. Es fixiert die Gerbstoffe statt sie aufzulösen.
- An empfindlichen Stoffen wie Seide reiben. Die Gewebefasern können reißen.
- Direkt auf einem Fleck bügeln. Dadurch wird er im Gewebe fixiert.
- Versuchen, einen Fleck von einem sehr teuren Kleidungsstück zu entfernen. Bring es lieber in die chemische Reinigung.
- Aceton oder Lösungsmittel auf Synthetik- oder Viskosestoffen verwenden.
- Wäsche auswringen.
- Wäsche zu lange in der Sonne hängen lassen. Die Farben bleichen aus.

SCHRITT FÜR SCHRITT >>>

Handwäsche

1. Das Gefäß sollte nur so groß sein, dass die Wäsche gerade hineinpasst. Handwaschmittel zufügen und auflösen, erst dann die Wäsche hineinlegen.

2. Folge dem Ablauf des Wäsche-ABC. Kalt oder lauwarm (30 °C) waschen. Falls du für weiße Stoffe Bleiche verwendest, zieh Handschuhe an.

3. Ein Wäschestück 15 Minuten einweichen, mehrere Stücke 30 Minuten. Nicht länger, sonst können Farben und Gewebe leiden.

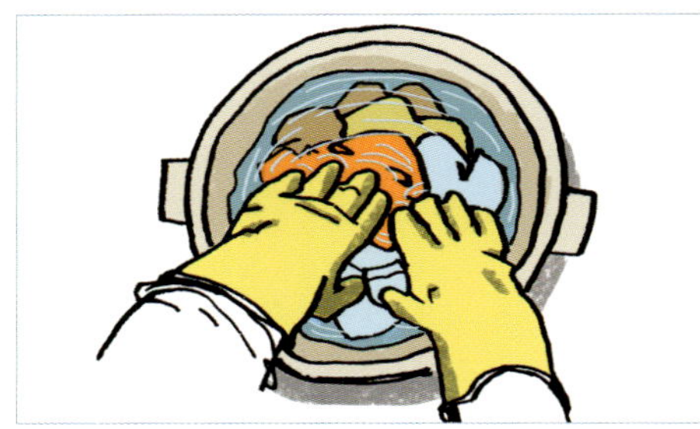

4. Wäsche massieren, ähnlich wie beim Teigkneten. Nicht reiben.

5. Wäsche herausnehmen und ins saubere Waschbecken oder die Badewanne legen, damit das Wasser abtropfen kann. Ausdrücken, aber nicht wringen.

6. Klares Wasser ins Gefäß füllen und die Wäsche darin spülen. Drei- oder viermal wiederholen, bis das Spülwasser klar bleibt.

Wie oft wäscht man ...?

Unterwäsche
Nach jedem Gebrauch. BHs nach 3 oder 4 Tagen Gebrauch, wenn du nicht stark schwitzt.

Nachtwäsche
Nach ca. 4 Nächten. Wenn du vor dem Schlafengehen regelmäßig duschst, Nachtzeug wöchentlich waschen. Seidenwäsche nach jedem Gebrauch waschen, da sie Körperfette und Schweiß stark absorbiert.

T-Shirts
Wenn du sie länger als vier Stunden getragen hast.

Jeans
Nach 4- oder 5-maligem Gebrauch. Nicht zu oft waschen, sonst wird der Stoff mürbe und verliert an Farbe.

Hosen und Shorts
Nach 2- oder 3-maligem Gebrauch. Enge Hosen nach jedem Gebrauch. Stretchstoffe, wenn sie beginnen, an Spannkraft zu verlieren.

Anzughosen, Arbeitskleidung
Haben normalerweise Fleckenschutz. Nach 4- oder 5-maligem Gebrauch, sofern du sie ausziehst, sobald du von der Arbeit nach Hause kommst.

Sportkleidung
Nach jedem Gebrauch. Auf Schweiß, der sich in den Fasern festsetzt, siedeln sich Bakterien an.

Badehosen
Nach jedem Gebrauch ausspülen, um Chlor- oder Salzrückstände zu entfernen.

Kleider und Tops
Nach 2- oder 3-maligem Gebrauch. Bei häufiger Verwendung von Deodorant öfter.

CLEVER

TEPPICHE DESINFIZIEREN UND IHRE FARBEN AUFFRISCHEN MIT SALZ

1. Eine dünne Schicht grobkörniges Salz auf die Oberfläche streuen. Teppich einrollen und einen Tag einwirken lassen.

2. Ausbreiten und absaugen. Der Teppich ist jetzt von Milben befreit und seine Farben leuchten wieder.

Sonderfälle in der Wäsche

Große Vorhänge, Teppiche oder Federbetten müssen in der Regel chemisch gereinigt werden. Kleinere Wohntextilien wäschst du am besten zum Jahreszeitenwechsel. Sie sollten immer sauber verstaut werden, damit sich Flecken nicht festsetzen können.

TEPPICHE

Sie liegen nun einmal auf dem Fußboden, deswegen landen auf ihnen des Öfteren auch mal Speisen und Flüssigkeiten. Wie man Teppichflecken entfernt, hängt von der Beschaffenheit des Flecks ab:

- Fällt etwas Festes auf den Teppich, entferne so viel wie möglich mit einem Löffel, bevor der Fleck antrocknet. Dann saugfähiges Papier darauflegen. Verschüttete Flüssigkeiten so schnell wie möglich mit saugfähigen Tüchern oder Küchenpapier abtupfen. Dabei nicht reiben, sonst wird die Flüssigkeit verteilt.
- Das Herstelleretikett beachten, um das Gewebe nicht zu entfärben.
- Handtuch oder Lappen unter die Stelle legen, um den Fußboden zu schützen und das Trocknen zu beschleunigen.
- Niemals am Fleck reiben, da er sich dadurch nur ausbreitet und das Gewebe leiden kann.
- Immer vom äußeren Rand des Flecks zur Mitte hin reinigen.
- Für Teppiche mit einer rutschhemmenden Rückseite aus Latex keine Lösungsmittel verwenden.
- Traditionelle Webteppiche nur mit Spezialprodukten reinigen. Staub und Schmutz mit dem Staubsauger entfernen, das Reinigungsprodukt auftragen und mit kreisenden Bewegungen mit einem Schwamm einmassieren. Mit einem feuchten, nicht zu nassen Schwamm nachwischen und Feuchtigkeit mit einem Tuch abtupfen. Wenn die Stelle trocken ist, erneut saugen.
- Wasserlösliche Flecken wie Milch, Wasserfarben, Lebensmittel mit Farbstoffen oder Erfrischungsgetränke mit einer Lösung aus 1 l Wasser und 1 TL Essigessenz behandeln.
- Dunkle Flecken wie Schokolade, Blut oder Rotwein mit einer Lösung aus 3 l Wasser und 1 EL Salmiakgeist behandeln.

VORHÄNGE

Waschmaschinen mit großem Fassungsvermögen und neuartige Gewebe erlauben es heutzutage, die meisten Vorhangstoffe selbst zu waschen.

- Große, schwere Vorhangstoffe lieber in die Reinigung geben, da sie nass nur schwer zu handhaben sind. Dasselbe gilt für Vorhänge aus zwei oder mehr Stoffarten.
- Kleinere, leichtere Stoffe können in der Waschmaschine gewaschen und feucht aufgehängt werden.
- Stoffrollos aus der Halterung nehmen und, dem Stoff entsprechend, in der Waschmaschine waschen.
- Von waschbaren Vorhängen die Haken entfernen und den Stoff lauwarm mit Wollwaschmittel oder Neutralseife in der Maschine waschen.

Bettzeug

Wie bei allen Stoffen musst du auch hier die Pflegeanleitung auf dem Herstelleretikett beachten.

FEDERBETTEN

- **Häufigkeit:** Daunen- und andere Federbetten alle 3–4 Jahre
- **Waschen:** Daunen- und Federbetten am besten in die chemische Reinigung geben. Möglich ist auch ein Kurzwaschgang bei 30 °C. Dabei 1–2 Tennisbälle mit in die Trommel legen, damit die Federn nicht verklumpen. Flüssiges Wollwaschmittel verwenden, keinesfalls Bleichmittel. Betten aus synthetischen Fasern bei maximal 60 °C mit mildem Flüssigwaschmittel waschen. Nur ein Drittel der üblichen Waschmittelmenge verwenden.
- **Trocknen:** Daunen- oder Federbetten werden im Trockner schön locker. Danach gut ausschütteln, um das Volumen wiederherzustellen. Betten aus Synthetikfasern bei 900-1000 Umdrehungen schleudern. Nicht aufhängen, sondern liegend im Schatten trocknen lassen.
- Unbedingt vor der Benutzung darauf achten, dass Bettdecken vollständig trocken sind.

WOLLDECKEN

- **Häufigkeit:** Zweimal im Jahr.
- **Waschen:** Wolldecken, die in die Trommel passen, mit dem Wollprogramm in der Maschine waschen.
- **Trocknen:** Schonender Schleudergang.

BETTWÄSCHE

- **Häufigkeit:** Alle 1–2 Wochen, im Sommer häufiger. Baumwoll-Bettwäsche übersteht häufiges Waschen unbeschadet und lädt sich nicht statisch auf.
- **Waschen:** Lauwarm waschen. Baumwoll-Polyester-Mischgewebe lauwarm oder kalt waschen. Hohe Temperaturen zerknittern den Stoff und greifen mit der Zeit die Farben an.
- **Trocknen:** Baumwolllaken wirken fast wie gebügelt, wenn man sie nach dem Zusammenlegen mit der Hand glattstreicht. Polyester-Baumwoll-Gewebe sind bügelfrei und trocknen schneller.

KISSENINLETTS

- **Häufigkeit:** Mindestens zweimal im Jahr, auch wenn die Bezüge oft gewaschen werden.
- **Waschen:** Die meisten Kissen sind waschbar. Bei Federkissen die Pflegeanleitung beachten. Damit die Trommel nicht unrund läuft, zwei Kissen zusammen in die Trommel geben und zwei Tennisbälle hinzufügen. Mildes Flüssigwaschmittel verwenden, um Waschpulverrückstände zu vermeiden, und bei maximal 60 °C waschen. Nach dem Programmablauf den Spülvorgang wiederholen.
- **Trocknen:** In der Badewanne abtropfen lassen, dabei flach auslegen und drücken. Nicht aufhängen, sondern liegend auf einem Wäscheständer ausbreiten, sodass auch die Unterseite an der Luft trocknen kann. Im Trockner können Daunen und synthetische Kissen bei niedriger Temperatur getrocknet werden.

Behandle deine Waschmaschine gut

Kalk kann auf lange Sicht die Waschmaschine schädigen. Kalkablagerungen kannst du vorzubeugen, indem du möglichst selten heiße Waschprogramme wählst. Statt die stark umweltschädlichen Produkte gegen Kalk anzuwenden, lohnt sich die Erwägung, eine Wasserenthärtungsanlage in der Wohnung installieren zu lassen.

Filter regelmäßig reinigen und Rückstände mit einer Bürste entfernen.

Den Zulaufschlauch gelegentlich kontrollieren. Auch er ist mit Filtern ausgestattet, in denen sich Schmutzpartikel absetzen und die Wasserzufuhr beeinträchtigen können. Den Wasserhahn der Waschmaschine zudrehen, den Schlauch abschrauben und die Filter an beiden Enden des Schlauches mit einer kleinen Bürste reinigen.

NIEMALS!

Dies gehört nicht in den Trockner:

- Empfindliche Stoffe (Seide, feine Gardinen, Wolle)
- Tropfnasse Wäsche
- Luftundurchlässige Stoffe
- T-Shirts mit gummiertem Aufdruck oder Stoffe mit Kunststoffbeschichtung (Tischdecken)
- Feinstrumpfhosen und -strümpfe, auch nicht im Wäschebeutel, sie laden sich sonst statisch auf.

Außerdem:

- Die Kleidung nicht länger als nötig trocknen, sie schrumpft und die Fasern leiden.
- Nicht zu heiß trocknen. Bei niedrigerer Temperatur trocknet das Gerät oft ebenso gut und verbraucht weniger Energie.

Wäsche trocknen

Ob an der Luft oder im Wäschetrockner – die Art der Trocknung wirkt sich darauf aus, wie leicht sich Wäsche bügeln lässt. Bei falscher Trocknung können die Fasern brechen oder die Farben ausbleichen.

DIE MÖGLICHKEITEN

An der Luft: Dies ist die traditionelle und umweltfreundlichste Art, da keine Energie verbraucht wird. Dabei ist einiges zu beachten.

- Die Wäsche an einem luftigen Ort aufhängen, allerdings nicht in der prallen Sonne, da manche Gewebe ausbleichen.
- Die Wäsche in der Stadt mit einer Plastikplane vor Luftverschmutzung schützen. Die Plane darf aber nicht direkt aufliegen, damit genug Luft an die Wäsche dringt.
- An regnerischen Tagen in der Wohnung einen Wäscheständer benutzen. Das ist umweltfreundlicher als der elektrische Trockner, und die Wäsche trocknet oft schnell.

Heizbare Wäscheständer: Besonders praktisch bei Regen und im Winter, außerdem eine günstige Alternative zum Trockner. Diese zusammenklappbaren Ständer haben Aluminiumstreben, die elektrisch aufgeheizt werden, aber relativ wenig Strom verbrauchen.

Trockner: Hier gibt es zwei Systeme. Kondensationstrockner kondensieren die Feuchtigkeit, die der Wäsche entzogen wird, und sammeln sie in einem herausnehmbaren Behälter. Ablufttrockner sind preiswerter, benötigen aber einen Wandauslass für einen Schlauch, der die Abluft ins Freie befördert. Trockner haben generell den Vorteil, dass man die Temperatur auf das Gewebe abstimmen oder auch so einstellen kann, dass die Kleidung leicht feucht bleibt und einfacher zu bügeln ist. Sie verbrauchen jedoch viel Strom und man sollte ihren Nutzen abwägen, zumal heutige Waschmaschinen über Schleuderprogramme verfügen, die der Wäsche mit 1000 und mehr Umdrehungen bereits etwa 50% der Feuchtigkeit entziehen.

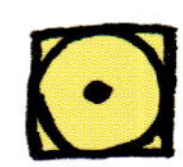 	Kann im Trockner getrocknet werden. Punkte in der Mitte weisen auf die maximale Temperatur hin. • Keine Punkte: Keine Einschränkungen bei der Temperaturwahl • 1 Punkt: Schonprogramm (maximal 60 °C) • 2 Punkte: Normales Programm
	• Nicht in den Trockner geben.
	• Lufttrocknen (aufhängen), gleich danach bügeln.
	• Zum Trocknen auf einen Kleiderbügel hängen.
	• Liegend trocknen.

WÄSCHE AUFHÄNGEN

Die Wäsche immer auf links drehen, das schont die Farben.

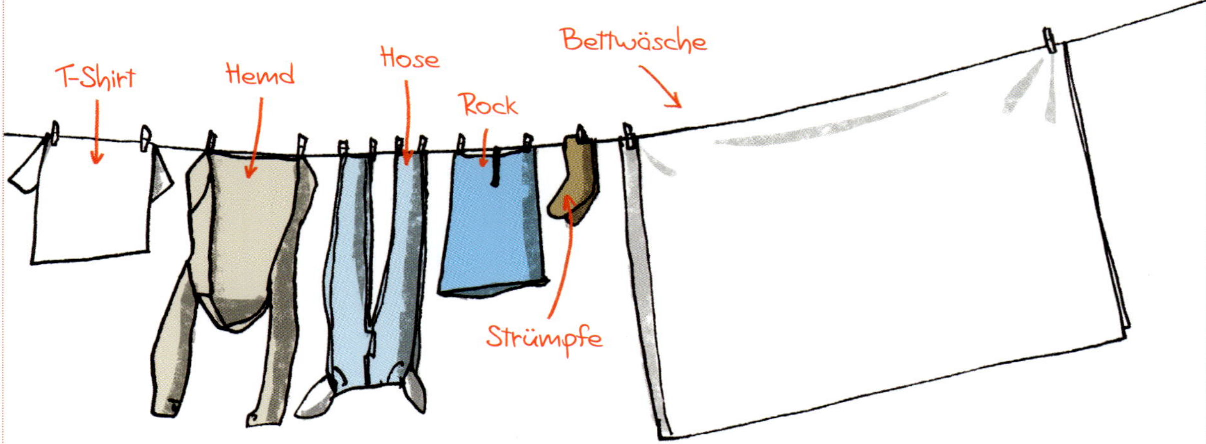

T-Shirts: Wäscheklammern an den Achseln befestigen.
Hemden: Am besten auf einen Kleiderbügel hängen oder kopfunter am inneren Saum festklammern.
Hosen: An den unteren Seitennähten der Hosenbeine festklammern. Hosentaschen ausstülpen, Reißverschluss schließen. So richtet sich die Bügelfalte am besten aus, und durch das Gewicht zieht sich der Stoff glatt.
Röcke: Am Rockbund festklammern, das erleichtert das Bügeln.
Strümpfe: Gleich beim Aufhängen sortieren und paarweise festklammern.

Bettwäsche, Laken, Tischdecken, Handtücher und andere große Teile mittig über die Leine hängen.

HANDWÄSCHE:

1. Glatt auf ein Handtuch legen.

2. Aufwickeln, um Wasser aufzusaugen.

3. Liegend trocknen, aber nicht in der prallen Sonne.

HILFE!

DIE EXPERTIN WEISS RAT

ANA GALLO

JOACHIM

ZAHNTECHNIKER
53 JAHRE

Ich suche ein einfaches Mittel gegen den Schmutzrand an Hemdkragen.

LÖSUNG: Die Stellen mit einer Mischung aus gleichen Teilen Spülmittel, Salmiakgeist und Wasser beträufeln. Mit einer kleinen Bürste bearbeiten, dann ausspülen und trocknen. Nicht vergessen, bei der Verwendung von Salmiakgeist immer gut zu lüften.

CHRISTA

BUCHHÄNDLERIN
58 JAHRE

Kann man Tischtücher aus Wachstuch in der Maschine waschen?

LÖSUNG: Wachstuch-Tischdecken bleiben länger schön, wenn man sie nach jedem Gebrauch mit Seifenwasser abwischt und gut abtrocknet. Muss die Stoffunterseite gereinigt werden, kann die Decke bedenkenlos mit einem Feinwaschprogramm (kalt) in der Waschmaschine gewaschen werden.

CARLOTTA

POLIZISTIN
32 JAHRE

Meine Weißwäsche bekommt vom Waschen einen Grauschleier. Auch Bleichmittel helfen nicht. Woran liegt das?

LÖSUNG: Es kann mehrere Gründe haben. Vielleicht wurde das Waschmittel nicht richtig dosiert, die Temperatur war nicht dem Stoff angemessen oder die Trommel war zu voll. Aber auch stark mineralhaltiges Wasser mit einem hohen Kalkanteil lässt Weißwäsche grau werden, da Kalk die Wirkung des Waschmittels mindert und den Schmutz im Gewebe fixiert. Wasche Wäsche, die nicht zu stark verschmutzt ist, lieber kalt. Dabei lagert sich weniger Kalk ab. Deine Wäsche wird außerdem weißer, wenn du sie an der Sonne trocknen lässt.

HENDRIK

STUDENT
26 JAHRE

Gibt es einen Trick, damit Jeans nicht ausbleichen?

LÖSUNG: Wenn du tiefblaue Jeans magst, weiche sie vor der ersten Wäsche 30 Minuten in lauwarmem Wasser und einer halben Tasse Essigessenz ein. Dann die Jeans sofort in die Waschmaschine geben und zehn Minuten lang kalt waschen. In Zukunft immer daran denken, die Jeans auf links zu waschen, dann bilden sich auch keine weißen Streifen auf dem Stoff.

PEDRO

KOCH
30 JAHRE

Ist es egal, ob man Waschpulver oder Flüssigwaschmittel nimmt?

LÖSUNG: Beides hat seine Vor- und Nachteile. Flüssigwaschmittel sind für niedrige Temperaturen (unter 45 °C) geeignet, da sie sich besser in Wasser lösen. Flüssige Buntwaschmittel enthalten keine Bleichmittel. Für weiße oder stark verschmutzte Wäsche ist Pulver oft vorteilhafter.

UDO

LEHRER
42 JAHRE

Was muss ich tun, damit schwarze Kleidung nicht ausbleicht?

LÖSUNG: Obwohl es Waschmittel für schwarze Kleidung gibt, empfehle ich dir eine herkömmliche Methode, die auch bei anderen Farben funktioniert. Bevor du ein schwarzes oder buntes Kleidungsstück zum ersten Mal wäschst, lege es 24 Stunden in Essigwasser (1 l Wasser mit 3 EL Essigessenz). Danach wasche es normal. Du kannst den Essig auch in die Weichspülkammer der Waschmaschine geben. Wichtig ist, dies vor der ersten Maschinenwäsche zu tun.

OLGA

KOSMETIKERIN
28 JAHRE

Wie wäscht man Feinstrumpfhosen, ohne dass sie Laufmaschen oder Löcher bekommen?

LÖSUNG: Du musst sie nicht mit der Hand waschen. In einer schützenden Hülle kannst du sie bedenkenlos in die Maschine geben. Stecke sie in ein Wäschenetz, in einen Kissenbezug oder in die Tasche eines anderen Kleidungsstücks. So werden sie sauber, ohne Schaden zu nehmen.

04

ZEIT ZUM BÜGELN

Ob es uns gefällt oder nicht: Ein Großteil der Kleidung muss gebügelt werden, weil sich Form und Volumen der Gewebefasern beim Waschen in der Maschine verändern. Das Bügeln lässt nicht nur Knitterfalten verschwinden, sondern gibt den Fasern auch ihre Flexibilität zurück.

Um das Bügeln zu lernen, musst du keinen Kurs besuchen. Du brauchst lediglich ein Bügeleisen, wenn möglich ein Dampfbügeleisen, solltest ein paar einfache Ratschläge befolgen und deine persönliche „Bügelzeit" finden. Manche Leute finden das Bügeln entspannend. Sie sehen dabei fern, hören Musik oder lassen einfach ihren Gedanken freien Lauf.

Meistens genügt es, sich einmal pro Woche Zeit zum Bügeln zu nehmen. Es ist allerdings ratsam, den Wäscheberg nicht zu sehr anwachsen zu lassen. Große Berge haben immer etwas Bedrohliches und lassen sich nicht so leicht entspannt abarbeiten.

Das Bügel-ABC

DAS RICHTIGE BÜGELBRETT

1.
Ein Bügelbrett sollte höhenverstellbar sein. Stell es am besten auf Hüfthöhe ein, dann brauchst du dich bei der Arbeit nicht herunterzubeugen.

2.
Es darf nicht zu schwer sein.

3.
Achte auf einen Bezug aus schwer entflammbarem Stoff.

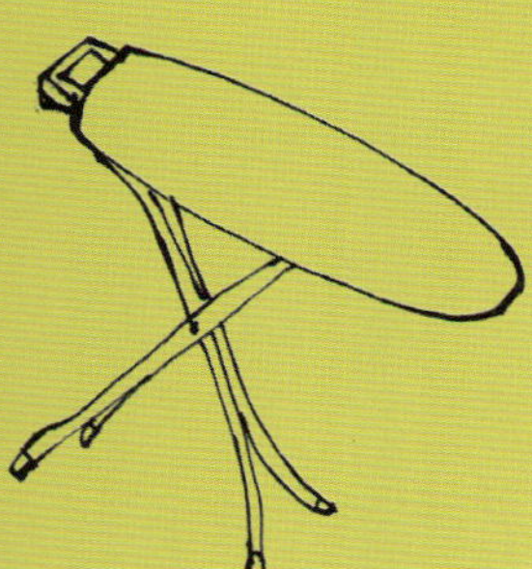

A. Immer in Webrichtung bügeln, damit sich die Stoffe nicht verziehen.

B. Nimm dir zuerst Textilien vor, die weniger heiß gebügelt werden. Stoffe, die große Hitze vertragen, bügelst du zuletzt.

C. Schau im Zweifelsfall auf dem Herstelleretikett nach, welche Bügeltemperatur deine Textilien vertragen.

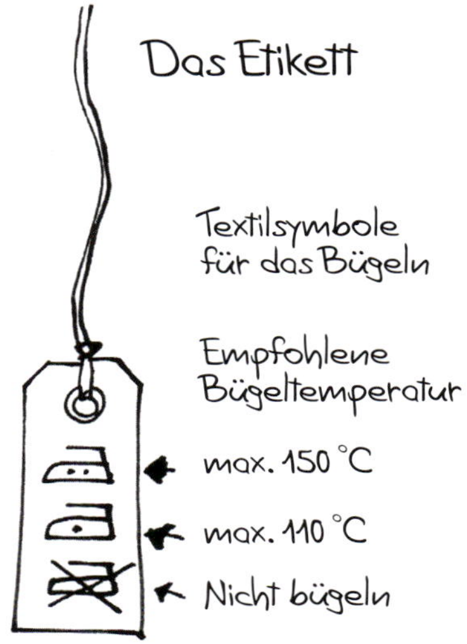

Zur Orientierung hier einige Richtlinien:

ART DER TEXTILIEN	EMPFOHLENE BÜGELTEMPERATUR
BAUMWOLLE ODER LEINEN: SOMMERHEMDEN, UND -HOSEN **BAUMWOLLE:** T-SHIRTS, BETTWÄSCHE, HANDTÜCHER	Heiß oder sehr heiß. Stoff leicht anfeuchten oder Dampfbügeleisen benutzen.
POLYESTER-NYLON	Warm oder lauwarm. Bügeleisen zügig über den Stoff bewegen.
WOLLE, MOHAIR, ALPAKA	Heiß, jedoch das Bügeleisen nicht auf den Stoff aufsetzen.
ACRYL	Mittlere Temperatur.
ELASTHAN (AUCH ALS BEIMISCHUNG)	Nur warm bügeln, ohne Dampf und ohne Druck.
JEANS	Hohe Temperatur, auf links und leicht feucht.
CORD	Mittlere Temperatur, auf links und leicht feucht.

Das richtige Bügeleisen

Das Bügeleisen ist ein notwendiges Haushaltsgerät. Bevor du es kaufst, solltest du einige Überlegungen anstellen.

1. WELCHE ART BÜGELEISEN BRAUCHE ICH?

- **Eine Bügelstation:** Nützlich in einem Mehrpersonenhaushalt, bei großen Wäschemengen.
  Bügelergebnis: Sehr gut (auch bei schwierigen Kleidungsstücken wie Mänteln oder Vorhängen).
  Pro und Contra: Keine Glanzflecken, aber sperrig und teuer.
- **Ein Dampfbügeleisen:** Ideal für emanzipierte Männer und Paare.
  Bügelergebnis: Normal, für ein ganz akkurates Ergebnis sind zusätzliche Hilfsmittel nötig.
  Pro und Contra: Platzsparend, in vielen Modellen und Preislagen erhältlich, doch die Kleidung wird nicht so perfekt.

2. WIE FINDE ICH DAS RICHTIGE BÜGELEISEN?

Bügeleisen gibt es in verschiedenen Ausführungen und Preisklassen. Hier ein paar Tipps zur Auswahl.

- **Die Sohle:** Sohlen aus Eisen sind widerstandsfähiger als solche aus Aluminium, sie gleiten weicher über den Stoff und zerkratzen nicht so leicht (z.B. durch Metallelemente auf der Kleidung). Gebürstetes Aluminium, Titan und Edelstahl besitzen Antihafteigenschaften. Sohlen mit einer Lack-, Teflon- oder Keramikbeschichtung sind härter und langlebiger.
- **Die Leistung:** Je größer die Leistung (Watt), desto besser ist die Dampfbildung. Durch den Dampf werden die Fasern weich und lassen sich leichter glätten.
- **Der Dampf:** Die Dampfleistung wird in Gramm/Minute gemessen. Einfache Bügeleisen produzieren Dauerdampf. Bei anderen lässt sich die Dampffunktion ein- und ausschalten, manche verfügen auch über Sprüh- und Dampfstoß-Funktionen.
- **Empfehlenswerte Extras:** Ein Anti-Kalk-System beugt Schäden durch Verkalkung des Bügeleisens vor. Sinnvoll können auch eine Abschaltautomatik oder eine Selbstreinigungsfunktion sein.
- **Außerdem:** Achte auf eine Kabelführung, die dir die bequeme Handhabung des Bügeleisens erleichtert. Für Linkshänder ist ein Kabel zu empfehlen, das oben am Gerät angebracht ist. Bügeleisen mit offenem Griff sind praktisch, um Hosentaschen und andere enge Stellen zu glätten.

100% GRÜN

Alternativen:
- Geht dir das destillierte Wasser aus, kannst du Wasser abkochen oder Eis auftauen.

Zeit sparen:
- Bügle die Wäsche, solange sie feucht ist. Lass sie nicht verknittert trocknen.
- Hänge Wäsche immer so auf, dass sie möglichst faltenfrei trocknet.

Energie sparen:
- Schalte in längeren Bügelpausen das Eisen aus.
- Zieh den Stecker, kurz bevor du fertig bist, und bügle die letzten Stücke mit der Restwärme.
- Am meisten Strom verbraucht das Eisen beim Einschalten, also lieber nicht jeden Morgen schnell ein Hemd bügeln.

NIEMALS!

- Leitungswasser ins Dampfbügeleisen füllen. Es enthält Kalk, der das Gerät auf Dauer schädigt.
- Auf höchster Temperatur bügeln, um Zeit zu sparen. Synthetikfasern können durch zu große Hitze schmelzen oder schlaff werden.
- Stoffe mit Elasthan-Anteil zu heiß bügeln. Die Elastizität geht verloren.
- Aufdrucke direkt bügeln. Besser von links, mit einem Tuch zwischen Bügeleisen und Aufdruck.
- Acryl und Seide befeuchten oder mit Dampf bügeln. Die Feuchtigkeit kann Flecken hinterlassen.
- Das Kabel aufrollen, solange das Bügeleisen noch heiß ist.
- Bei eingeschaltetem Bügeleisen Wasser in den Tank füllen.

Pflege dein Bügeleisen

Bügeleisen sind pflegeleicht und erfordern wenig Wartung. Drei typische Probleme können auftreten, aber sie sind leicht zu lösen.

Die Sohle ist schmutzig und verursacht Flecken auf der Kleidung.
Lege einen feuchten Lappen auf das Bügelbrett und lass das heiße Bügeleisen darüber gleiten. Keine Stahlwolle oder ätzende Putzmittel verwenden! Die kalte Bügeleisensohle kann mit einem weichen Schwamm und Spülmittel abgewischt werden.

Die Dampfdüsen sind verstopft.
Eine Mischung aus gleichen Teilen Wasser und Essigessenz in den Tank geben, die höchste Temperatureinstellung wählen und das Bügeleisen waagerecht stellen. Manche Bügeleisen verfügen über eine Selbstreinigungsfunktion, die durch einen Schalter aktiviert wird.

Das Bügeleisen tropft.
Dampfbügeleisen können Tropfen abgeben, mit denen eventuell Schmutz aus dem Wassertank auf die Kleidung gelangt. Das Tropfen kann verschiedene Gründe haben:
a) Das Bügeleisen ist noch nicht heiß genug und du hältst es waagerecht, bevor das Wasser zu Dampf geworden ist.
b) Das Bügeleisen wird nicht so häufig gereinigt wie vom Hersteller empfohlen.
c) Die gewählte Temperatur reicht zur Dampfbildung nicht aus. Dampf entsteht nur bei hoher Temperatur.

Hemden bügeln

Hemden lassen sich am besten auf einem Bügelbrett bügeln. Die meisten Gewebe vertragen eine relativ hohe Temperatur und Dampf.

Vor dem Bügeln

- ☑ 1. Kragenknöpfe, Knopfleiste und Hemdknöpfe öffnen.
- ☑ 2. Dunkle Hemden auf links drehen.
- ☑ 3. Falls der Stoff sehr trocken ist, mit Wasser oder Bügelhilfe einsprühen.
- ☑ 4. Die Dampffunktion aktivieren.

SCHRITT FÜR SCHRITT >>>

1. Kragen. Breite den Kragen vor dir aus und fahre mit dem Bügeleisen auf dem Oberkragen von den Kragenecken zur Mitte. Auf dem Unterkragen wiederholen. Dann den Kragen umschlagen und von der Hemdinnenseite bügeln. Halte mit dem Bügeleisen kurz auf den Kragenecken inne, damit sie sich nicht nach oben biegen.

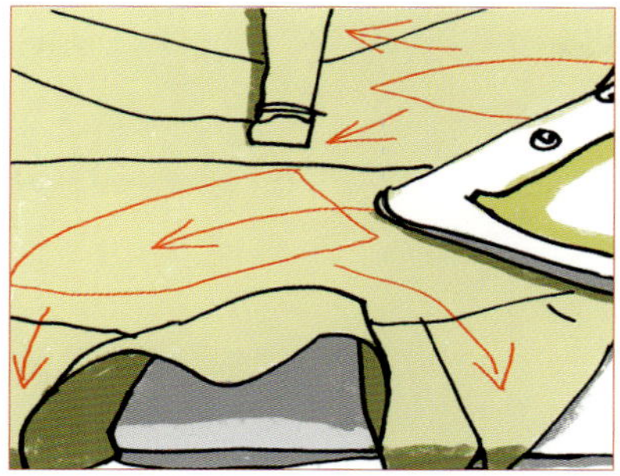

2. Schulterpasse. Fahre mit dem Bügeleisen von einem Armausschnitt zur Mitte. Die Bügeleisenkante wird parallel zu den Nähten geführt. Falls nötig, verschiebe das Hemd auf dem Bügelbrett. Danach nimm dir die andere Seite der Passe vor.

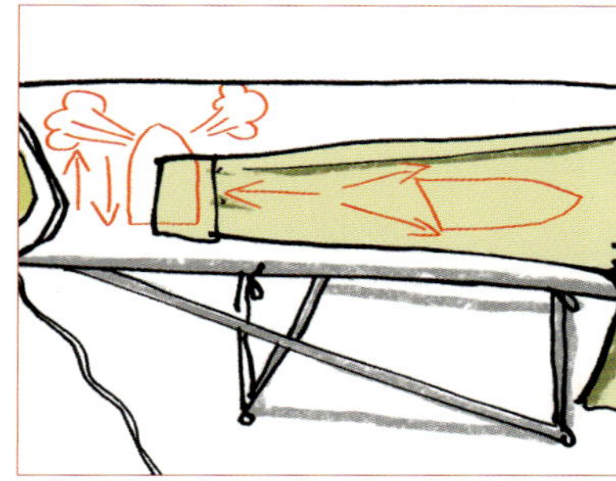

3. Ärmel. Bügle die Manschetten erst von innen, dann von außen. Bügle dann mit mehreren Strichen von der Manschette zur Schulter, und halte den Ärmel dabei an der Manschette fest, damit der Stoff glatt liegt. Entscheide selbst, ob dir eine Bügelfalte auf dem Ärmel gefällt – da gibt es verschiedene Ansichten.

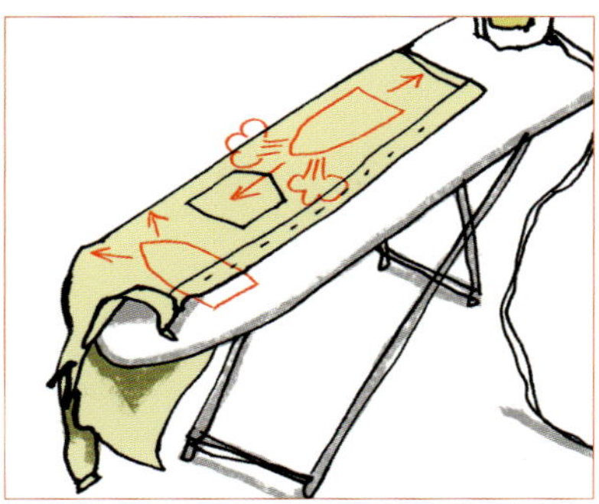

4. Vorderseiten. Lege das Hemd so auf das Brett, dass der Kragen zum schmalen Ende zeigt. Beginne mit der Knopfleiste, aber bügele nicht über die Knöpfe. Sie können das Bügeleisen verkratzen oder durch die Hitze schmelzen. Nun das restliche Vorderteil bügeln, dabei mindestens zweimal kurz innehalten. Danach das andere Vorderteil ebenso bügeln.

5. Rücken. Das Hemd glatt über das Bügelbrett legen, der Kragen liegt am schmalen Ende und die Ärmel hängen seitlich herab. Von unten nach oben bügeln. Beginne in der Mitte und verschiebe den Stoff, um die Seiten des Rückens zu bügeln.

6. Aufhängen. Nun das Hemd auf einen Bügel hängen. Bevor es in den Schrank gehängt wird oder angezogen wird, muss es vollständig abkühlen.

Nicht vergessen:

Erst bügeln, was nur wenig Hitze verträgt. Fasern, die heiß gebügelt werden dürfen, kommen zuletzt dran.

Hosen bügeln

Auch das Bügeln von Hosen ist keine Wissenschaft. Hier wird Schritt für Schritt erklärt, wie es geht. Mit etwas Übung schaffst du eine Hose in fünf Minuten.

Vor dem Bügeln:

- Jeans und manche anderen Hosen müssen nicht unbedingt gebügelt werden. Samthosen lassen sich gut mit einer Bürste glätten.
- Dampffunktion einstellen.
- Cordhosen auf links drehen, damit der Flor nicht platt wird.

SCHRITT FÜR SCHRITT >>>

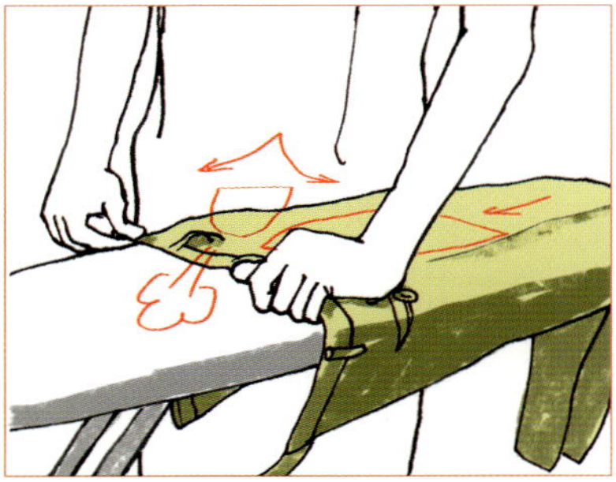

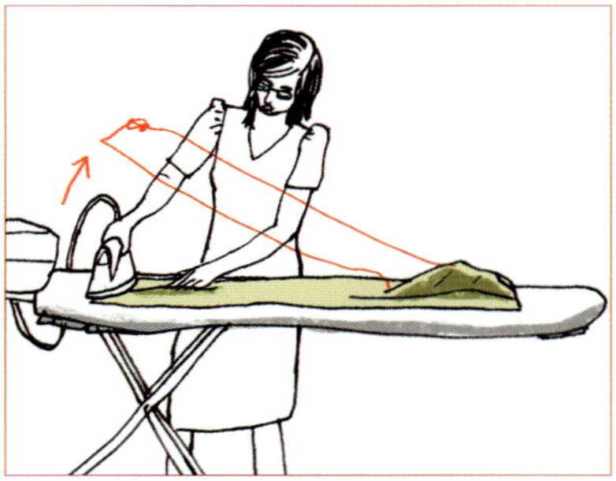

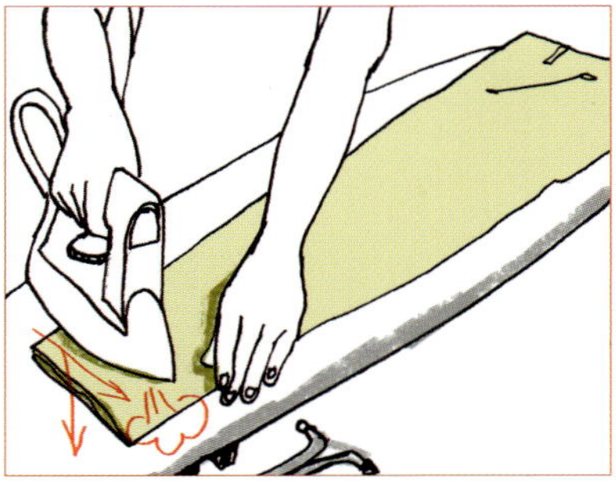

1. Hosenbund und Taschen. Zieh die Hose mit dem Bund voran auf das Brett. An der Vorderseite Bund, Gürtelschlaufen, Taschen, eventuelle Bundfalten und das obere Hosenbein bügeln. Zieh die Taschenbeutel nach außen, damit sie sich nicht abdrücken. Das Gesäß und die oberen hinteren Hosenbeine großflächig bügeln.

2. Innenseiten. Lege die Hosenbeinnähte aufeinander, falte die Hose seitlich und lege sie auf das Brett. Nun das obere Bein anheben und die Innenseite des unten liegenden Beins bis zum Schritt mit zwei langen Strichen bügeln. Dann die Hose umdrehen und wie zuvor auf das Brett legen. Hebe das bereits gebügelte Hosenbein an und bügle die Innenseite des anderen.

3. Außenseiten: Bügle nach und nach von unten nach oben, ohne stark aufzudrücken. Wenn eine Bügelfalte erwünscht ist, bügle den vorderen Kniff jedes Hosenbeins.

Knifflige Stellen bügeln

Wer wenig Übung hat, wird manche Stellen vielleicht schwieriger zu bügeln finden. Knifflig ist oft der Stoff in der Umgebung von Knöpfen, Reißverschlüssen, Taschen oder Fältchen. Bügle solche Stellen am besten mit der Spitze des Bügeleisens. Außerdem solltest du die folgenden Hinweise beachten.

1. KNÖPFE

- Nicht über Knöpfe bügeln, sie könnten zerkratzen, und nicht alle Knöpfe sind hitzebeständig.
- Mit der Bügeleisenspitze kannst du um die Knöpfe herum bügeln. Schiebe die Bügeleisenspitze auch unter die Knöpfe, wenn sie nicht zu klein sind.
- Wenn du unter jedem Knopf gebügelt hast, fahre mit der Bügeleisenkante am äußeren Rand der Knopfleiste entlang.

2. REISSVERSCHLÜSSE

- Nicht über den Reißverschluss bügeln, er kann die Bügeleisensohle zerkratzen.
- Fahre mit der Bügeleisenspitze bis auf das Trägerband des Reißverschlusses, wenn es erreichbar ist.

3. TASCHEN

Hosentaschen:

- Dreh das Kleidungsstück auf links und zieh die Hose auf das Bügelbrett.
- Zieh mit der Hand den Taschenbeutel glatt. Fahre mit dem Eisen von der Ansatznaht der Tasche zum Beutel hin.
- Halte mit der freien Hand den Stoff während des Bügelns glatt und straff.
- Danach die andere Seite des Taschenbeutels ebenso bügeln.

Jackentaschen mit Klappe:

- Dampffunktion einstellen.
- Halte die Taschenklappe hoch und lass einen Moment Dampf einwirken, ohne den Stoff mit dem Bügeleisen zu berühren.

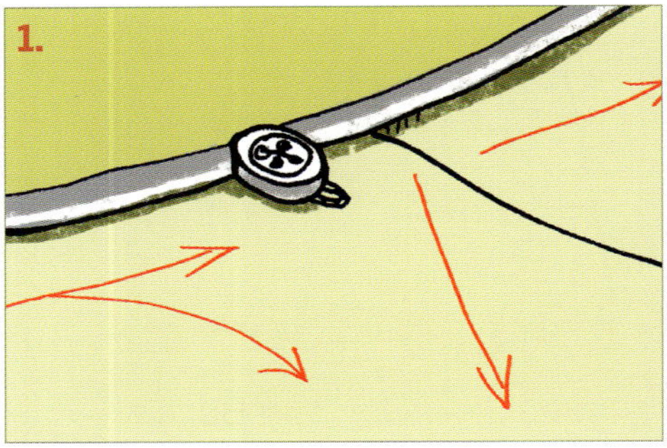

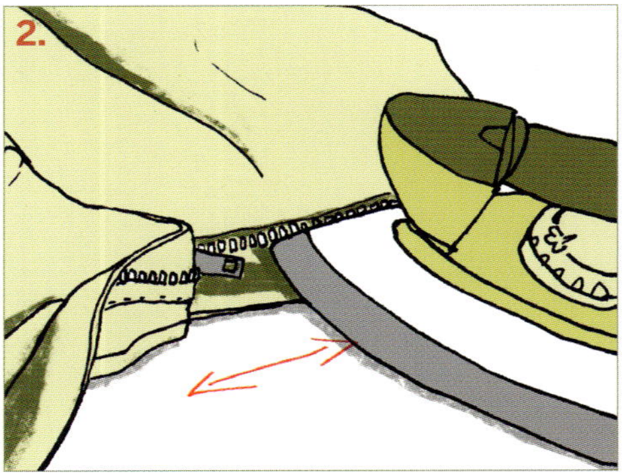

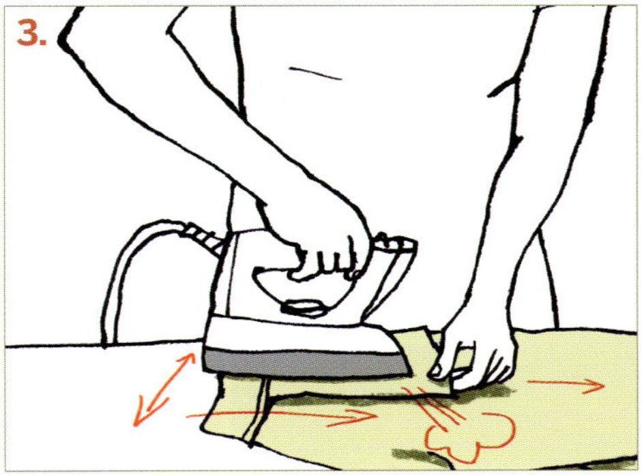

4. RÜSCHEN UND BUNDFALTEN

Bundfalten:

- Fahre mit der Bügeleisenspitze von unten nach oben, also zur Ansatznaht des Bundes hin.
- Danach die Falte von oben nach unten mit wenig Druck überbügeln.

Kellerfalten:

- Die Falten aufklappen und mit der Bügeleisenspitze die untere Stofflage glätten.
- Dann die Falte schließen, sodass die Bruchkanten zusammentreffen und die untere Stofflage verdecken. Mit etwas Druck bügeln, damit die Falten scharfe Kniffe bekommen.

Rüschen

- Lass die Bügeleisenspitze zwischen den Rüschen auf und ab gleiten. Nicht direkt über Rüschen bügeln, sonst werden sie flachgedrückt.
- Die Ansatznaht der Rüsche von links bügeln.

Bügeln ohne Bügeleisen

Keine Zeit oder kein Bügeleisen zur Hand? Es gibt ein paar bewährte Ticks, um Knitterfalten aus den Stoffen verschwinden zu lassen. So wirken sie fast wie frisch gebügelt.

AUFHÄNGEN

Vorhänge: Sofort nach dem Waschen aus der Maschine nehmen, feucht an die Schiene oder Stange hängen und zuziehen.
Krawatten: Nicht gebunden aufbewahren. Immer den Knoten lösen, wenn du sie abnimmst, und schön glatt aufhängen.

ELEKTRISCHER TROCKNER

Laken: Falte Laken glatt zusammen, bevor du sie in den Trockner legst. Sie werden glatt herauskommen.
Andere Kleidungsstücke: Das zerknitterte Kleidungsstück zusammen mit einem feuchten Tuch 20 Minuten nicht zu heiß trocknen.

DAMPF

Hemden, Krawatten oder Baumwollwäsche: Hänge das Kleidungsstück auf einem Bügel im Bad auf. Schließe Türen und Fenster. Nun die Dusche aufdrehen (ohne das Kleidungsstück nass zu machen) und 10–15 Minuten heißes Wasser laufen lassen. Nutze die Zeit doch zum Duschen, dann ist das Wasser nicht verschwendet. Der Dampf macht die Fasern geschmeidig. Zieh den Stoff glatt, solange er noch feucht ist.

MATRATZE

Jeans, T-Shirts: Bevor du schlafen gehst, sprühst du das Kleidungsstück mit Wasser ein. Lege ein gefaltetes Handtuch auf den Lattenrost, damit sich die Holzlatten nicht abdrücken. Zieh das Kleidungsstück auf dem Handtuch glatt und lege die Matratze darauf. Am nächsten Morgen kannst du die Jeans oder das T-Shirt anziehen.

HANDTUCH

Wenn du das Kleidungsstück nicht unmittelbar brauchst, lege es auf eine saubere Arbeitsfläche. Breite ein Handtuch darüber aus, das etwas feucht ist (etwa so wie nach dem Abtrocknen). Streiche beide Lagen glatt und übe dort am meisten Druck aus, wo Falten sind. Lass das Kleidungsstück einige Stunden so liegen, bis es trocken ist.

Zusammenlegen leicht gemacht

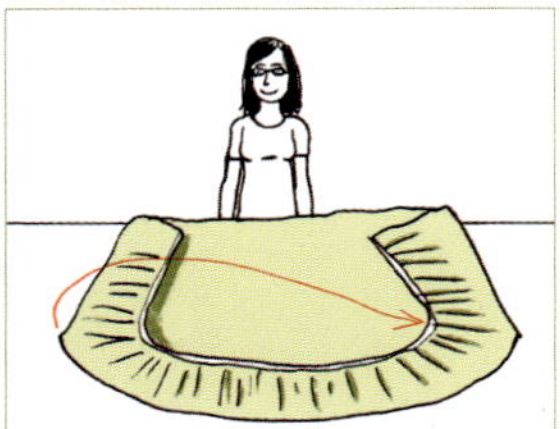

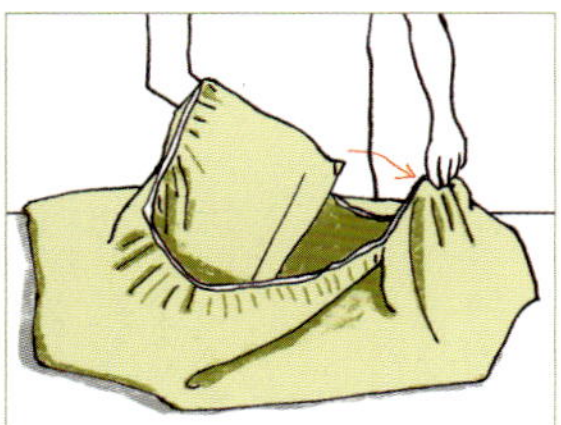

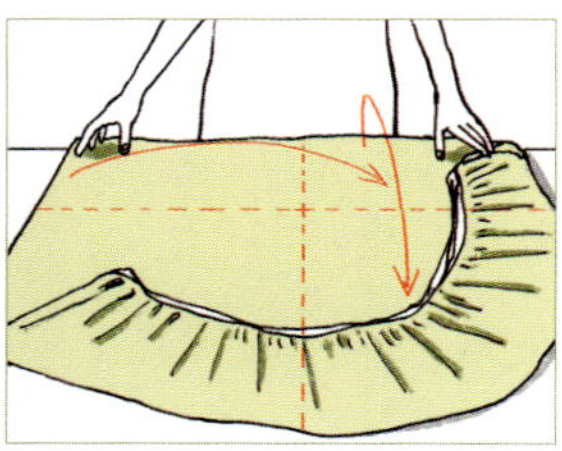

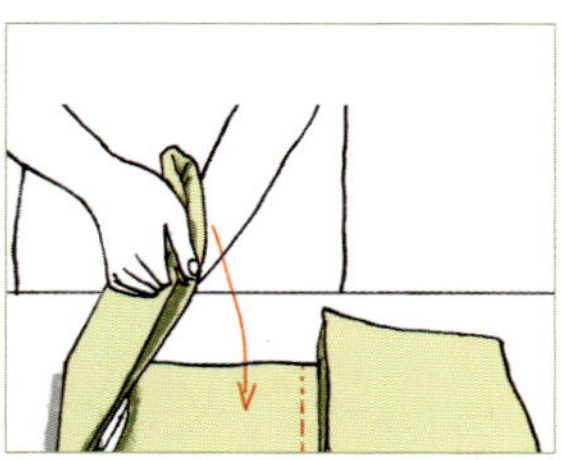

KONVENTIONELLE BETTLAKEN

Laken sind einfach zu groß, um sie einlagig zu bügeln, darum legt man sie vorher zusammen. Konventionelle Laken ohne Gummizug werden nicht nur zum Bedecken der Matratze verwendet, sondern in manchen Gegenden auch als Überschlaglaken – in Kombination mit einer leichten Woll- oder Baumwolldecke – anstelle einer Sommer-Steppdecke.

1. Am besten ist es, wenn ein Helfer zur Hand ist, um das Laken unmittelbar nach dem Abnehmen von der Wäscheleine zu recken.
2. Nun wird das Laken quer zur Hälfte gefaltet. Falte es danach gleich noch einmal in derselben Richtung zur Hälfte. Wenn das Laken sehr lang ist, drittele es beim zweiten Durchgang. So erhältst du einen länglichen, breiten Streifen aus vier- bzw. sechslagigem Stoff.
3. Diesen Streifen legst du auf das Bügelbrett. Streiche ihn glatt und bügele ihn von beiden Seiten.
4. Danach wird der Streifen mehrmals quer gefaltet, bis er noch ca. 30–40 cm breit ist.
5. Das Päckchen nochmals von beiden Seiten bügeln. Restlos abkühlen lassen und erst dann in den Schrank legen.

SPANNBETTLAKEN

Die meisten Menschen bevorzugen heute Spannbettlaken, die sich leicht über die Matratze ziehen lassen und immer schön glatt sitzen. Spannbettlaken sind wegen der Gummizüge etwas unhandlich, aber auch sie lassen sich ordentlich zusammenlegen. So geht's:

1. Lege das Laken ausgebreitet mit der Außenseite nach oben vor dich hin. Schlüpfe mit je einer Hand von unten in je eine Ecke an der Schmalseite des Lakens.
2. Schiebe jetzt die Ecken der einen Schmalseite in die Ecken der anderen, als ob du ihnen eine Kapuze überziehen wolltest. Lege das Laken auf einen Tisch.
3. Das Laken liegt nun doppelt gefaltet vor dir, die Schmalseiten sind ineinander geschoben. Streiche größere Falten aus dem Stoff und zieh die Ränder glatt, sodass eine ungefähre Rechteckform entsteht.
4. Falte jetzt das Laken so zur Hälfte, dass die Seite mit den Gummizügen auf dem Mittelkniff liegt.
5. Nun hat das gefaltete Laken die Form eines langen Streifens. Lege diesen Streifen auf das Bügelbrett, streiche ihn glatt und fahre mit dem Bügeleisen darüber. Zwei Striche sollten genügen.
6. Jetzt wird der lange Streifen mehrmals quer zusammengefaltet, bis sich ein Rechteck von ca. 30 cm Breite ergibt. Nochmals Vorder- und Rückseite bügeln, fertig.

Bevor Laken in den Schrank gelegt werden, müssen sie vollständig abkühlen. Das ist besonders wichtig, wenn du mit Dampf gebügelt hast. Selbst eine geringe Restfeuchte kann bewirken, dass die Bettwäsche im Schrank zu müffeln beginnt.

HEMDEN ODER T-SHIRTS

1. Das Hemd mit der Vorderseite nach oben auf das Bügelbrett legen und bis zum Kragen zuknöpfen.
2. Das Hemd umdrehen und die Rückseite mit der Hand glattstreichen. Falte nun eine Seitennaht genau bis zur Mitte des Rückenteils.
3. Den Ärmel von der Schulter aus so falten, dass seine Kante genau auf der seitlichen Falte des Rumpfteils liegt. Mit der anderen Seitennaht und dem zweiten Ärmel ebenso verfahren.
4. Nun den Hemdsaum etwa bis zur Mitte des Rückens nach oben falten. Danach die untere Faltkante bis zum Kragenansatz nach oben falten.

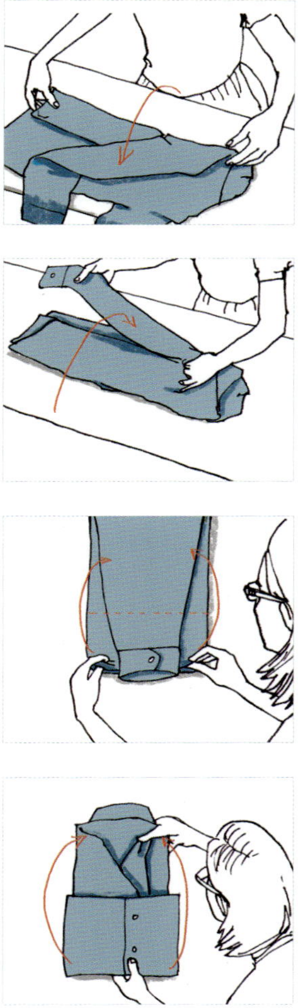

HANDTÜCHER

Es gibt verschiedene Möglichkeiten, Handtücher zusammenzulegen. Die meisten Menschen gewöhnen sich an, so zu falten, dass die Tücher gut in ein bestimmtes Schrankfach passen. Hier wird eine Methode zum platzsparenden Zusammenlegen erklärt.

1. Zunächst das Handtuch ausbreiten und jede der beiden Längsseiten Richtung Mitte falten, wo sie sich treffen. Mit der Hand darüberstreichen, um den Stoff zu glätten.
2. Jetzt einmal mittig falten, wobei du die Ränder nicht ganz genau aufeinanderlegst, sondern zwei Fingerbreit Platz lässt.
3. Erneut mittig falten und fertig. Um das Handtuch noch flacher zu machen, kannst du einmal darüber bügeln.

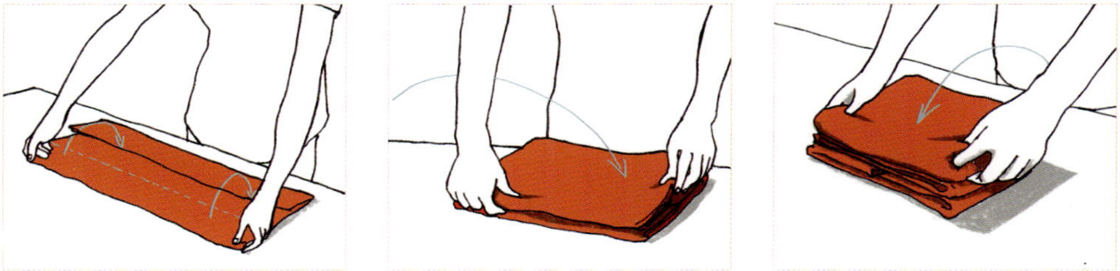

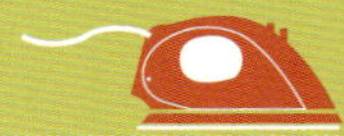

HILFE!

DIE EXPERTIN WEISS RAT

ANA GALLO

GERHARD

BESTATTER
30 JAHRE

Beim Bügeln einer Krawatte hat sich die Naht durchgedrückt. Geht der Abdruck wieder weg? Ich brauche sie!

LÖSUNG: Du solltest immer ein feuchtes Baumwolltuch unterlegen. Außerdem kannst du eine Pappschablone in Krawattenform zuschneiden und sie beim Bügeln zwischen Vorder- und Rückseite schieben, sodass sich die Naht nicht auf der Vorderseite abdrücken kann. Die Pappe kannst du immer wieder verwenden.

NORA

BUCHHÄNDLERIN
26 JAHRE

Hilfe! Ich glaube, ich habe die Stickereien an meiner Bluse ruiniert, weil ich sie gebügelt habe. Jetzt sieht sie aus, als wäre sie uralt ...

LÖSUNG: Wenn man direkt über Stickereien auf Baumwollstoffen bügelt, drückt man sie platt und sie sehen nicht mehr schön aus. Wenn du die Bluse das nächste Mal bügelst, dreh sie auf links. Lege ein weiches Handtuch unter den Stoff und ein feuchtes Baumwolltuch zwischen Bügeleisen und Stickerei.

MAREN

KRANKENSCHWESTER
28 JAHRE

Ich habe einen Hosensaum ausgelassen, doch man sieht die alte Naht noch zu sehr. Was tun?

LÖSUNG: Lege die Nahtstelle glatt auf das Bügelbrett. Schiebe Alufolie darunter und lege auf die Naht ein Tuch, das mit etwas Salmiakgeistlösung befeuchtet ist. Dann bügele darüber, bis das Tuch trocken ist.

PAWEL

TISCHLER
45 JAHRE

Ich habe eine schwarze Hose, die nach dem Bügeln unschön glänzt. Was ist passiert?

LÖSUNG: Auf dunklen Stoffen und auch auf T-Shirts können sich durch die Hitze des Bügeleisens Glanzflecken bilden, die den Stoff wie abgetragen wirken lassen. Das lässt sich vermeiden, indem man die Wäsche auf links bügelt oder ein feuchtes Tuch zwischen Bügeleisen und Stoff legt.

LUKAS

STUDENT
26 JAHRE

Was tun? Ich habe beim Bügeln das Hemd angesengt, das mir meine Freundin geschenkt hat!

LÖSUNG: Als erstes die versengten Gewebefasern mit einer Nagelbürste entfernen. Ist das Hemd weiß und aus Leinen oder Baumwolle, ein mit 40 %igem Wasserstoffperoxid getränktes Tuch auf die Stelle legen und nicht zu heiß darüber bügeln. Ausspülen und aufhängen (nicht in der Sonne). Ist der Fleck nicht weg, mit Zitronensaft einreiben und in die Sonne legen.

GOPAL

INFORMATIKER
27 JAHRE

Ich dachte immer, beim Bügeln bekommt man alle Falten weg ... manche wollen aber einfach nicht verschwinden. Was mache ich falsch?

LÖSUNG: Wenn Falten nicht verschwinden wollen oder Ränder nicht glatt werden (typisch für Kragen von Polohemden), kann es am Stoff liegen. Meist hilft aber ein bisschen Feuchtigkeit. Bügele mit Dampf, lege ein feuchtes Bügeltuch auf die Stelle oder sprühe mit einem Zerstäuber Wasser auf den Stoff und bügele ihn trocken.

SONJA

HOTELFACHFRAU
32 JAHRE

Ich bringe die Hosen nicht mehr in die Reinigung, sondern wasche sie selbst. Nur die Bügelfalten wollen mir nicht perfekt gelingen. Ein Tipp?

LÖSUNG: Du musst dir nur Zeit dafür lassen, zumindest anfangs. Nach dem Bügeln des Hosenbunds und der Taschen lege die Hose symmetrisch gefaltet auf das Bügelbrett. Der Bund liegt am schmalen Ende. Hebe das obere Hosenbein hoch und lege es nach hinten über den Bund hinüber. Streiche das untere Hosenbein glatt, lege die Bügelfalten vom Saum bis zum Bund ein und bügele mehrmals über das Bein. Drücke an der Kante etwas fester auf, damit die Bügelfalte prägnanter wird. Falls Bundfalten vorhanden sind, bügele sie mit geringem Druck. Dreh dann die Hose um und wiederhole das Ganze mit dem anderen Bein.

PATRICK

ALTENPFLEGER
27 JAHRE

Meine Güte! Ich kenne mich mit Hausarbeit gar nicht aus und habe ein T-Shirt mit gummiertem Aufdruck ruiniert ... und davon habe ich einige. Kann man die nicht bügeln?

LÖSUNG: Wenn man das Bügeleisen direkt auf den Aufdruck setzt, schmilzt die Gummierung. Ein Teil davon bleibt an der Bügeleisensohle haften und wird auf andere Stoffe übertragen. Beim Bügeln von links wird die Umgebung des Motivs oft nicht richtig glatt. Am besten legt man Papier zwischen Aufdruck und Bügeleisen. Am besten sind Seidenpapier oder dünneres, unbedrucktes Packpapier. Bedrucktes Papier kann abfärben.

05

MIT NADEL UND FADEN

Stell dir vor, du willst zur Arbeit oder zu einem wichtigen Termin. Deine Kleider liegen bereit, aber dann passiert es: „Oh nein, der Knopf ist ab!“ Kein Grund zur Panik. Das ist keine Katastrophe, sondern eine Lappalie, die dich nur ein paar Minuten aufhalten wird. Länger dauert es nicht, einen Knopf anzunähen.

Für kleine Ausbesserungsarbeiten an deiner Kleidung brauchst du kein Schneidermeister zu sein. Du musst einfach nur aufhören, dich vor der Nähnadel zu fürchten.

NIEMALS!

- Rostige Näh- oder Stecknadeln benutzen. Das gibt Flecken oder beschädigt sogar das Gewebe.
- Den Faden zu stramm ziehen. Er ist ständiger Reibung am Gewebe ausgesetzt. Wenn er zu stramm ist, wird er schnell wieder reißen und du musst schon wieder zur Nadel greifen.
- Nähen, wenn du müde oder unkonzentriert bist. Man wird es dem Ergebnis ansehen.
- Mit einem zu langen Faden nähen. Er wird sich nur verheddern und verknoten.
- Das Ausbessern schadhafter Nähte zu lange aufschieben. Durch Bewegung und Reibung kann die Naht weiter aufplatzen, und schlimmstenfalls kann sogar der Stoff einreißen. Dann wird die Reparatur nur schwieriger.

Näh-ABC für Anfänger

A. Jedem Stoff seine Nadel
Die Wahl der Nadel hängt vom Stoff ab. Für feine Gewebe muss die Nadel dünn sein, damit sie zwischen den Gewebefäden durchdringt, ohne sie zu beschädigen. Für einen derberen Stoff brauchst du dagegen eine kräftige Nadel, die sich leicht durch das Gewebe schieben lässt. Dünne Nadeln können in dickem, festem Stoff sogar abbrechen. Kauf dir am besten ein Set mit verschiedenen Nadelstärken, dann hast du immer die richtige zur Hand.

B. Wohin mit dem Fingerhut?
Du hältst die Nadel zwischen Daumen und Zeigefinger. Der Mittelfinger muss frei beweglich sein, um die Nadel zu führen. Also steckst du den Fingerhut auf den Ringfinger. Fingerhüte gibt es in verschiedenen Ausführungen. Manche sind flexibel und passen sich auch kräftigen Männerfingern an. Für schlanke Finger sind geschlossene Metallfingerhüte gut geeignet. Ein passender Fingerhut soll nicht drücken, aber er muss so fest sitzen, dass er nicht vom Finger fällt, wenn dieser nach unten zeigt.

C. Den Faden nicht entwischen lassen!
Erspar dir den Ärger, dass der Faden aus dem Stoff entwischt. Dafür nach dem Einfädeln am Ende des Fadens einen einfachen Knoten machen. Versuch es so:

1. Das Fadenende um den Zeigefinger zu einer Schlaufe wickeln und mit dem Daumen festhalten.

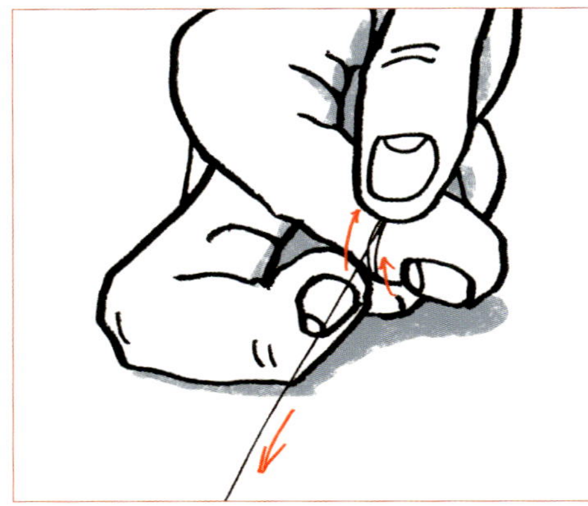

2. Mit demselben Daumen die Schlaufe in Richtung Zeigefingerspitze zwirbeln, sodass sich der Faden um sich selbst wickelt. Nun kannst du ihn vom Finger abziehen und ein loser Knoten ist entstanden.

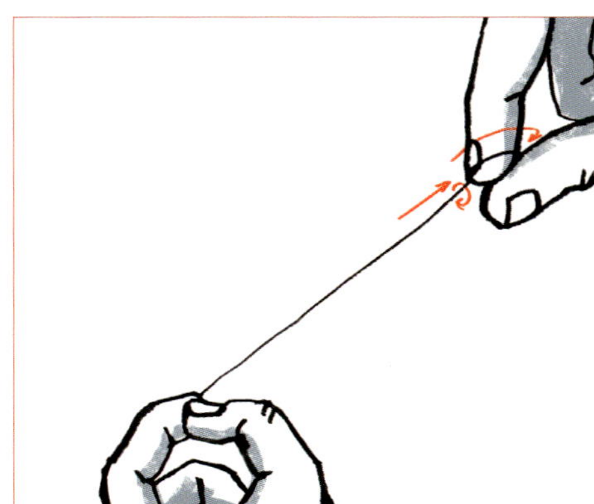

3. Den Knoten zum Fadenende schieben und fest zusammenziehen.

Die wichtigsten Nähgarne

Nähgarn gibt es verschiedenen Qualitäten. Spare nicht am falschen Ende, billiges Garn reißt leicht. Für dein erstes Nähkästchen genügen zwei Rollen Garn: weißes für weiße und helle Stoffe sowie schwarzes Garn für schwarze und dunkle Stoffe.

WISSENSWERTES

- Das Nähgarn sollte auf die Stoffart abgestimmt sein. Für feine Gewebe ist Nähseide die beste Wahl. Baumwollstoff wird mit Baumwollgarn genäht. Universalgarne, die sich für fast alle Stoffe eignen, bestehen aus synthetischen Fasern oder einem Baumwoll-Synthetik-Gemisch.
- Für die meisten Zwecke genügt Nähgarn aus Synthetik oder Baumwolle vollkommen. Knöpfe an derben Stoffen halten besser, wenn man reißfesten Zwirn verwendet. Solches Garn kann auch für Stellen benötigt werden, die durch Reibung stärker beansprucht werden, etwa am Ärmelsaum. Zum provisorischen Zusammenhalten gibt es spezielles Heftgarn aus Baumwolle, das leicht reißt und für normale Nähte nicht geeignet ist.

CLEVER

EINFÄDELN LEICHT GEMACHT

Schneide das Garn schräg ab, damit das Fadenende nicht ausfranst. Dann das Fadenende leicht mit der Zunge befeuchten. Jetzt lässt sich der Faden mühelos durch das Nadelöhr fädeln.

FADENLAUF

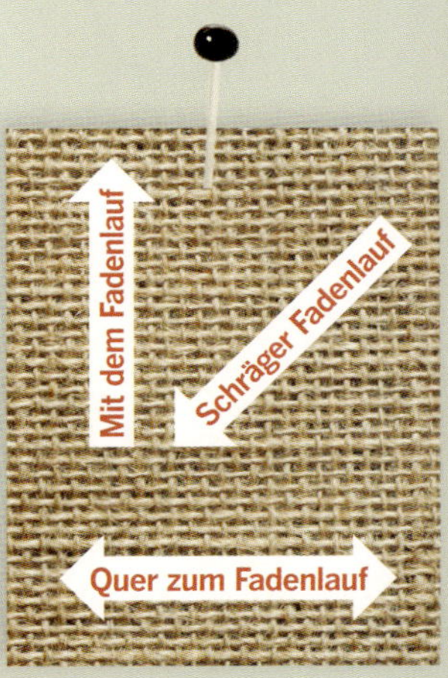

Dein Nähkästchen

FINGERHUT

Für Frauen eignen sich normale Fingerhüte aus Metall. Für kräftige Männerfinger empfehlen sich flexible Modelle, die sich der Fingerdicke anpassen. Frag beim Polsterer oder Segelmacher!

GARNE

Wer gut ausgestattet sein will, hat ein paar Rollen auf Lager, zum Beispiel stabilen Zwirn, Universal-Nähgarn aus Baumwoll-Polyester-Mischung in gängigen Farben und vielleicht noch Heftgarn.

HANDARBEITSSCHERE

Du wirst sie oft brauchen, um beispielsweise Fäden abzuschneiden, Nahtzugaben einzuknipsen oder Nähte aufzutrennen. Ihre Klingen sind kurz, schmal und spitz. Daumen und Zeigefinger sollten bequem in die Grifflöcher passen.

SCHNEIDERSCHERE

Mit dieser Schere wird Stoff geschnitten – und nichts anderes! Ihre Klingen sind 18 bis 23 cm lang. Die Griffe sind abgewinkelt, damit die Klingen möglichst glatt über die Arbeitsfläche gleiten. Das untere Griffloch ist groß genug für drei oder vier Finger.

STECKNADELN

Ein Kästchen mit dünnen Stecknadeln solltest du immer zur Hand haben. Praktisch ist auch ein Nadelkissen, in das du sie während des Nähens hineinstecken kannst.

NADELN

Es gibt Nähnadeln, Stick- und Stopfnadeln in verschiedenen Stärken. Kauf dir am besten ein Päckchen mit einem kleinen Sortiment. Das kostet nicht viel.

MASSBAND

Gängig und praktisch sind Maßbänder aus kunststoffbeschichtetem Gewebe mit Metallverstärkungen an den Enden.

EINFÄDLER

Damit wird das Einfädeln kinderleicht. Zuerst die dünne Metallschlaufe des kleinen Werkzeugs durch das Nadelöhr schieben. Den Faden durch die Metallschlaufe fädeln und die Schlaufe wieder aus dem Nadelöhr herausziehen. Dabei wird der Faden durch das Nadelöhr gefädelt.

Nähen: Die wichtigsten Stiche

GUT FESTHALTEN BEIM NÄHEN

Es ist wichtig, den Stoff beim Nähen gut festzuhalten. Rechtshänder halten ihn in der linken Hand, Linkshänder in der rechten – und zwar so, dass die zu nähende Stelle über dem Zeigefinger liegt. Dann wird der Stoff mit Daumen und Ringfinger gespannt. Nur wenn Stoff straff und glatt über dem Finger liegt, kannst du präzise Stiche nähen.

Bei Jeans und anderen derben Stoffen ist das etwas schwieriger, weil das Material weniger geschmeidig ist. Versuche trotzdem, den Stoff wie beschrieben zu halten.

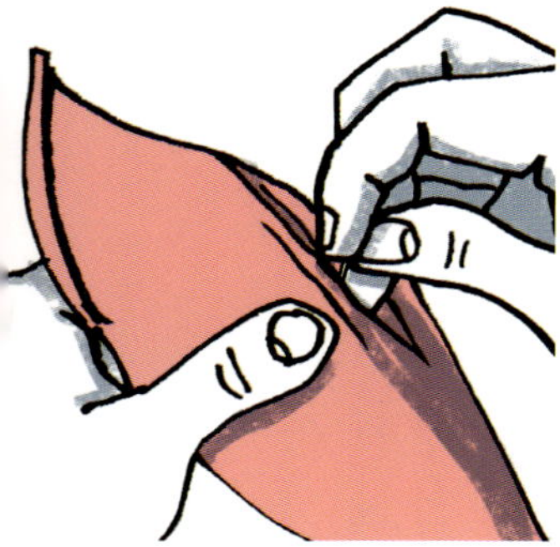

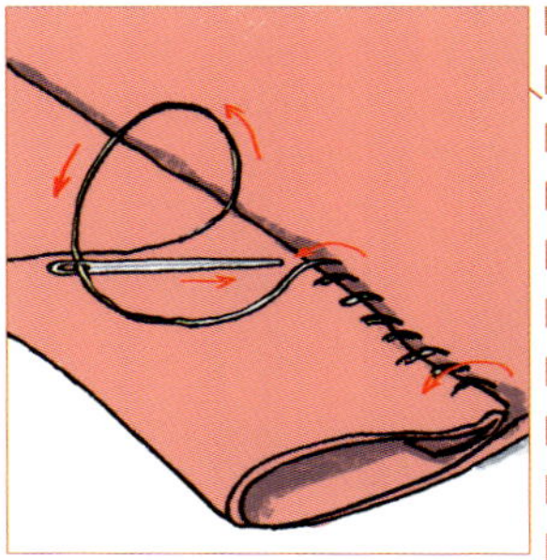

SENKRECHTER SAUMSTICH

Zweck: Säume, dekorative Flicken

Tipp: Kleine Stiche nähen.

So geht's: Die Stoffkante mindestens 1 cm nach links umschlagen. Auf der linken Seite des Stoffs die Nadel unter einem oder zwei Gewebefäden durchstechen, sodass dieser Stich auf der rechten Stoffseite kaum sichtbar ist. Dann am Rand der eingeschlagenen Saumkante einstechen. Dabei entsteht ein kleiner, nahezu senkrechter Stich. Fortlaufend in gleichmäßigen Abständen wiederholen.

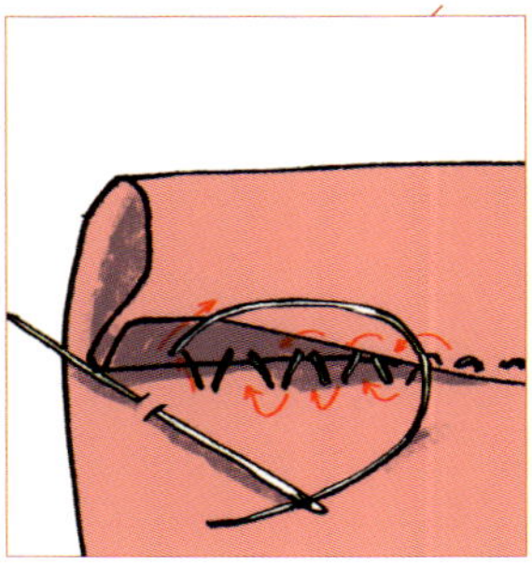

BLINDSAUMSTICH

Zweck: Säume an Hosen, Ärmeln und wenn es besonders akkurat aussehen muss.

Tipp: Die Saumkante vorher versäubern, damit sie nicht ausfranst.

So geht's: Die eingeschlagene Saumkante etwas abheben. Abwechselnd winzige Stiche durch die Innenseite des Saums und die linke Seite des Außenstoffs arbeiten. Jeweils nur einen oder zwei Gewebefäden erfassen. Weil unter der Stoffkante des Saums genäht wird, sind die Stiche auf Innen- und Außenseite des Kleidungsstücks kaum zu sehen.

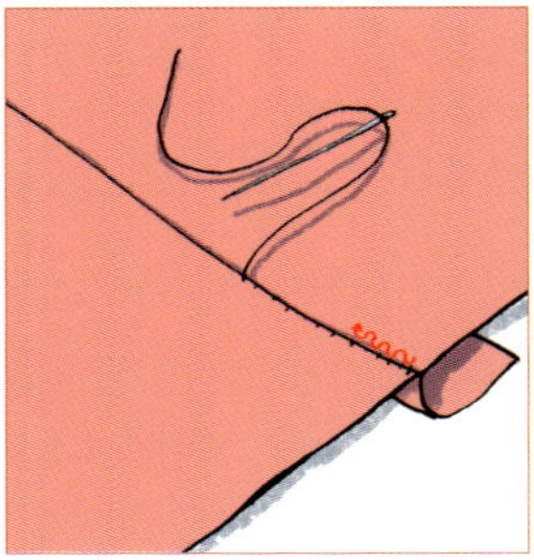

BLINDSTICH

Zweck: Stoffkanten zusammennähen, Applikationen

Tipp: Den Faden nicht zu stramm ziehen, sonst zeichnen sich die Stiche ab. Nimm zum Zusammennähen verschiedener Stoffe Garn in der Farbe des Stoffs, über dessen Kante die Stiche greifen.

So geht's: Lege die Stoffkanten aneinander, oder lege die Applikation auf den Hintergrundstoff. Mit der Nadel direkt neben der eingeschlagenen Kante zur rechten Seite eines Stoffs (bei Applikationen des Hintergrundstoffs) stechen. In die Bruchkante des anderen Stoffs einstechen, die Nadel ein kurzes Stück im Bruch entlangführen und wieder durch den Hintergrundstoff stechen. So mit Stichen von ca. 3 mm Länge die ganze Kante festnähen.

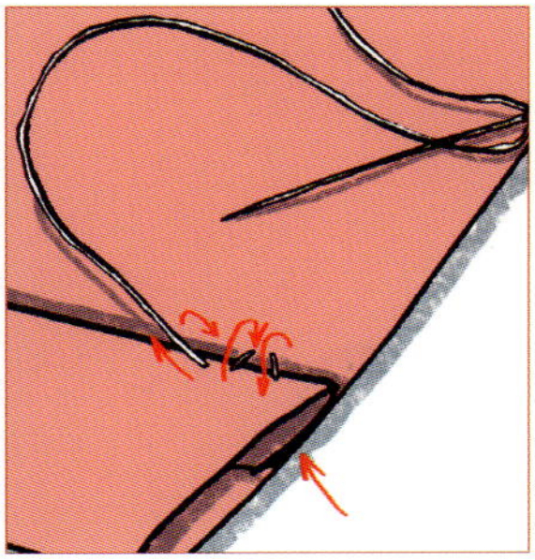

EINFACHER SAUMSTICH

Zweck: Säume an feinen Stoffen

Tipp: Den Faden beim Nähen nicht zu stramm ziehen.

So geht's: Garn in der Farbe des Stoffes wählen und die eingeschlagene Saumkante von rechts nach links festnähen. Dabei sehr kurze, waagerechte Stiche abwechselnd durch die linke Stoffseite und die Bruchkante des eingeschlagenen Saums arbeiten. Die Stiche bilden auf der Innenseite des Kleidungsstücks eine Zickzacklinie.

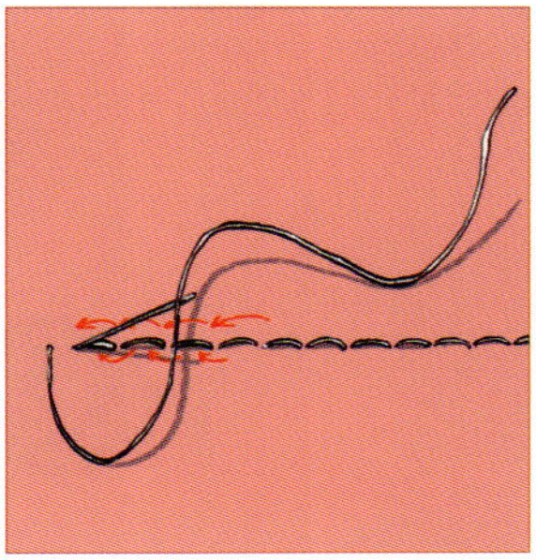

STEPPSTICH

Zweck: Stabile Nähte, Ziernähte, Reißverschlüsse, Taschenbeutel und mehr.

Tipp: Zeichne die Nahtlinie mit Schneiderkreide vor, damit diese sichtbare Naht gerade ausfällt.

So geht's: Dieser haltbare Stich wird von rechts nach links gearbeitet. Stich zuerst von der linken Stoffseite zur rechten, damit der Knoten innen liegt. Nun 3 mm weiter links einstechen und weitere 3 mm rechts wieder herauskommen. Am vorherigen Einstich (also 3 mm nach links) wieder einstechen und 6 mm weiter rechts (also 3 mm rechts vom letzten Stich) herauskommen. Wieder beim vorherigen Einstich (3 mm weiter links) einstechen und 3 mm rechts vom letzten Stich herauskommen. Fortlaufend wiederholen. Die Stiche sollen auf der rechten Stoffseite eine gerade, lückenlose Linie bilden.

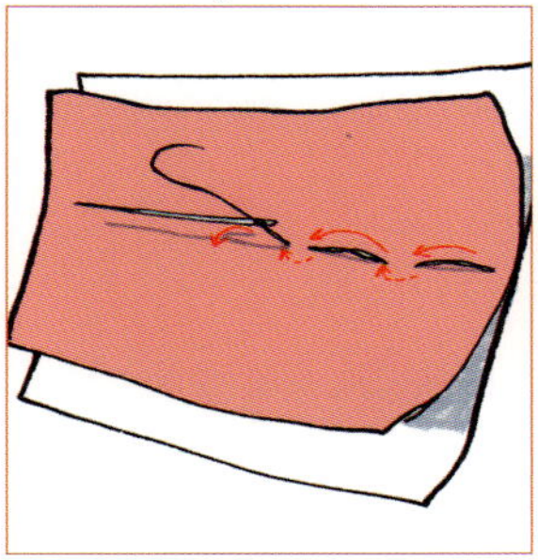

HEFTSTICH

Zweck: Provisorisches Zusammenhalten von Stoffen vor dem Nähen.

Tipp: Sichere Anfang und Ende der Heftnaht mit einem oder zwei Rückstichen.

So geht's: Mit einem gut sichtbaren Garn abwechselnd durch die Stofflagen nach oben und unten stechen. Die einzelnen Stiche können bis zu 10 cm lang sein, an Rundungen und schwierigen Stellen sind kleinere Stiche nötig. Nach dem endgültigen Nähen die Rückstiche an den Enden der Heftnaht durchschneiden und den Heftfaden herausziehen.

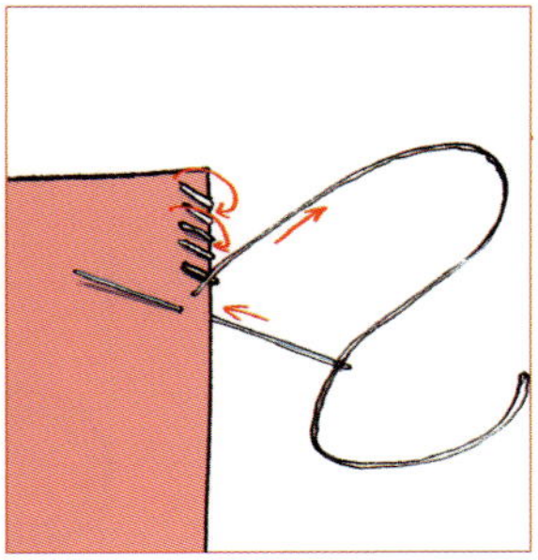

ÜBERWENDLICHER STICH

Zweck: Versäubern von Stoffkanten

Tipp: Ausgefranste Stoffkanten vor dem Versäubern abschneiden.

So geht's: Genäht wird von links nach rechts. Stich mit der Nadel in 5 mm Abstand zur Stoffkante von hinten nach vorn durch den Stoff. Den nächsten Stich einige Millimeter weiter rechts wieder in 5 mm Abstand zur Stoffkante von hinten nach vorn arbeiten. So entstehen kleine, schräge Stiche, die über die Stoffkante greifen. Achte auf gleichmäßige Abstände. Wie groß die Abstände sein müssen, hängt davon ab, wie dick der Stoff ist und wie stark er zum Ausfransen neigt.

Verschlüsse

Wenn du dich mit gängigem Nähzubehör und Kurzwaren ein bisschen auskennst, kannst du leicht für kleine „Textilprobleme“ die richtige Lösung finden. Hier werden die wichtigsten Verschlüsse vorgestellt.

KNÖPFE

Die gebräuchlichsten Knöpfe haben zwei oder vier Löcher. Außerdem gibt es Knöpfe mit geschlossener Vorderseite und einer Öse auf der Rückseite. Mäntel werden manchmal auch mit Haken und Ösen geschlossen. Jeder Knopftyp wird auf andere Weise festgenäht.

Knöpfe, die nicht angenäht werden

Typische Jeansknöpfe sind nicht angenäht, sondern genietet. Wenn sie sich lösen, muss man sie durch neue ersetzen. Das ist gar nicht so schwierig, zumal man in Kaufhäusern und Stoffgeschäften Sets mit allem nötigen Zubehör kaufen kann.

- Löse die Niete vorsichtig aus dem Stoff – notfalls mit einer Zange.
- Steck den Stift des Unterteils von innen nach außen durch den Stoff. Falls das Loch der alten Niete ausgerissen ist, zieh es mit Nähgarn fester zusammen.
- Lege die Hose auf eine stabile Unterlage (z. B. ein dickes Holzbrett), sodass der flache Kopf des Unterteils fest aufliegt. Stecke das Oberteil der Niete darauf und drücke es fest. Wenn dein Set kleine Kunststoffkappen für Unter- und Oberteil des Knopfes enthält, setze sie nun auf.
- Klopfe mit dem Hammer nach, um die beiden Teile fest miteinander zu verbinden. Die Kunststoffkappen verhindern, dass der Knopf beim Hämmern beschädigt wird.

DRUCKKNÖPFE

Sie werden für unsichtbare Verschlüsse an überlappenden Stoffkanten verwendet, die nicht unter starker Spannung stehen, beispielsweise an Halsausschnitten, Hosenbündchen oder Brieftaschen. So werden Oberteil und Unterteil festgenäht:

1. Das Unterteil hat in der Mitte einen kleinen Vorsprung. Es wird mit kleinen Stichen, die durch die Löcher über den Rand greifen, festgenäht.

2. Jetzt muss die Position des Knopfoberteils markiert werden. Drücke ein Stück Seife auf den Vorsprung des Unterteils. Dann lege den oberen Stoff darauf, als wolltest du den Knopf schließen. Die Seife hinterlässt einen Punkt auf dem Stoff und du weißt, wo das Knopfoberteil sitzen muss.

3. Nähe nun auch das Oberteil mit kleinen Stichen fest. Stich dabei jeweils in einem Loch an seinem Rand aus und knapp außerhalb des Rands wieder ein. Durch jedes Loch mehrere Stiche nähen, damit der Knopf sicher hält.

HAKEN UND ÖSEN

Sie eignen sich auch für Verschlüsse an Kanten ohne Überlappung. Haken werden meist so angenäht, dass sie leicht über die Stoffkante hinausstehen. So lässt sich die Öse leichter einhängen. Nähe Haken und Ösen auf der Innenseite des Kleidungsstücks fest und achte darauf, dass die Stiche auf der Außenseite nicht zu sehen sind.

REISSVERSCHLÜSSE

Welcher ist der richtige?

Aus Metall: Sie sind besonders stabil und passen gut zu sportlicher Kleidung oder zu Jeans.

Aus Kunststoff: Kunststoff-Reißverschlüsse gibt es in verschiedenen Stärken, Längen und Farben, sodass sich für jedes Kleidungsstück leicht das passende Modell finden lässt. Außerdem gibt es spezielle Reißverschlüsse mit verdeckt liegenden oder transparenten Zähnchen, die sehr unauffällig eingesetzt werden können, etwa in die Seitennaht eines Rocks. Reißverschlüsse für Röcke und Hosen sind nicht teilbar. Für Jacken und manche Taschen werden teilbare Reißverschlüsse benötigt, die am unteren Ende über ein Steck- und Kastenteil verfügen.

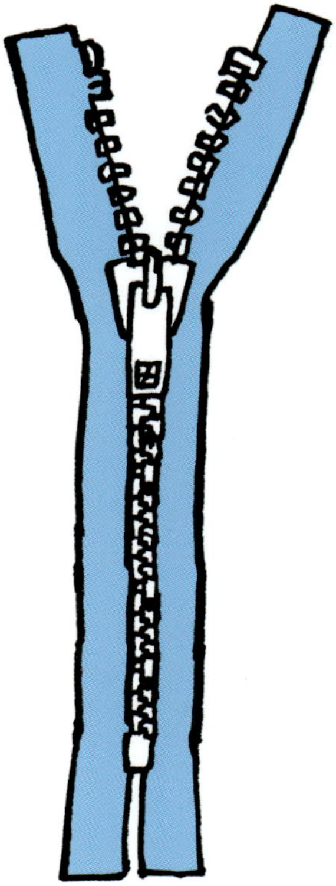

Die Knopfschachtel

Wenn sich ein Knopf löst, wirf ihn nicht weg. Bewahre auch Ersatzknöpfe, die manchen Kleidungsstücken beiliegen, oder schöne Knöpfe von ausgemusterter Kleidung auf. Dann hast du bald eine nützliche Knopfsammlung. Es macht aber wenig Spaß, in einem großen Durcheinander nach einem bestimmten Knopf zu suchen. So behältst du den Überblick:

Nach Farben sortieren.
Hast du sehr viele Knöpfe, sortiere sie außerdem nach Größen.

Und so werden Knöpfe praktisch aufbewahrt:

Aufkleben: Drücke die Knöpfe auf einen transparenten Klebestreifen und klebe einen zweiten Streifen darüber.

Auffädeln: Fädele Knöpfe gleicher Art auf einen dicken, doppelten Faden. Binde eine Schleife in die Enden. Wenn du einen Knopf brauchst, öffne die Schleife, zieh den Knopf vom Faden und binde seine Enden wieder zusammen.

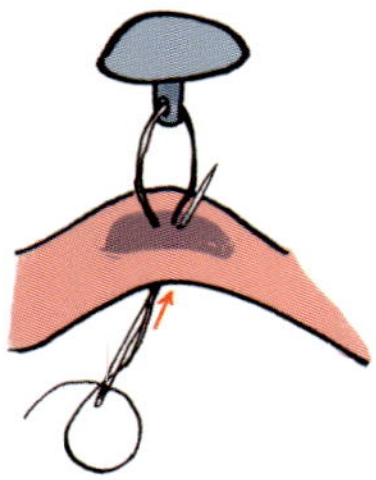

ÖSENKNÖPFE ANNÄHEN

Manche Knöpfe haben eine dekorative Oberseite und auf der Rückseite eine kleine Metallöse, an der sie festgenäht werden.

Du erleichterst dir das Annähen, wenn du den Knopf im rechten Winkel zum Stoff hältst. Stich zuerst von unten nach oben durch den Stoff und führe die Nadel durch die Öse des Knopfes. Danach stichst du direkt hinter der Öse wieder in den Stoff ein. Wiederhole diese beiden Stiche mehrmals, bis der Knopf fest sitzt. Der letzte Stich führt zur Rückseite des Stoffs, wo der Faden sicher vernäht wird.

Kleine Ausbesserungsarbeiten

Früher oder später treten an den meisten Kleidungsstücken kleine Schäden auf. Die meisten lassen sich mit einer Grundausstattung an Nähzeug leicht beheben. Oft sind nur ein paar Nadelstiche notwendig.

EINEN KNOPF ANNÄHEN

Ist dir ein Knopf verloren gegangen, schau zuerst nach, ob auf der Innenseite des Kleidungsstücks ein Ersatzknopf festgenäht ist. Wenn nicht, findest du im Kurzwarenhandel sicher einen ähnlichen. Dann kannst du zur Tat schreiten.

1. Zupfe Garnreste vom alten Knopf vorsichtig mit einer Nähnadel aus dem Stoff. Fädele passendes Garn ein und sichere deinen Faden zuerst auf der Rückseite des Stoffs mit einem kleinen waagerechten Stich.
2. Der Knopf muss auf einer Linie mit den übrigen Knöpfen sitzen. Wenn noch die Einstiche vom verlorenen Knopf zu sehen sind, orientiere dich an ihnen.
3. Um den Knopf am Stoff zu befestigen, stichst du abwechselnd von oben und unten durch Stoff und Knopf.
   - Von unten nach oben: Stich so von der Rückseite des Stoffes nach oben, dass die Nadel aus einem Loch des Knopfs herauskommt. Zieh den Faden nicht zu stramm. Wenn der Knopf zu eng am Stoff anliegt, lässt er sich schlecht schließen.
   - Von oben nach unten: Stich nun mit der Nadel durch das danebenliegende Loch des Knopfes wieder zur Rückseite des Stoffs.
4. Wiederhole diesen Vorgang drei- oder viermal. Wenn der Knopf vier Löcher hat, ordne deine Stiche so an wie bei den übrigen Knöpfen: parallel oder gekreuzt.
5. Sichere den Faden entweder
   - auf der Rückseite: Zieh beim letzten Stich den Faden nicht ganz durch, sondern lass eine kleine Schlaufe stehen. Führe die Nadel noch einmal durch diese Schlaufe. Dann den Faden festziehen.
   - unter dem Knopf: Stich noch einmal von unten nach oben, aber nicht durch den Stoff. Der Faden hängt nun unterhalb des Knopfes. Wickle ihn drei- oder viermal um die Nähfäden unter dem Knopf. Stich dann die Nadel schräg durch diese Wicklung. Zieh den Faden durch, bis noch eine kleine Schlaufe übrig ist. Führe die Nadel durch die Schlaufe, zieh den Faden stramm und schneide ihn ab.

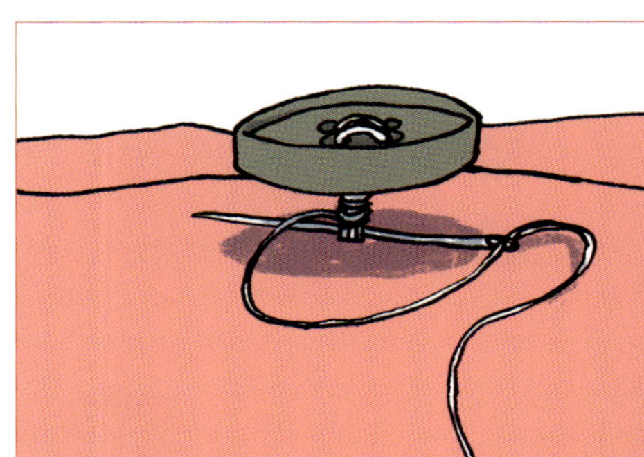

SÄUME NÄHEN

Ist die neue Hose zu lang? Willst du aus einer alten Hose Shorts oder eine Caprihose machen? Entspricht die Länge deines Kleids nicht der aktuellen Mode? Dann solltest du lernen, Säume zu nähen. Wasche neue Kleidungsstücke, bevor du die Länge änderst: Es könnte ja sein, dass sie einlaufen.

SCHRITT FÜR SCHRITT >>>

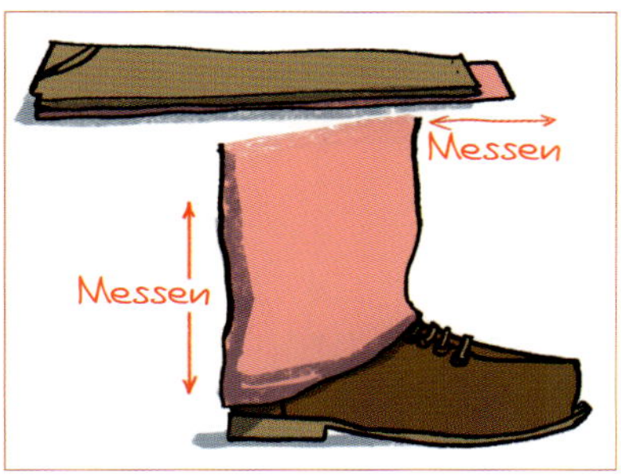

1. Nimm Maß. Breite eine Hose mit gut passender Länge auf dem Tisch aus. Dann lege die zu messende Hose so darauf, dass beide an der Schrittnaht (nicht am Bund) übereinstimmen. Markiere die Länge mit Stecknadeln. Hast du einen Helfer, zieh die Hose und ein Paar Schuhe an. Der Helfer legt nun die Hosenbeine nach innen um und markiert die Länge in der hinteren Mitte jedes Beins mit einer Stecknadel – etwa auf der Höhe, auf der bei den Schuhen der Absatz beginnt. Auch der eingeschlagene Stoff wird festgesteckt.

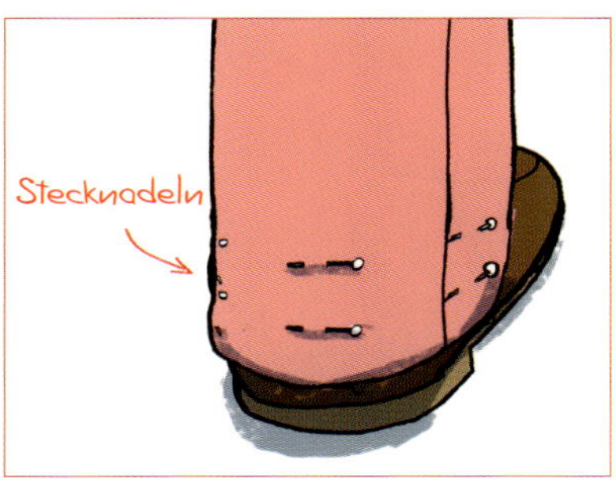

2. Miss den Abstand zwischen der Stecknadel, mit der die neue Länge markiert ist, und der Saumkante des Hosenbeins. Schlage nun die gesamte Hosenbein-Unterkante exakt in dieser gemessenen Breite nach innen ein, damit das Bein vorn und hinten gleich lang ist. Zur Sicherheit kannst du den eingeschlagenen Stoff mit Heftstichen befestigen oder die neue Saumkante bügeln, bevor du zu nähen beginnst.

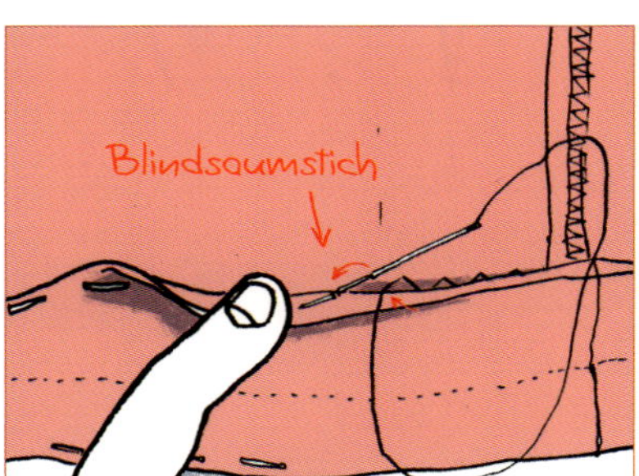

3. Den Saum nähen. Dreh die Hose auf links. Falls der Einschlag sehr breit ist, schneide ihn auf 2–3 cm zurück – schön gerade! Versäubere die Schnittkante mit überwendlichen Stichen, damit sie beim Waschen nicht ausfranst. Dann den Saum, je nach Art des Stoffs, mit einfachem Saumstich oder Blindsaumstich festnähen. Zuletzt den Saum von links bügeln.

HOSEN: DIE SACHE MIT DER LÄNGE

Bei **Herrenhosen** sollte der Saum hinten mit dem oberen Rand des Schuhabsatzes abschließen. Hinten muss das Hosenbein glatt fallen, vorn auf dem Spann darf es auf den Schuh stoßen und eine leichte Falte bilden.

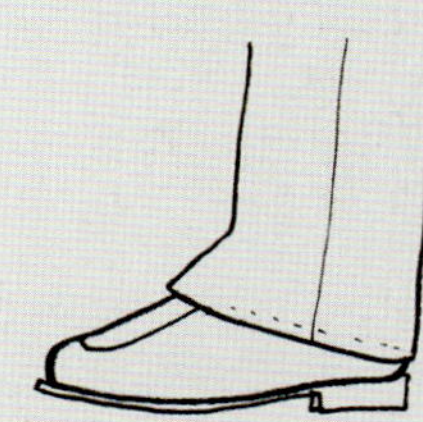

Bei **Damenhosen** muss der Saum bis zur Mitte des Absatzes reichen, sodass die Schuhspitze zu sehen ist.

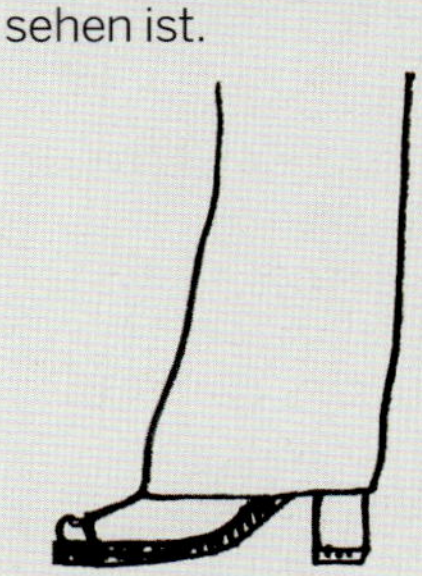

EIN SCHRITT WEITER

Wenn du kleine Alltagsprobleme mit Nadel und Faden lösen kannst, wage dich einen Schritt weiter. Lieblingskleidungsstücke werden viel getragen und können durch den Gebrauch leiden – aber gerade von ihnen trennt man sich nicht so leicht. Auf den nächsten Seiten lernst du einfache Techniken kennen, mit denen sich beschädigte Kleidungsstücke retten lassen, damit du länger Freude an ihnen hast.

EINEN REISSVERSCHLUSS AUSTAUSCHEN

Bei Kleidern sind Reißverschlüsse oft zwischen zwei Belegen eingenäht, bei Röcken sitzen sie meist unauffällig in der Seitennaht. Hier wird erklärt, wie man einen Hosenreißverschluss mit Untertritt austauscht. Miss den alten Reißverschluss, bevor du einen neuen in einer passenden Farbe kaufst. Los geht's:

SCHRITT FÜR SCHRITT >>>

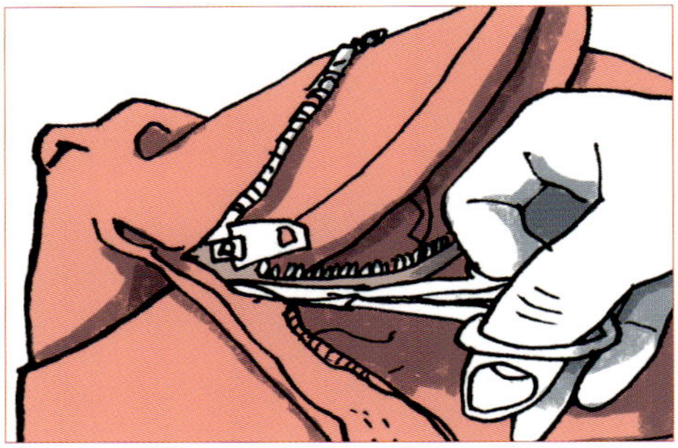

1. Trenne den alten Reißverschluss vollständig heraus – auch die Enden der Trägerbänder. Um die oberen Trägerbänder zu lösen, trenne ein Stück der Bundnaht auf.

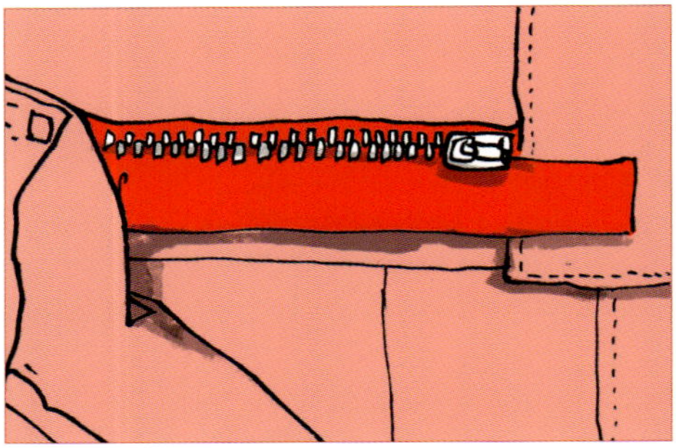

2. Stecke den geschlossenen neuen Reißverschluss so unter die Kante des Untertritts, dass die Zähnchen gerade hervorschauen. Das obere Ende des Trägerbandes in die Öffnung der Bundnaht schieben.

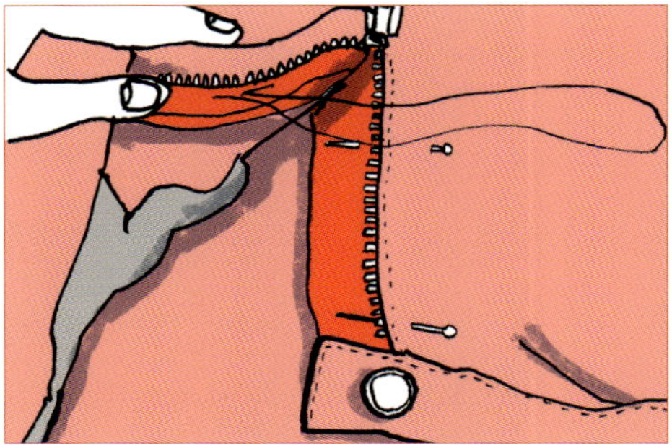

3. Lege jetzt den Übertritt auf den Reißverschluss und stecke ihn am Trägerband fest. Mit einem Heftstich sichern und die Nadeln herausnehmen.

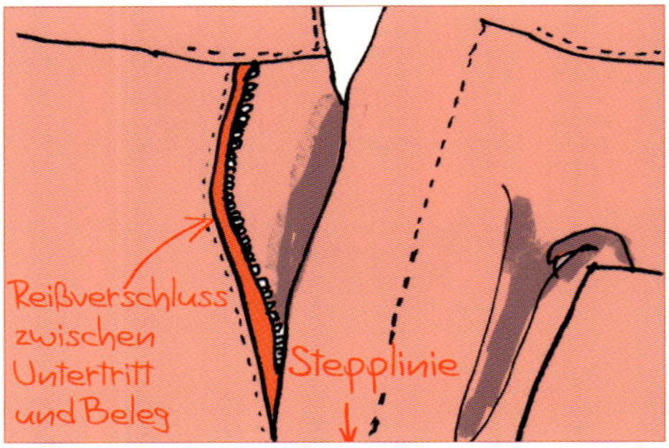

4. Nähe zuerst die Reißverschlussseite am Untertritt dicht entlang der Stoffkante mit Steppstichen fest. Dann das Reißverschluss-Trägerband am Übertritt von oben nach unten mit Steppstichen festnähen. Die Naht endet in einem Bogen, der unterhalb des Reißverschlusses Übertritt, Beleg und Trägerbänder zusammenhält. Nähe auf diesem Bogen zur Verstärkung eine doppelte Steppnaht.

STOPFEN

Wenn die Fäden von Strickwaren an beanspruchten Stellen wie Ellenbogen und Fersen dünn werden oder durchgescheuert sind, verwende zum Reparieren Garn aus dem gleichen Material (Baumwolle oder Wolle). Um auf einem glatten Untergrund arbeiten zu können, lege ein Stopfei oder einen Stopfpilz unter die schadhafte Stelle. Zur Not tut es auch ein hartgekochtes Ei oder eine Glühbirne.

SCHRITT FÜR SCHRITT >>>

1. Wende das Kleidungsstück auf links. Schiebe das Stopfei unter die schadhafte Stelle und straffe den Stoff, um den Verlauf der Fäden oder Maschen gut zu erkennen.

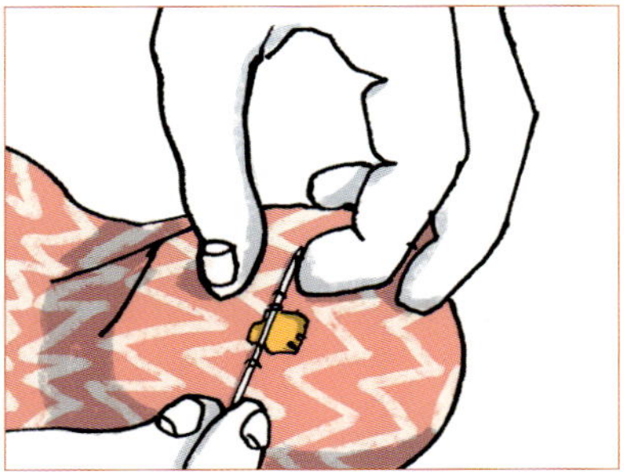

2. Stich in einigen Millimetern Abstand zum Schaden durch den Stoff, führe den Faden über den Schaden und stich auf der anderen Seite im gleichen Abstand wieder durch den Stoff. Arbeite mehrere solcher langen Stiche parallel und in gleichmäßigen Abständen hin und her, bis sie eine quadratische Fläche über dem Loch füllen. Die Fäden nicht zu stramm ziehen.

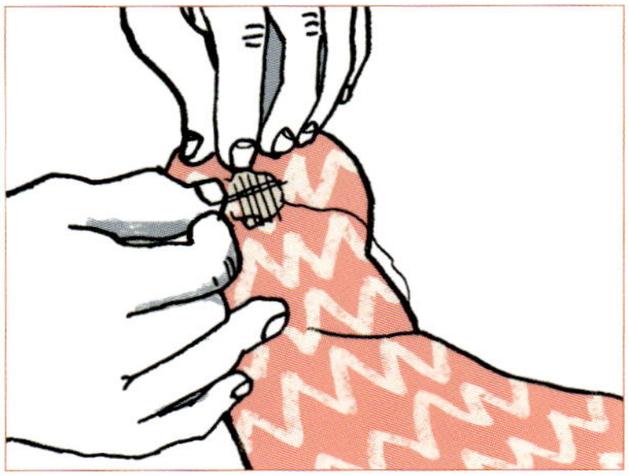

3. Jetzt die Nadel im rechten Winkel zu den Stichen immer abwechselnd über und unter den parallelen Fäden führen. Auch dies in engen Abständen hin und her wiederholen, jedoch den Oben-Unten-Wechsel gegenläufig zum vorherigen Stich arbeiten. So bilden die Stopffäden eine Gewebestruktur. Wenn das Loch geschlossen ist, wiederhole den Vorgang erneut parallel zu den Längsfäden (aus Schritt 2). Zuletzt den Faden sorgfältig vernähen.

CLEVER

NAHT GEPLATZT?

Nähte von Kleidungsstücken, die oft getragen werden, können mit der Zeit mürbe werden. Wer schlau ist, näht kleine Schäden nach, bevor sie zum größeren Problem werden.

- An beiden Enden der gerissenen Naht hängen meist die Enden der Fäden. Verknote sie, damit die Naht nicht weiter aufgeht.
- Lege die Stoffkanten genau aufeinander und nähe sie mit Steppstichen zusammen. Beginne nicht direkt an der schadhaften Stelle, sondern nähe die ersten Stiche auf der intakten Naht.
- Nähe auch am anderen Ende einige Zentimeter im Verlauf der intakten Naht weiter. Dann vernähe den Faden und schneide ihn ab.

HOSEN FLICKEN

Ein Klassiker ist das Loch in der Lieblingsjeans. Stopfen ist für solche Stoffe nicht die richtige Lösung. Aber ein dekorativer Flicken, der auf die schadhafte Stelle gesetzt wird, kann richtig witzig aussehen.

SCHRITT FÜR SCHRITT >>>

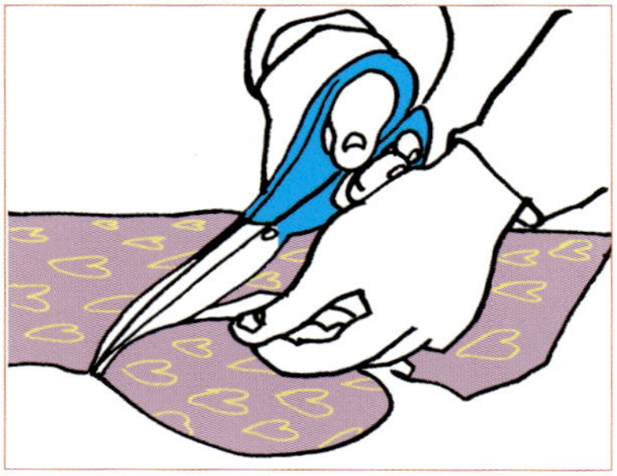

1. Suche einen robusten Stoff aus, der dir gefällt und zur Hose passt. Zeichne den Umriss des Flickens auf den Stoff und schneide ihn aus. Einfache geometrische Formen sind am einfachsten zu verarbeiten.

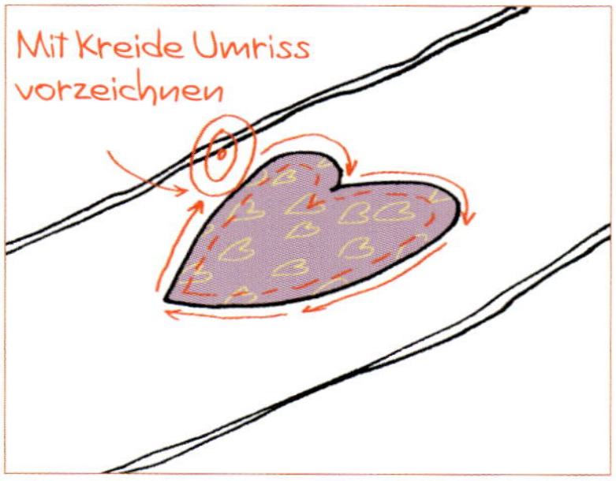

2. Dreh die Hose auf links, lege den Flicken auf das Loch und zeichne den Umriss mit Schneiderkreide nach. Zeichne einen zweiten, etwas kleineren Umriss 1 cm innerhalb der ersten Linie. Schneide die kleinere Form aus der Hose aus, sodass ein Loch mit einem sauberen Rand bleibt.

3. Du kannst den Flicken auf das Loch nähen oder darunter setzen.

- Von innen: Die Lochränder werden eventuell etwas ausfransen. Textilkleber am Rand des Flickens auftragen und Flicken auf die Innenseite der Hose kleben, sodass er vorne durch das Loch zu sehen ist. Wenn der Kleber trocken ist, nähe die Kanten des Lochs ringsherum mit kleinen überwendlichen Stichen an den Flicken.
- Von außen: Schneide den Flicken aus einem Stoff, der nicht ausfranst. Stecke oder hefte ihn über dem Loch fest. Du kannst ihn mit farblich passendem Garn und unauffälligen Stichen festnähen oder sichtbare Stiche und kontrastfarbiges Garn benutzen.

AUSGEFRANSTE KNOPFLÖCHER AUSBESSERN

Knopflöcher in dünnen Stoffen und groben Geweben fransen schnell aus. Solche kleinen Schäden lassen sich leicht reparieren, allerdings erfordert das Nähen der engen, gleichmäßigen Stiche etwas Geduld.

SCHRITT FÜR SCHRITT >>>

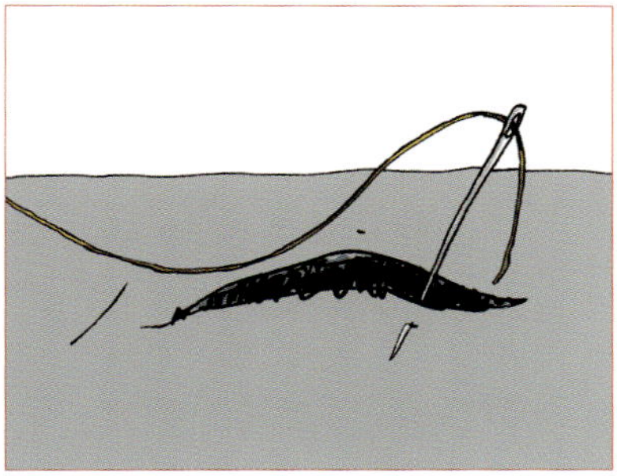

1. Nimm Knopflochgarn oder nähe mit doppeltem Faden eines normalen Nähgarns. Falls du kein Garn hast, dessen Farbe gut zum intakten Teil des Knopflochs passt, musst du zuerst alle Stiche des Knopflochs heraustrennen. Versäubere dann die Stoffkanten mit überwendlichen Stichen.

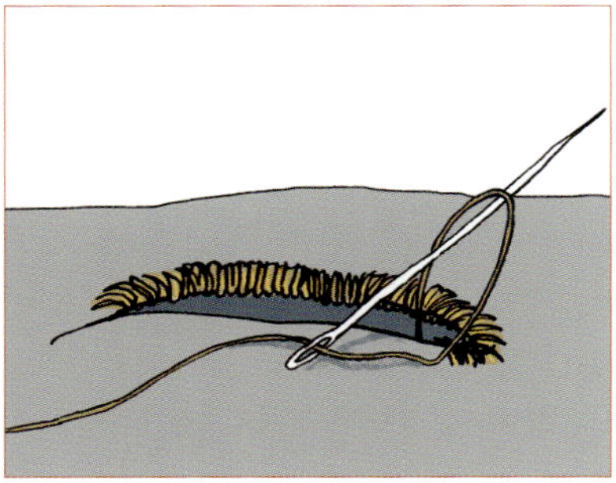

2. Stich mit der Nadel an der Unterkante des Knopflochs in 3 mm Abstand zur Stoffkante von unten nach oben. Lege den Faden unter die Nadelspitze und zieh ihn erst dann durch. So bildet sich an der Stoffkante ein Knötchen.

3. Fahre in gleicher Weise rund um das Knopfloch herum fort. In dünnen Hemd- und Blusenstoffen müssen die Stiche dicht an dicht liegen. Bei einer Jeans können die Abstände etwas größer sein.

100% GRÜN

KLEIDUNG RECYCELN

- Ist deine Kleidung so alt oder so unmodern, dass du sie nicht verschenken magst, schneide aus intakten Teilen quadratische Stücke zu und bewahre sie auf. Wenn du in kreativer Laune bist, kannst du aus diesem Vorrat schöpfen, um Jeans oder Stoffschuhe aufzupeppen.
- Ist ein Hemd oder eine Bluse nicht mehr zu retten, trenne die Knöpfe ab und bewahre sie für den Fall der Fälle in deiner Knopfsammlung auf.
- Ein Loch ist noch lange kein Grund, sich von einem Lieblingsstück zu trennen. Schäden am Rand lassen sich oft unauffällig reparieren. Ansonsten lässt sich das Kleidungsstück vielleicht mit einem dekorativen Bügelflicken, etwas Spitze, einen Stoffrest, einem Lederflicken oder einer Strass-Applikationen retten.

HILFE!

DIE EXPERTIN WEISS RAT

ANA GALLO

PASCAL

STUDENT
24 JAHRE

Die Enden von Schnürsenkeln fransen früher oder später aus. Was kann man da machen?

LÖSUNG: Fädle einen doppelten Faden ein und stich mit der Nadel dort ein, wo der Schnürsenkel noch intakt ist. Nähe ein paar Stiche und wickle dann den Faden stramm um das ausgefranste Ende. Dort verknotest du den Faden sorgfältig. Nähe einige Stiche durch die Wicklung. Wieder verknoten und abschneiden. Zuletzt die Wicklung mit transparentem Nagellack einpinseln und trocknen lassen.

Woher weiß ich, wie viel Garn ich zum Nähen brauche?

LÖSUNG: Der Faden sollte nicht so lang sein, dass du nach jedem Stich den Arm lang ausstrecken musst. Nimm als Maß etwa die Länge von deiner Hand bis zum Ellbogen.

MAREN

RECHTSANWALTSGEHILFIN
40 JAHRE

Muss man immer den ganzen Reißverschluss austauschen, wenn nur ein Zahn verbogen ist?

LÖSUNG: Nicht unbedingt, wenn du eine Zange hast. Löse die beiden kleinen Metallklammern am Ende der Zähnchenreihe. Schiebe den Schlitten bis unten zum letzten Zahn – aber lass ihn nicht von den Zähnen gleiten. Nun die Zähne vorsichtig so ausrichten, dass sie wieder gut ineinandergreifen. Schiebe den Schlitten auf und ab, um zu überprüfen, ob der Reißverschluss gut schließt. Dann füge die beiden letzten Zähne wieder ineinander. Die Metallklammern kannst du nicht mehr verwerten. Nähe stattdessen einige Stiche quer über das Ende der Zähnchenreihe. Zuletzt kannst du, falls nötig, den Schlitten mit der Zange etwas zusammendrücken, damit er sicher auf den Zähnchen sitzt.

ANJA

FITNESSTRAINERIN
27 JAHRE

Welche Garne sind am haltbarsten?

LÖSUNG: Baumwollgarne oder Polyester-Baumwoll-Gemische sind weniger beständig als reine Polyestergarne und bleichen auch stärker aus. Manche bevorzugen sie jedoch, da sie im Stoff weniger auffallen als reine Polyestergarne. Das Garn sollte immer auf Zweck und Stoff abgestimmt sein. Für Knopflöcher oder feine Stoffe ist Nähseide besser geeignet, für Jeans Polyestergarn. Normalerweise verwendet man Synthetikgarn für Synthetikstoffe und Naturfasergarn für Naturfaserstoffe. Garn aus Baumwoll-Polyester-Gemisch eignet sich für alle Zwecke.

HEIDRUN

ERZIEHERIN
32 JAHRE

Bei meinem BH hat ein Bügel den Stoff durchstochen. Lässt sich das reparieren?

LÖSUNG: Wenn der Bügel gebrochen ist, kaufe im Kurzwarengeschäft einen neuen. Zieh die Reste des alten Bügels heraus. Schneide einen kleinen Schlitz ins obere Ende des Stofftunnels und schiebe den neuen Bügel hinein. Befestige den Bügel knapp unterhalb des Schlitzes mit einer oder zwei Sicherheitsnadeln, damit er nicht verrutscht. Nähe nun den Schlitz mit stabilem Baumollgarn in der Farbe des BHs durch alle Stofflagen zu. Etwa 60 Stiche, dicht an dicht, sind nötig, um ein „Polster" über dem Bügelende zu erhalten. Gib sicherheitshalber noch etwas Textilkleber auf die Ränder der vernähten Stelle.

KNUT

GOLDSCHMIED
43 JAHRE

Ich finde kein Garn im richtigen Farbton für meinen Stoff. Soll ich dann lieber ein helleres oder ein dunkleres verwenden?

LÖSUNG: Für sichtbare Nähte nimm lieber dunkles Garn, es fällt weniger ins Auge. Da auch Garne mit der Zeit ausbleichen, wird es sich nach einer Weile besser an den Stoff anpassen als ein helles Garn, das eher heraussticht.

SILKE

TOURISMUSKAUFFRAU
32 JAHRE

Bei einer meiner Blusen ist der Ausschnitt zu tief, doch wenn ich den obersten Knopf schließe, ist sie zu hochgeschlossen. Was tun?

LÖSUNG: Nähe kleine Druckknöpfe genau an die Stelle, wo du die Bluse schließen möchtest. Suche passende Knöpfe für deinen Blusenstoff aus: weiß, schwarz oder vielleicht durchsichtig? Das Festnähen wird auf Seite 84 erklärt.

Höhe
Breite

06

ALLES IN ORDNUNG

Wenn Geschirr, Kleider und allerlei anderer Krimskrams sich bei dir zu Hause stapeln, den dafür vorgesehenen Stauraum sprengen und überall da landen, wo sie nicht hingehören, ist Aufräumen angesagt. Unordnung löst nicht nur Stress aus, weil sie das Gefühl vermittelt, den Überblick zu verlieren. Sie ist außerdem unhygienisch und kann zu Haushaltsunfällen führen. Doch um Ordnung schaffen zu können, muss jedes Ding seinen bestimmten Platz haben.

Es passt einfach nicht alles in die Wohnung? Dann ist womöglich der Augenblick gekommen, dich von Überflüssigem zu trennen und Gewohnheiten einzuüben, mit denen du Unordnung von vornherein vermeiden kannst. Ordnung bringt Ruhe mit sich und fördert klares Denken! Du weißt nicht, wie du es anfangen sollst? Am besten mit gesundem Menschenverstand – und den Tipps im folgenden Kapitel.

Das Aufräum-ABC

A. Überschaubare Ziele.
Ordnung liegt dir nicht sonderlich, und auch mit der Organisation eines Haushalts hast du nicht viel Erfahrung? Umso wichtiger ist es, dir kleine Etappenziele zu stecken, statt an einem Tag alles umkrempeln zu wollen. Eine gute Methode ist, sich jeden Tag zehn Minuten fürs Aufräumen zu nehmen. Das ist wirklich nicht viel Zeit, aber genug, um beispielsweise die Wäsche abzunehmen, alte Zeitungen und Prospekte wegzuwerfen, das Geschirr abzuwaschen oder die verstreuten Schuhe wegzuräumen. Je weniger sich ansammelt, desto leichter ist es, alles in Ordnung zu halten.

Weitere kleine Maßnahmen mit großer Wirkung sind:

- Gleich nach dem Duschen das Handtuch aufhängen und die Dusche trocken wischen.
- Täglich das Bett machen.
- Immer Türen, Schränke, Schubladen zumachen.
- Nach jeder Mahlzeit das Geschirr abwaschen.

B. Problemzonen erkennen.
Hast du wenig Zeit (oder Lust) aufzuräumen, solltest du schnelle und praktische Lösungen für Bereiche finden, in denen besonders schnell Unordnung entsteht. Zum Beispiel:

- Häufen sich die Dinge im Flur, weil dort gleich nach dem Eintreten regelmäßig viel abgeladen wird – Schlüssel, Post, Jacke, Schuhe und mehr? Dann fehlt vielleicht eine Garderobe, ein Schlüsselbrett oder ein Schuhschrank.

- Türmen sich auf dem Sofatisch Zeitungen, CDs, Fernbedienungen und Bücher, besorge dir einen Zeitungsständer, einen Hocker mit Stauraum oder ein Körbchen für die Fernbedienungen.

C. Jedem Ding sein Zuhause.
Unordnung entsteht oft durch Dinge, die keinen festen Platz haben, sondern mal hier und mal dort landen. Was einen Platz hat und auch dort verwahrt wird, braucht man nicht zu suchen. Für Dinge, die du seltener brauchst, kannst du beschriftete Boxen benutzen.

D. Gruppen bilden.
Gib Dingen gleicher Art einen gemeinsamen Platz. Alle Kugelschreiber in einen Becher, alle Ladegeräte und Handy in einen Korb, alle Schlüssel ans Schlüsselbrett, Zeitungen in den Zeitungsständer und so weiter.

E. Das Prinzip der Nähe.
Bewahre Dinge dort auf, wo du sie benutzt. Das Adressbuch beim Telefon, die Haarbürste im Bad, die CDs bei der Stereoanlage, die DVDs neben den Fernseher.

F. Ordnungshelfer benutzen.
Möbelmärkte und Baumärkte bieten jede Menge praktischer Ordnungshelfer an, zum Beispiel Schubladenteiler für Gürtel oder Krawatten, CD-Boxen, Schlüsselbretter und mehr. Es ist aber nicht damit getan, solche Ordnungshelfer zu kaufen. Sie wollen auch benutzt werden.

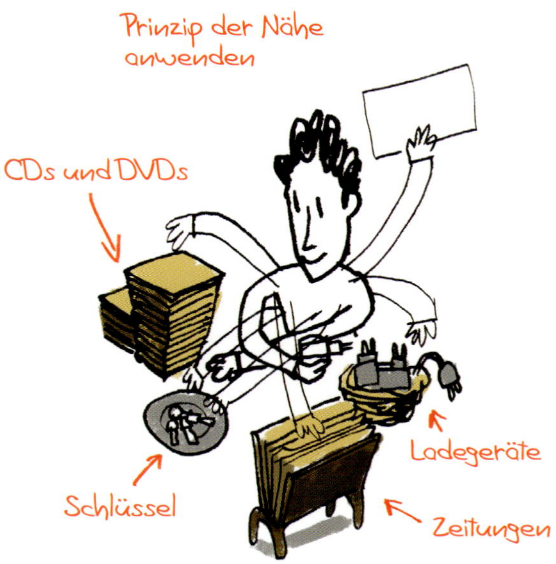

NIEMALS!

- Freie Flächen mit noch mehr Möbeln zustellen, es bringt dich nur dazu, weiter Überflüssiges anzusammeln.
- Werbegeschenke aufbewahren.
- Aufschieben, was sofort erledigt werden kann, z. B. ein Kleidungsstück weghängen oder Schmutzwäsche in den Wäschekorb legen.
- Alles an einem Tag aufräumen wollen. Nimm dir lieber jeden Tag einen überschaubaren Bereich vor.
- Aufräumen, wenn du sehr müde oder angespannt bist.
- Dinge aufbewahren, die du seit 2 Jahren nicht mehr getragen oder benutzt hast.
- Den Stauraum zu knapp kalkulieren: 40 % sollte für zukünftige Anschaffungen frei bleiben.

Das Schlafzimmer im Griff

Ordnung im Schlafzimmer muss sein, denn hier werden besonders viele Dinge hinein- und wieder herausgetragen. Es braucht zum Glück nur ein bisschen Organisation, damit tägliches Hin und Her nicht in Chaos mündet.

Der ideale Kleiderschrank

Ob konventioneller Kleiderschrank oder Einbauschrank, ob Elementsystem oder offenes Regal – Stauraum für Kleider muss in erster Linie eine funktionale Aufteilung haben. Häufig benutzte Kleidung wird in bequemer Griffhöhe verstaut, Kleidung für andere Jahreszeiten ganz oben. Je größer der Schrank, desto mehr Fächer verschiedener Art können eingerichtet werden. Es gibt viel praktisches Zubehör zur Schrankeinrichtung, mit dem sich auch alte Erbstücke problemlos ausstatten lassen.

Stange: Hier kannst du Hemden, Kleider, Hosen und Mäntel aufhängen. Neben herkömmlichen Kleiderstangen gibt es auch ausziehbare oder schwenkbare Varianten, mit denen sich unter Umständen der Platz geschickter nutzen lässt. Für Hemden und Blusen können in hohen Schränken zwei Stangen übereinander befestigt werden. Auch ausziehbare Halter für Hosen sind praktisch.

Regalböden: Für Kleidungsstücke wie T-Shirts, dünnere Strickwaren und Pullover, die zusammengelegt aufbewahrt werden. Mehr als fünf Teile solltest du nicht übereinander stapeln – nicht einmal T-Shirts.

Ordnungshelfer: Krawatten- und Gürtelhalter, spezielle Bügel für Halstücher oder Haken für Modeschmuck und Schuhaufbewahrungssysteme schaffen Ordnung. Für Unterwäsche und kleinere Dinge empfehlen sich Schubladeneinteiler.

Ordnung im Schrank

1. Was du täglich brauchst, sollte griffbereit sein. Was seltener gebraucht wird, kommt nach hinten oder oben. Hänge Kleidung, die du oft trägst, in die Mitte der Stange.

2. Anordnung auf der Kleiderstange
   - Nach Art des Kleidungsstücks (Hemden zu Hemden, Hosen zu Hosen).
   - Nach Anlässen: Ausgehkleidung, Alltagskleidung, Sportkleidung, Jacken und Mäntel.
   - Nach Farben: Hast du viel Platz, ist diese Anordnung hilfreich, um schnell Kombinationen zusammenzustellen.

3. Geh pfleglich mit der Kleidung um und hänge nicht mehr als zwei Teile auf einen Bügel. Ausnahme: Teile, die du nur sehr selten trägst.

Ordnungsklassiker

Vielleicht helfen dir auch diese Ideen, all deine Habseligkeiten im Schlafzimmer aufgeräumt zu verstauen.

- **Sitztruhen:** Sie können unter dem Fenster oder am Fußende stehen, sind dekorativ und geräumig.
- **Bett mit Schubladenpodest** für sperrige Dinge wie Tennis- oder Hockeyschläger und Gymnastikmatte. Ein **Bücherbord** über dem Betthaupt.
- **Kisten oder Körbe** unter dem Bett, am besten auf Rollen.
- **Kommode mit Schubladen** für täglich benutzte Wäsche. In der obersten Schublade kannst du griffbereit wichtige Kleinigkeiten wie Ausweis, Schlüssel, Portemonnaie, Brille und Uhr unterbringen. Schubladeneinteiler oder kleine Kästchen sorgen für guten Überblick.
- **Türgarderoben** für Bademantel, Handtasche oder Jacke sind dekorativ, preiswert und ohne Werkzeug anzubringen – immer dort, wo sie gerade benötigt werden.

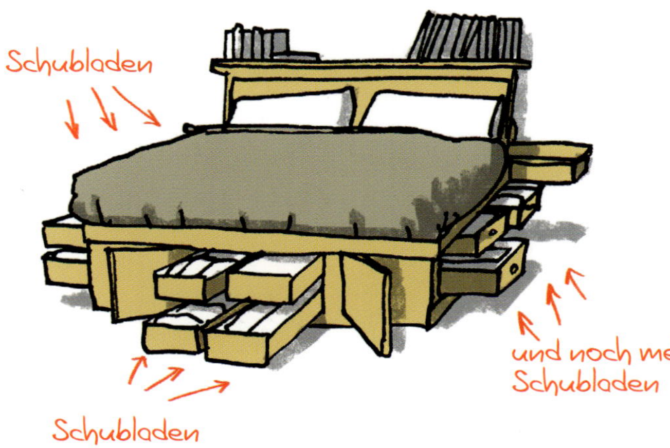

4. Nutze selten gebrauchte leere Taschen oder Rucksäcke als Stauraum für kleinere Taschen. Handtaschen kannst du, wenn du genug Schrankraum hast, auch mit speziellen Haken an die Kleiderstangen hängen.

5. Finde die Ursache für die Unordnung. Sollte nach kurzer Zeit immer wieder überall etwas herumliegen, hast du vielleicht wirklich zu wenig Platz und musst dich von einigen Dingen trennen. Eventuell ist auch die Einteilung deiner Schränke unvorteilhaft.

6. Nutze die Vertikale. Wenn du hohe Decken hast, bleibt oberhalb des Kleiderschranks Platz für Stapelboxen oder einfache Regale mit Wandschienen für selten benutzte Dinge.

CLEVER

VAKUUM-KLEIDERSÄCKE

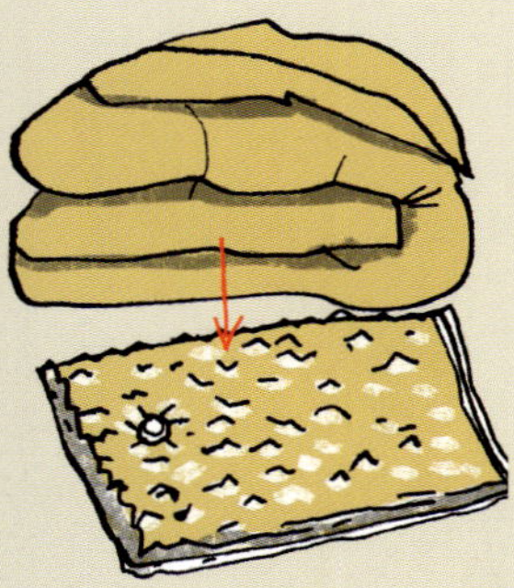

Schritt 1

Schritt 2

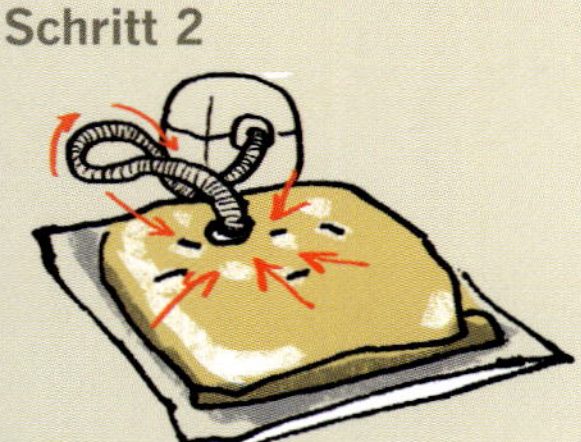

Schritt 3

Jahreszeitenwechsel

Eine sinnvolle Maßnahme ist, zweimal im Jahr den Kleiderbestand durchzusehen und der Jahreszeit anzupassen. Nimm dir dafür mindestens eine Stunde Zeit, denn das ist auch eine gute Gelegenheit, um Altes auszusortieren, die Bestände neu zu ordnen und Platz zu schaffen.

Aussortieren

- Alles, was du seit zwei Jahren nicht mehr angezogen hast.
- Was aus der Mode gekommen ist und du, so sehr du daran hängst, nicht mehr tragen wirst.
- Dieses tolle Teil, das du so liebst, das dir aber einfach nicht mehr passt.

Behalten

- Basics (weißes Hemd, schwarze Hose, Jacketts, Jeans usw.).
- Teile, die nicht gut kombinierbar sind (kann ja noch kommen).
- Defekte Teile, die mit überschaubarem Aufwand repariert werden können.
- Kleidung mit emotionalem Wert, von der du dich einfach nicht trennen kannst.

Putzen und lüften

Räume den Schrank aus und säubere ihn von innen. Lass die Türen möglichst einige Stunden offen. Danach gegen Motten Beutelchen mit Lavendel oder Pfefferkörnern hineinlegen.

Richtig verpacken

Kleidung, die in der kommenden Saison nicht benötigt wird, solltest du waschen und so verstauen, dass sie vor Staub und Schädlingen geschützt ist:

- Vakuum-Kleidersäcke eignen sich für alle Textilien außer Fell und Leder. Die Säcke haben einen Ventilverschluss, durch den mit dem Staubsauger die Luft herausgesaugt werden kann. Dadurch nehmen die verpackten Textilien viel weniger Platz ein.
- Kleidersäcke aus Stoff empfehlen sich für Kleidung aus Glatt- und Velourleder. Lederhandschuhe mit einpacken!
- Plastiktüten (mit Mottenschutz) eignen sich für Decken, Jacken, Mäntel, Pullis und T-Shirts. Falls du etwas mehrere Jahre lang einlagern willst, musst du die Tüte einmal im Jahr austauschen, da sich das Material zersetzt.
- Kartons (oder Taschen) sind ideal für Schuhe. Stopfe Stiefel und Stiefeletten mit Papier aus, damit sie in Form bleiben.

Das Schuhproblem

Schuhe scheinen sich der Ordnung besonders hartnäckig zu widersetzen. Vielleicht gibt es darum so viele verschiedene Aufbewahrungssysteme. Hier stellen wir die wichtigsten für verschiedene Raum-Gegebenheiten vor.

Unter dem Bett

Hinter einer Tür oder an der Wand

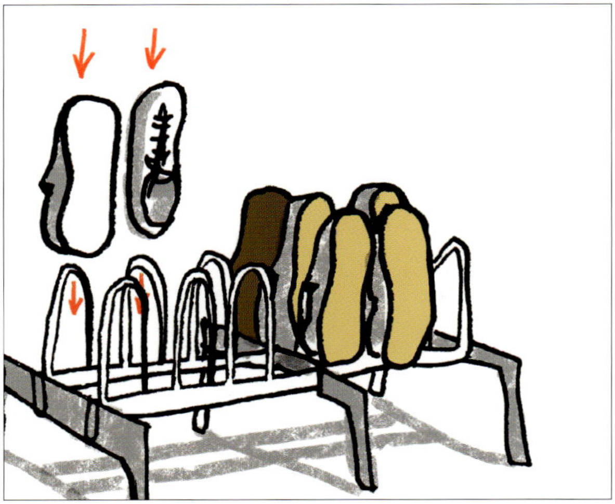

Im Schrank

Als separates Möbelstück

Die praktische Küche

Weil in der Küche immer viele Dinge gleichzeitig in Gebrauch sind, kann sich hier schnell Unordnung ausbreiten. Der Arbeitsbereich und die Vorratskammer stellen organisatorisch eine besondere Herausforderung dar. Wenn du in der Küche eine Aufräumaktion startest, denke vor allem an die Zweckmäßigkeit und erst in zweiter Linie an die Ästhetik.

GRIFFBEREIT

Küchenmöbel sind unterschiedlich gestaltet. In manchen lässt sich leicht Ordnung halten, in anderen etwas schwieriger. Im Idealfall sollte aber alles so sortiert und verstaut sein, dass es bei Bedarf schnell und mit minimalem Aufwand erreichbar ist.

- **Unter der Spüle:** Recycling-Mülleimer und Putzmittel.
- **Neben dem Herd:** Unmittelbar griffbereit sein sollten Kochlöffel, Lappen, Öl, Salz und die wichtigsten Gewürze. Auch Töpfe und Pfannen gehören in bequeme Reichweite. Backutensilien dürfen, da sie nicht täglich benutzt werden, etwas weiter weg stehen.
- **In der Nähe der Spülmaschine oder der Spüle:** Alltagsgläser und Tassen im unteren Fach eines Hängeschranks, sodass sie leicht zu entnehmen und gefahrlos zu handhaben sind. Weingläser und seltener Benutztes kann in höheren Fächern stehen. Das Geschirr für den täglichen Gebrauch sollte in der Nähe der Spülmaschine stehen, aber nicht zu nah am Herd, weil sich in dessen Umkreis – bis in die Schränke hinein – Fett absetzt.

Die Arbeitsfläche

Auf dem Esstisch, dem Nachttisch oder dem Schreibtisch sammelt sich schnell alles Mögliche an. Das gilt auch für die Küchenarbeitsflächen, aber hier ist Unordnung besonders störend. Zum Glück gibt es einige Maßnahmen, um echtes Chaos zu vermeiden.

- Nichts Doppeltes: Wenn du etwas Neues geschenkt bekommst, trenne dich vom Alten – je nachdem, was dir besser gefällt.

- Stelle nur das Notwendigste auf der Arbeitsfläche auf, beispielsweise Kochlöffel, Kaffeemaschine oder Toaster. Joghurtbereiter, Messerschleifgerät und andere Dinge, die selten benutzt werden, können woanders verstaut werden. Zögere nicht, Kleingeräte wie einen elektrischen Dosenöffner durch einfache Utensilien zu ersetzen, die in eine Schublade passen.

- Auch Obst oder Gewürze müssen nicht auf der Arbeitsfläche stehen. Finde einen anderen passenden Platz.

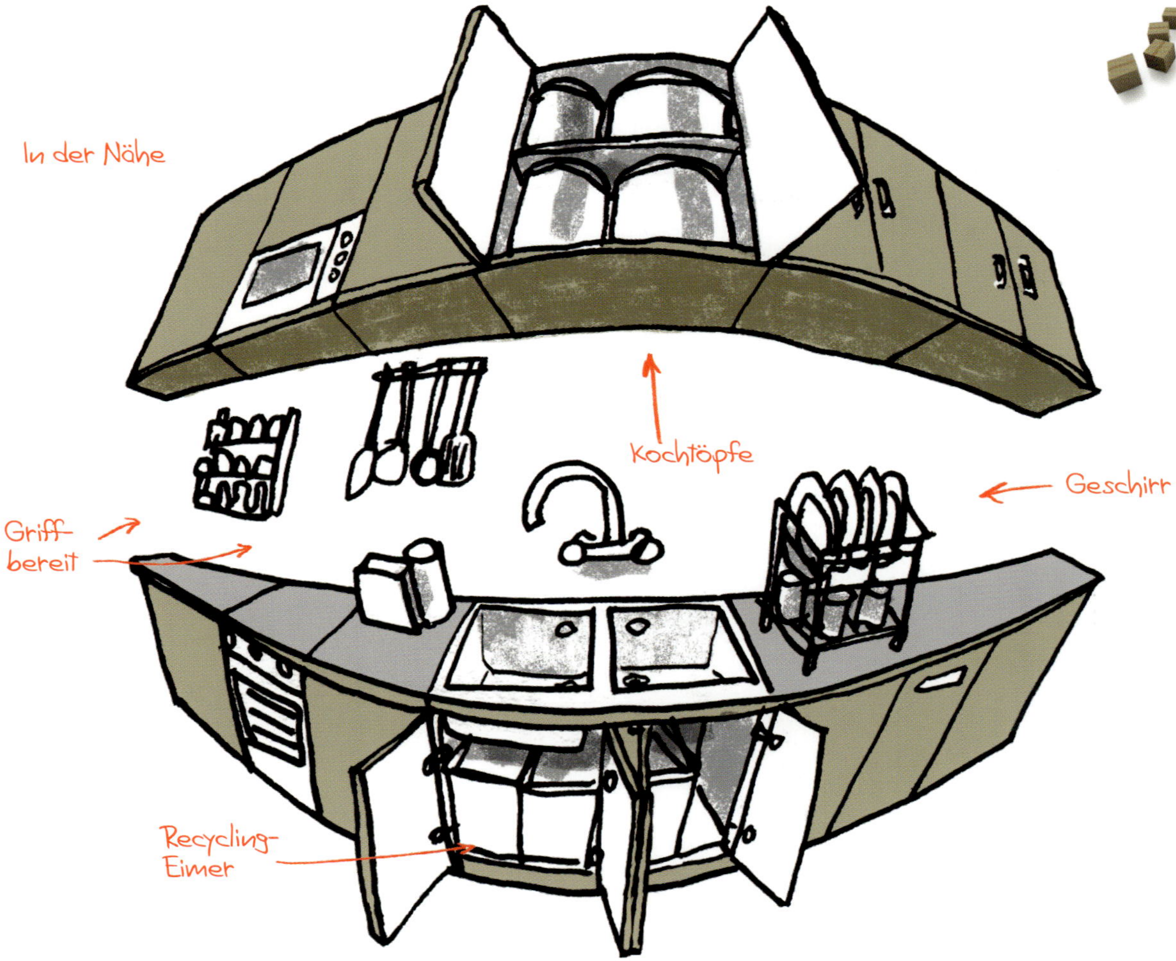

Gute Raumaufteilung

- Das Prinzip der Nähe: Verstaue große und häufig benötigte Utensilien wie Kochlöffel und Nudelsieb sowie Essig, Öl, Pfeffer und Salz griffbereit. Kleinere oft benutzte Utensilien wie Schere, Messer und Dosenöffner in einer Besteckschublade unterbringen.
- Nutze den Platz so gut wie möglich, indem du dir Ordnungshelfer anschaffst, beispielsweise ein Gewürzregal, Schubladeneinteiler oder stapelbare Boxen.
- Verstaue angebrochene Packungen (Reis, Mehl) in leeren Lebensmittelbehältern. Denke aber daran, dass sich manche Kunststoffe mit der Zeit zersetzen und Schadstoffe abgeben können.
- Überlege, ob Küchenpapier-Abroller, Waage oder andere Küchenhelfer an der Wand befestigt werden könnten.

Die Speisekammer

Die Zeiten, in denen eine kühle Speisekammer eine Selbstverständlichkeit war, sind längst vorbei. Wer heute eine hat, kann sich glücklich schätzen. In den meisten Fällen werden die Lebensmittel aber in einem Vorratsschrank aufbewahrt. Allerdings sollte auch dort Ordnung herrschen. Wenn Speisekammer oder Vorratsschrank gut organisiert ist, hast du den laufenden Verbrauch besser im Blick und kannst deine Einkäufe danach ausrichten. Natürlich hilft Ordnung auch, Überalterung und Verderben von Lebensmitteln zu vermeiden.

- In einer größeren Speisekammer ist oft auch Platz, um die Putzmittel unterzubringen. Sie sollten aber einen separaten Bereich bekommen und nicht in unmittelbarer Nähe der Lebensmittel stehen. Nicht alles vollstellen! Sonderangebote und Impulskäufe werden gern zu Staubfängern im Regal.
- Größere, schwere Behältnisse wie haltbare Milch, Säfte und große Konservendosen in den unteren Fächern lagern, damit sie keine Gefahr darstellen, falls sie herunterfallen.
- Falls du von häufig verwendeten Lebensmitteln wie Reis oder Dosentomaten immer gleich mehrere Packungen kaufst, reihe sie hintereinander auf und stelle nach vorn, was zuerst verbraucht werden muss. Die Lücke, die entsteht, sobald du eine Packung nimmst, dient dir außerdem als Gedächtnisstütze für die Einkaufsliste.
- Sortiere die Lebensmittel systematisch nach Kategorien, z. B. Frühstückszutaten, Tee, Gewürze, Nudeln, Konservendosen, Knabbereien, Süßigkeiten.
- Lies auf der Packungsaufschrift die Hinweise zur optimalen Lagerungstemperatur und sonstigen Lagerbedingungen. Halbkonserven (Fisch, Fleisch, Wurst) sollten im Kühlschrank aufbewahrt werden.
  - Dunkel lagern: z. B. Speiseöl, H-Milch, Kaffee, Tee und Gewürze.
  - Kühl und trocken lagern: z. B. Kekse, Trockenfrüchte, Eier, Konserven in Gläsern, Sauerkonserven, haltbarer Joghurt.
- Stelle häufig verwendete Lebensmittel wie Nudeln oder Müsli auf leicht erreichbarer Höhe in die Mitte.
- Zur besseren Orientierung kannst du Schildchen an den einzelnen Regalfächern anbringen. Das hilft auch Mitbewohnern beim systematischen Einräumen.

Dieser ganze Krimskrams im Bad

SINNVOLL SORTIEREN

Vieles, was im Badezimmer steht, wird täglich benutzt. Wenn jede Produktgruppe ihren festen Platz hat, lässt sich leicht Ordnung halten.

- **Beim Waschbecken:** Stelle alles Zubehör für die tägliche Mundhygiene sowie Haarbürsten oder Kämme in dekorativen Bechern auf ein Bord über dem Waschbecken oder auf den Waschbeckenrand selbst. Das Bord sollte nicht tiefer als 10 cm sein, sonst sammelt sich dort schnell Unnötiges an.
- **Im Waschbeckenunterschrank** können Körbe oder Kästen für Flaschen mit Badezusätzen und Lotionen stehen, die für das Bord zu hoch sind.
- **Ein Rollwagen mit Schubladen** bietet sich an, wenn kein Waschbecken-Unterschrank vorhanden ist. Ordne jeder Schublade ein Thema zu, z. B. Haare, Rasieren, Schminken.
- Kleinere Dinge sammelst du am besten **in Schachteln** oder ähnlichen kleinen Behältnissen, von denen sich Staub leicht und schnell entfernen lässt.

DER ARZNEISCHRANK

Medikamente werden meist in separaten Schränken oder Schubladen aufbewahrt. Wichtig ist, dafür einen trockenen, geschlossenen Ort zu finden. Und:

- Mindestens zweimal im Jahr das Haltbarkeitsdatum überprüfen und Abgelaufenes aussortieren.
- Keine Medikamente aufbewahren, die du nicht mehr brauchst (z. B. Präparate, die gegen eine längst überstandene Krankheit verschrieben wurden). Gib Angebrochenes nach der Behandlung in der Apotheke zur Entsorgung ab.
- Schaffe Platz, indem du Blister desselben Medikaments in einer Packung sammelst.
- Trenne Tabletten, Flaschen und Tuben voneinander. Lege Pflaster, Verband und anderes Zubehör für die Wundversorgung in eine separate Schachtel.
- Wirf den Beipackzettel nicht weg, bevor ein Medikament verbraucht ist. Vielleicht möchtest du bei einer späteren Einnahme die Patienteninformation nochmals lesen.

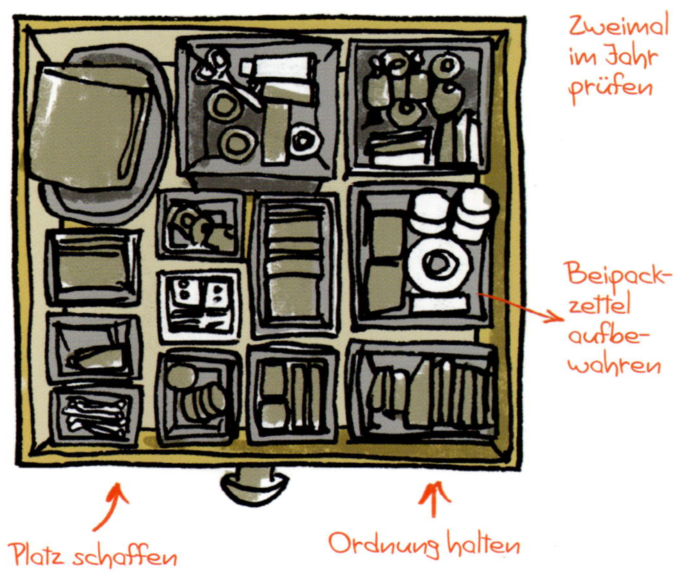

Spezialfälle

Das Büro zu Hause

Immer mehr Menschen üben ihren Beruf in den eigenen vier Wänden aus. Aber auch alle anderen brauchen einen Platz, wo der Computer steht und der „Papierkram" erledigt werden kann. Die sinnvolle Aufbewahrung von Rechnungen, Quittungen, Broschüren und schriftlichen Unterlagen rund um berufliche und private Aktivitäten muss gut organisiert sein, wenn sie nicht ins Chaos münden soll. Noch viel wichtiger ist eine gute Organisation am ständigen Arbeitsplatz in der Wohnung. Unnötiges Suchen kostet Zeit, lenkt ab, verursacht Stress und vermindert die Produktivität.

GRUNDORDNUNG

In unmittelbarer Nähe zum Arbeitsbereich, der vielleicht nur aus einem Schreibtisch mit Computer und Zubehör besteht, sollte ein Regal für Ordner und Ordnungshelfer aller Art stehen. kann. Besitzt du ein kompaktes „Heimbüro", sollte es möglichst geräumig sein und einiges Gewicht aushalten. Betrachte den Schreibtisch als Zentrum deiner Tätigkeit und lege als Maßstab für den Aufbewahrungsort aller Utensilien die Häufigkeit des Gebrauchs zugrunde.

Material des täglichen Gebrauchs sollte in unmittelbarer Reichweite liegen, zum Beispiel in den Schreibtischschubladen, in einem Schubladencontainer auf Rollen oder in Ordnungshelfern auf dem Tisch.

Was nur gelegentlich gebraucht wird, kann in mittlerer Entfernung liegen, aber in Sichtweite, beispielsweise links oder rechts vom Schreibtisch oder im Regal mittig unten.

Was selten gebraucht wird, kann – offen oder in Kästen – ganz oben im Regal stehen oder vielleicht sogar in einem anderen Raum gelagert werden. Dazu gehören die Ordner mit alten Steuererklärungen, alte Rechnungen, Zeitschriftensammlungen oder Fotoalben.

DER IDEALE SCHREIBTISCH

Alle größeren Flächen teilen ein Schicksal: Auf ihnen sammelt sich im Handumdrehen alles Mögliche an. Wer produktiv und konzentriert arbeiten will, braucht aber ein geordnetes Umfeld.

- **Achte darauf, die Arbeitsfläche frei zu halten.** Mehr als ein Behälter mit Stiften, ein Notizblock und ein Telefon müssen dort nicht stehen – vielleicht noch ein Kasten mit DVDs oder anderen ständig benutzten Requisiten. Wenn dein Schreibtisch an einer Wand steht, montiere ein oder zwei schmale Regalbretter für das Nötigste in Reichweite. Dann brauchen auf dem Schreibtisch nur noch Monitor, Tastatur und Mouse zu stehen.
- **Schaffe dir zwei Ablagekörbe an** – einen für Papiere, die du erledigen musst, und einen zweiten für Angelegenheiten, in denen du auf Antwort wartest. Sieh beide Kästen einmal wöchentlich durch, dann sammelt sich nicht zu viel

an. Ist etwas erledigt, hefte die dazugehörigen Papiere ab oder wirf sie weg, wenn sie nicht mehr gebraucht werden.

- **Reserviere eine gut erreichbare Schublade** für Hefter, Locher, Klammerlöser sowie einen kleinen Vorrat an Heftklammern, Papier, Briefumschlägen und anderen Büromaterialien. Größere Vorräte kannst du woanders aufbewahren.
- **Bewahre private und berufliche Unterlagen in getrennten Ordnern auf.** Ideal sind Ordner in verschiedenen Farben, vielleicht fröhliches Rot für Privates und seriöses Grau für Berufliches?
  - **A. Privates:** Meist genügt ein Ordner oder eine Fächermappe mit alphabetischem Register für Quittungen, Kostenvoranschläge, Steuerzahlungen und Rechnungen im Haushalt.
  - **B. Berufliches:** Lege dir einen weiteren Ordner für alle beruflichen Papiere zu, beispielsweise Steuerunterlagen oder absetzbare Quittungen.
  - **C. Hobbys und Kurse:** Nützlich ist ein weiterer Ordner für Unterlagen, die private Interessen betreffen. Liest du zum Beispiel eine bestimmte Zeitschrift, trenne einzelne Artikel heraus und hefte sie ab, statt Zeitschriften zu stapeln. Stößt du auf einen Kurs, den du in Zukunft gerne einmal besuchen würdest, bewahre die Informationen dazu auf, bis der richtige Zeitpunkt dafür da ist.
- **Ein fester Ort für Visitenkarten** kann Gold wert sein. Verteile die Kärtchen nicht auf diverse Adressbücher und Schubladen, sondern verstaue sie in einem Kästchen oder einem herkömmlichen Visitenkartenbuch. Dann hast du Adressen und Telefonnummern von Geschäftspartnern, vom Taxiunternehmen, von der Fleischerei und vom Hausarzt immer schnell zur Hand.

100% GRÜN

- Viele Dienstleister bieten inzwischen an, Rechnungen per E-Mail zu verschicken. Nutze den Service, so lässt sich Papier sparen.
- Nutze das Online-Banking, sodass du jederzeit Kontoauszüge einsehen und Kontobewegungen nachvollziehen kannst, ohne in Ordnern zu blättern. Kontoauszüge in Papierform müssen jedoch aufbewahrt werden.
- Befolge die Regel „Eins rein, eins raus“: Wann immer du etwas Neues kaufst, trenne dich von etwas Altem.
- Sortiere abgelaufene Medikamente aus und bringe sie zur fachgerechten Entsorgung in die Apotheke oder zur Sammelstelle des örtlichen Entsorgungsbetriebs.

Mini-Wohnungen

In einer Wohnung mit vielleicht 40 m² Grundfläche erfordert es eine Menge Geschick, Ordnung zu halten. Allerdings kann das Leben auf so wenig Raum auch ein guter Anlass sein, einmal das eigene Konsumverhalten zu überdenken. Auch mit wenigen Besitztümern lässt es sich erstaunlich gut leben.

ORDNUNGS-TIPPS für Mini-Wohnungen

01

Große Schränke können Räume optisch verkleinern. Regale wirken nicht so wuchtig, sollten aber einige geschlossene Fächer haben, in denen weniger ansehnliche Dinge aufbewahrt werden. Eine Alternative sind Einbausysteme, bei denen alles – selbst Bett und Küche – hinter Türen verschwinden kann. Tür zu, und schon sieht alles aufgeräumt aus.

02

Stapelboxen sind praktisch. Gleichartige Boxen ergeben ein einheitliches Bild, ganz egal, was sie enthalten.

03

Nutze jeden Winkel und jede versteckte Nische. Unter Möbeln und auf hohen Schränken finden Dinge Platz, die außer Sichtweite bleiben sollen.

04

Denke funktional. Setze auf Möbel, die ästhetisch, ergonomisch und praktisch sind, beispielsweise Schubladenbetten, Sessel mit Stauraum, Tische mit kleinen eingebauten Regalen oder Flaschengestellen.

05

Verzichte auf niedrige Aufbewahrungsmöbel, sie lassen den Raum kleiner wirken.

06

Nutze die volle Höhe des Raums aus. Wenn du einen Tritt brauchst, um an hohe Lagerplätze zu gelangen, wähle ein Modell, das auch als Sitzgelegenheit dienen kann.

07

„Tarne" deine Vorratslager. Du kannst dekorative geschlossene Behältnisse an exponierten Orten aufstellen und darin aufbewahren, was du stets im Haus haben möchtest. Toilettenpapier im Bücherregal? Außer dir weiß es ja niemand.

08

Und statt einmal in der Woche ... täglich aufräumen!

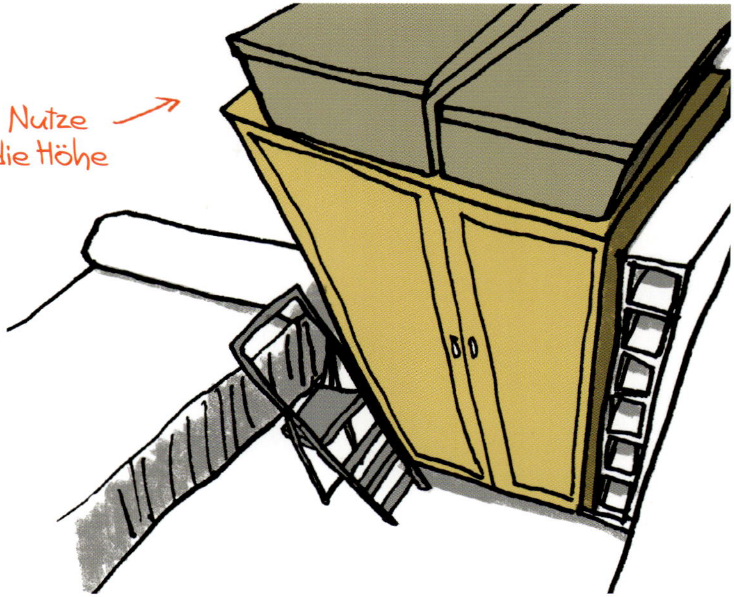
Nutze
die Höhe

Kleine Räume
Tarnen
und lagern

Die Höhe nutzen

HILFE!

DIE EXPERTIN WEISS RAT

ANA GALLO

WOLFGANG

ÜBERSETZER
63 JAHRE

Ich werkele gern, aber mein Werkzeugkasten quillt über. Ständig suche ich etwas. Wie kann ich Ordnung hineinbringen?

LÖSUNG: Kennst du die Werkzeugwände in Werkstätten? Je nachdem, wie viel Platz und wie viel Werkzeug du hast, kannst du es genauso machen. Vielleicht reicht dafür schon 1 m^2 Wandfläche. Fertige Wandsysteme gibt es im Baumarkt zu kaufen. Eine große Holzplatte mit Haken kostet weniger und erfüllt den gleichen Zweck. Probiere vorher aus, welche Anordnung für dich praktisch ist. Male den Umriss der einzelnen Werkzeuge auf das Brett, dann weißt du, wo jedes hingehört. Hänge gleichartige Werkzeuge wie Schraubenschlüssel der Größe nach geordnet auf.

ANNIKA

ERGOTHERAPEUTIN
28 JAHRE

Ich habe so viel Modeschmuck, dass ich nicht mehr weiß, wohin damit. In Schachteln verheddern sich die Ketten. Gibt es da eine Lösung?

LÖSUNG: Für die Schmuckaufbewahrung gibt es allerlei pfiffige Lösungen. Wie gefallen dir diese?

- Schaffe dir einen konventionellen Schmuckkasten an, am besten mit mehreren Fächern, die sich zu den Seiten ausklappen lassen.
- Bastele eine dekorative Pinnwand für den Schmuck. Du brauchst nur eine Korkplatte und einen Bilderrahmen. Besonders originell sieht ein Vintage-Rahmen aus. Die Korkplatte kannst du farbig streichen.
- Montiere ein Drahtgitter aus dem Baumarkt oder Eisenwarenhandel in einen Bilderrahmen und hänge Ohrringe und Ketten daran auf.
- Muss eine schnelle Lösung her, greife zu Spitze. Hänge eine schmale Holzleiste waagerecht an die Wand, klebe mit Silikon ein Stück Spitze daran und hänge Schmuckstücke in die Maschen der Spitze.

JENS

MECHATRONIKER
42 JAHRE

Ich archiviere seit Jahren Unterlagen in Ordnern. Es werden immer mehr und ich weiß nicht, was ich wegwerfen darf.

LÖSUNG: Selbst amtliche Papierdokumente sind nur eine Zeitlang rechtswirksam, du musst nicht alles ewig aufbewahren. Für private und geschäftliche Unterlagen gelten verschiedene Vorschriften. Weil sich gesetzliche Regelungen ändern können, frage gelegentlich bei deiner Bank, beim Finanzamt oder beim Steuerberater nach. Die dortigen Mitarbeiter sind normalerweise auf dem neuesten Stand. Hier einige Richtlinien für private Unterlagen:

- Ein Leben lang: Ausbildungsunterlagen und Abschlusszeugnisse, Familienurkunden (Geburtsurkunde, Taufschein, Heiratsurkunde, Sterbeurkunden von Familienangehörigen), Sozialversicherungsausweis.
- 30 Jahre: Urteile, Mahnbescheide, Unterlagen zu Rechtsstreitigkeiten.
- 10 Jahre: Kontoauszüge.
- 5 Jahre: Unterlagen über Planung und Bau von Eigenheimen, da Reklamationen und Mängelansprüche mit einer 5-Jahres-Frist belegt sind.
- 2 Jahre: Handwerkerrechnungen, Kaufbelege, Garantieunterlagen, Rechnungen von Ärzten, Anwälten und Notaren.
- Private Steuerbescheide müssen nicht aufbewahrt werden. Es empfiehlt sich aber, es dennoch zu tun, weil sie bei manchen Anträgen für staatliche Zuschüsse vorgelegt werden müssen.

HEIDRUN

KOSTÜMBILDNERIN
28 JAHRE

Ich lese sehr gern und habe sehr viele Bücher. Gibt es ein gutes System, um sie zu ordnen?

LÖSUNG: Natürlich kannst du dich am Ordnungssystem einer großen Bibliothek orientieren und deine Bücher nach Themengebieten und innerhalb dieser nach Autoren ordnen. Wenn du die Bücher häufig beruflich benutzt, ist das sicherlich die beste Methode, um jedes gewünschte Werk auf Anhieb zu finden. Wenn du die Bücherwand eher unter dekorativen Aspekten siehst, gibt es ganz andere Möglichkeiten.

- Ordne die Bücher nach Größe. Stelle die kleinsten an die Enden der Regalbretter und die größten in die Mitte.
- Ordne sie nach Farben. Du kannst jeweils ein Regalfach für eine Farbe reservieren oder Farbblöcke zusammenstellen.
- Lockere das Gesamtbild auf, indem du hier und dort Dekorationen zwischen die Bücher stellst oder einen besonderen Blickfang, vielleicht eine Skulptur, in der Mitte platzierst. Dadurch wirkt die Bücherfülle weniger monoton und gewichtig.
- Du kannst auch eine bestimmte Farbe wie einen „roten Faden" in allen Regalteilen wiederholen – mal durch die Buchrücken, mal durch Dekorationen.
- Ein Bücherstapel kann als Podest für eine Dekoration dienen, die besonders ins Auge fallen soll.
- Alte Lieblingsbücher mit starken Gebrauchsspuren werden in schönen neuen Umschlägen wieder vorzeigbar.

NAME: ....

ANSCHRIFT: ....

TELEFON: ....

07

DER PERFEKT GEPACKTE KOFFER

Ob ein Wochenendtrip oder eine längere Reise ansteht: Bevor du den Koffer packst, informiere dich über die Gegebenheiten und das Wetter am Reiseziel. Natürlich spielt auch eine Rolle, was du dort unternehmen willst. Packe nicht zu früh und nimm wirklich nur das Nötigste mit. Verzichte auf alles, was nur Platz wegnimmt und letztlich nicht gebraucht wird. Dadurch machst du dir das Leben auf der Reise (und übrigens auch zu Hause) viel einfacher. Außerdem reist es sich mit leichtem Gepäck viel angenehmer. Wenn du noch einige simple Techniken lernst, um beim Packen Platz zu sparen, ist der perfekte Koffer im Handumdrehen reisefertig.

Das Reisekoffer-ABC

Bevor du beginnst, den Koffer für deine Reise zu packen, solltest du dir einige Fragen stellen:

A. Was hast du vor? Stimme die Kleidung bewusst und konsequent auf deine Reisepläne ab (Sport, Freunde besuchen, ausgehen, arbeiten, Strand- oder Wanderurlaub usw.) Inkonsequenz und Unschlüssigkeit wiegen im Koffer schwer. Es ist ausgesprochen lästig, auf einer Reise schweres, unnötiges Gepäck mitschleppen zu müssen.

B. Wie lange bist du unterwegs? Nimm Papier und Stift und überlege dir für jeden Reisetag eine Kleider-Kombination. Packe möglichst Kleidungsstücke ein, die mehrfach kombinierbar sind, z.B. Hosen, die zu mehreren T-Shirts passen. So kannst du vor Ort nach Laune auswählen und brauchst weniger.

C. Wie ist das Wetter dort? Informiere dich über Websites und Wettervorhersage für die Region. Im Zweifelsfall kannst du mehrere Schichten übereinander anziehen.

Gepäck im Flugzeug

Informiere dich unbedingt vor dem Packen über die Bestimmungen deiner Fluggesellschaft für das Reisegepäck. Normalerweise sind sie auf der Website zu finden. Überschreitet dein Gepäck das zulässige Gewicht, fallen Gebühren an – bei Billigfliegern oft hohe – die am Flughafen zu bezahlen sind.

- **Handgepäck:** Die meisten Fluggesellschaften akzeptieren als Handgepäck Taschen oder Koffer mit den Maßen 55 x 40 x 20 cm und 7 bis 10 kg Gewicht. Auf Interkontinental-Flügen gelten manchmal andere Bestimmungen.
- **Gepäck zum Aufgeben:** Meist liegt die Gewichtsgrenze bei 20 kg pro Person, gelegentlich gibt es auch Höchstgrenzen für die Abmessungen von Gepäckstücken. Da sich die Bestimmungen der einzelnen Fluggesellschaften erheblich unterscheiden (und ändern) können, erkundige dich kurz vor Reiseantritt.

Gepäck im Zug

In der deutschen Bahn darf jeder Reisende neben dem Handgepäck ein Gepäckstück mitnehmen, das von einer Person getragen werden kann. Gepäck, das diese Bedingung nicht erfüllt, kann aufgegeben werden. In Zügen ausländischer Eisenbahngesellschaften gelten teilweise andere Bestimmungen. Auch hier ist also wichtig, sich vor der Reise genau zu informieren.

NIEMALS!

- Auf Flugreisen unerlaubte Flüssigkeitsmengen im Handgepäck mitnehmen.
- Kleidung oder Schuhe in bedruckte Plastiktüten packen. Sie können bei Hitze abfärben.
- Persönliche Dokumente oder Wertsachen im Koffer transportieren. Trage diese immer bei dir.
- Zum Flughafen fahren, ohne den Koffer zu Hause gewogen zu haben.
- Im Sommer ohne Pullover ins Flugzeug steigen. In der Passagierkabine ist es kühl.
- Schwere, voluminöse Dinge wie Mantel oder Stiefel in den Koffer packen. Zieh sie lieber auf der Reise an.

10 TIPPS
für den Koffer

01

Keine neuen Schuhe auf Reisen mitnehmen, sondern bequeme.

02

Eine Tüte für die Schmutzwäsche und eine für Einkäufe einpacken.

03

Zerbrechliche Dinge zwischen Kleidungsstücke stecken.

04

Schuhe und andere stoßunempfindliche Dinge in den Ecken unterbringen.

05

Ein Schildchen mit Namen, Zieladresse und Telefonnummer am Koffer befestigen, falls er verloren geht.

06

Wertsachen im Handgepäck oder direkt am Körper transportieren.

07

Erkundige dich bei Auslandsreisen über das Steckdosensystem vor Ort. Eventuell brauchst du einen Adapter für elektrische Geräte.

08

Notiere dir Adresse und Telefon deiner Unterkunft vor Ort.

09

Stecke eine Fotokopie deines Ausweises oder Passes in den Koffer.

10

Flüssigkeiten müssen auf Flugreisen im aufgegebenen Gepäck verstaut werden, im Handgepäck sind nur kleine Mengen zulässig. Informiere dich vor Reiseantritt über die aktuell gültigen Sicherheitsbestimmungen für das Handgepäck. Flüssigkeiten sind neben Getränken auch Suppen, Sirup, Cremes, Lotionen, Öle, Zahncreme, Rasierschaum, Shampoo, Deo usw.

Das gehört in die Kulturtasche

Damit auf Flugreisen durch die Druckveränderungen keine Flüssigkeiten aus ihren Behältnissen austreten, drücke die Luft heraus und schraube dann sofort die Deckel fest zu. Zusätzlich empfiehlt es sich, Behälter mit flüssigen Kosmetika in eine Plastiktüte zu stecken.

* Haarbürste
* Zahnbürste und Zahncreme
* Duschgel oder Seife (in Hotels oft vorhanden)
* Deodorant
* Gesichtscreme
* Körperlotion
* Parfum (Pröbchen)
* Rasierer und Schaum
* Nagelschere oder Nagelknipser
* Feile, Pinzette
* Reiseapotheke: Pflaster, Wunddesinfektion, Schmerzmittel und persönliche Medikamente (z. B. bei Allergie), Insektenschutz

Kleidung einpacken

Am besten schreibst du zuerst eine Liste aller Dinge, die du mitnehmen willst. Notiere für jeden Tag eine Kleiderkombination, und berücksichtige dabei das Wetter und die geplanten Aktivitäten. Natürlich kannst du später am Reiseziel auch anders kombinieren, aber die Liste hilft, nichts zu vergessen.

Für zwei Tage		Für zwei Wochen
KLEINER KOFFER (46–55 CM HOCH)	**ART DES GEPÄCKSTÜCKS**	**GROSSER KOFFER (HÖHER ALS 70 CM)**
• 2 x Wechselwäsche	**UNTERWÄSCHE**	• 7 x Wechselwäsche und Reisewaschpaste oder 15 x Wechselwäsche
• 2 Paar Strümpfe (bei Feinstrümpfen Reservepaar mitnehmen)	**SOCKEN ODER FEINSTRÜMPFE**	• 7 Paar Socken und Waschmittel oder 15 Paar. Feinstrümpfe, falls du ausgehen willst.
• 2 T-Shirts oder Hemden • 2 Hosen oder Kleider	**KLEIDUNG**	• 4 oder 5 Unterteile (Hosen, Röcke, Kleider) in mehreren gut kombinierbaren Farben • 7 oder 8 Oberteile (Legeres und/oder Schickes je nach Planung) • 1 wärmendes Oberteil (je nach Wetter)

Für zwei Tage		Für zwei Wochen
• 1 x Nachtzeug	**NACHTZEUG**	• 2 x Nachtzeug
• 1 Paar bequeme Schuhe für die Reise • 1 weiteres Paar Schuhe je nach Zweck der Reise (Dienstreise, Urlaub usw.)	**SCHUHE**	• 1 Paar bequeme Schuhe für die Reise • 1 Paar Allwetter-Schuhe • 1 Paar schickere Schuhe (je nach Reiseplänen)
• 1 x Badezeug • 1 x Strandkleidung (T-Shirt, Pareo) • 1 kurze Hose • 1 Paar Badelatschen • 1 Paar Sommerschuhe • schnell trocknendes Handtuch • Sonnenhut	**STRAND-KLEIDUNG**	• 2 x Badezeug • 2 x Strandkleidung (T-Shirt, Pareo) • schnell trocknendes Handtuch • 2 kurze Hosen • Sonnenhut • Schuhe: Badelatschen, 2 Paar flache, bequeme Schuhe, 1 Paar Sommerschuhe • 3 x Ausgehkleidung (Hose oder Kleid) • 8 Oberteile
IN SCHICHTEN ANZIEHEN • Regenjacke oder Windjacke **Reisen im Winter:** • 2 lange Unterhosen, 2 Thermohemden, 1 dünner Fleecepullover, 1 Wollpullover (oder zwei Fleecepullover), 2 Trekkinghosen, Mütze oder Sturmhaube, Handschuhe **Reisen im Sommer:** • 2 T-Shirts, 1 Langarmshirt, 1 Jacke oder dünner Pullover oder Sweatshirt (für abends), 1 Jeans, 1 kurze Hose **Schuhe:** • 1 Paar wasserfeste Trekkingstiefel, 1 Paar Turnschuhe	**WANDER-KLEIDUNG**	**IN SCHICHTEN ANZIEHEN** • Regenjacke oder Windjacke **Reisen im Winter:** • 2 lange Unterhosen, 3 Thermohemden, 4 Pullis (dünne und dicke), 8 Hemden oder T-Shirts oder dünne Rollkragenpullis, 5 Hosen, Mütze oder Sturmhaube, Handschuhe **Reisen im Sommer:** • 12 T-Shirts, 3 Langarmshirts, 1 Jacke, 1 dünner Pullover, 1 Sweatshirt (für abends), 2 Jeans, 2 kurze Hosen **Schuhe:** • 1 Paar wasserfeste Trekkingstiefel, 1 Paar Turnschuhe

Drei Arten, den Koffer zu packen

Beginne damit, deinen Koffer gedanklich zu packen. Erstelle eine Liste der Kleidung für die einzelnen Tage. Lege unmittelbar vor dem Packen alles auf das Bett. So hast du die Dinge vor Augen, kannst leichter noch einmal alles durchdenken und Unnötiges aussortieren. Wie du packst, hängt davon ab, wie lange du verreist und welche Art Kleidung du mitnimmst. Natürlich kannst du alles in den Koffer stapeln, wenn du wenig einpackst. Stopfe den Koffer aber nicht so voll, dass du dich auf den Deckel setzen musst, um ihn zu schließen. Es geht auch anders. Hier lernst du drei Methoden kennen.

1. URLAUBSREISE, ZWEI WOCHEN ODER LÄNGER

Wenn du zwei Wochen oder länger verreist und eher sportliche, lässige Kleidung mitnimmst, kannst du die Rollmethode probieren. Du brauchst nicht zu befürchten, dass die Kleidung dabei Knitterfalten bekommt.

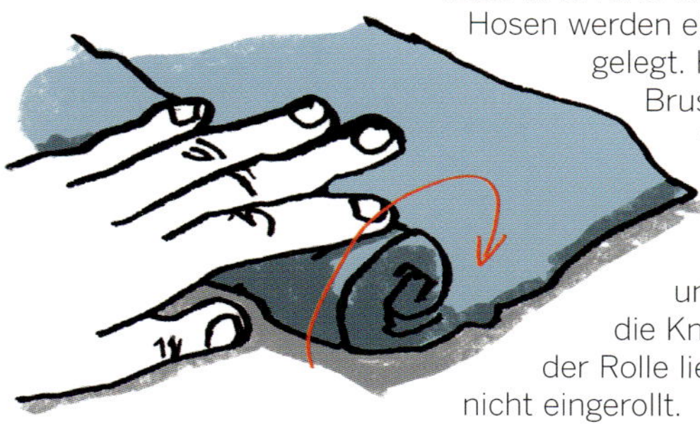

1. Lege die Kleidung zusammen, die du einrollen willst (T-Shirts, Jeans, sportliche Hosen). Bei den T-Shirts lege die Ärmel nach innen und falte sie zu einem Rechteck, Hosen werden einfach mittig zusammengelegt. Hemden drehst du mit der Brustseite nach unten und faltest die Ärmel so, dass sie in der rückwärtigen Mitte zusammenstoßen. Rolle das Hemd von unten nach oben auf, sodass die Knöpfe auf der Außenseite der Rolle liegen. Der Kragen wird nicht eingerollt.

2. Rolle den Stoff straff, damit die Kleidung nicht knittert. Nach der Ankunft brauchst du sie nur mit der Hand glattzustreichen.

3. Lege die Rollen aus derberen Stoffen (Hosen) nach unten und darauf eine Schicht mit Rollen aus weicheren Geweben.

4. Lege Kleidung, die leicht knittert (Ausgehhemden), normal zusammengelegt obenauf.

5. Breite darüber einen Rock oder eine Hose flach aus. Stecke die Strümpfe in die Schuhe, und packe jedes Paar Schuhe in einen separaten Beutel. Verteile Schuhbeutel und Kulturtasche gleichmäßig. Gürtel kannst du wie Schnecken aufrollen.

6. Fülle Lücken an den Rändern mit Unterwäsche, Gürteln und kleinen Dingen.

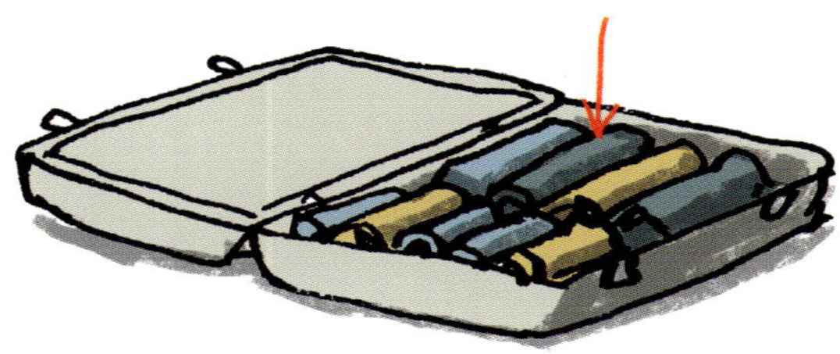

SCHRITT FÜR SCHRITT >>>

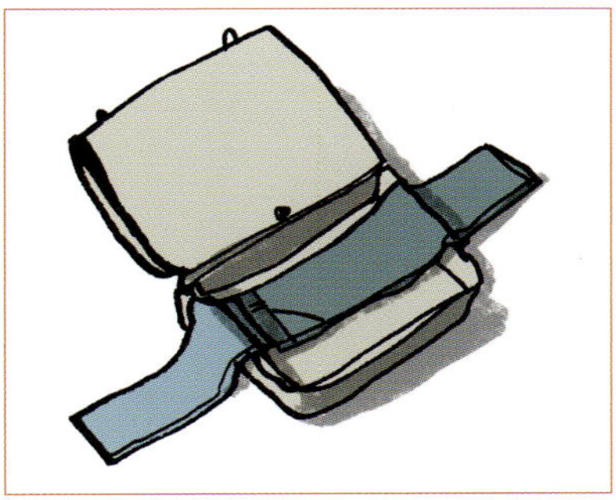

1. Eine Hose so in den Koffer legen, dass eine halbe Hosenbeinlänge seitlich hinausragt. Eine zweite Hose ebenso hineinlegen, ihre Hosenbeine ragen aber auf der anderen Seite hinaus.

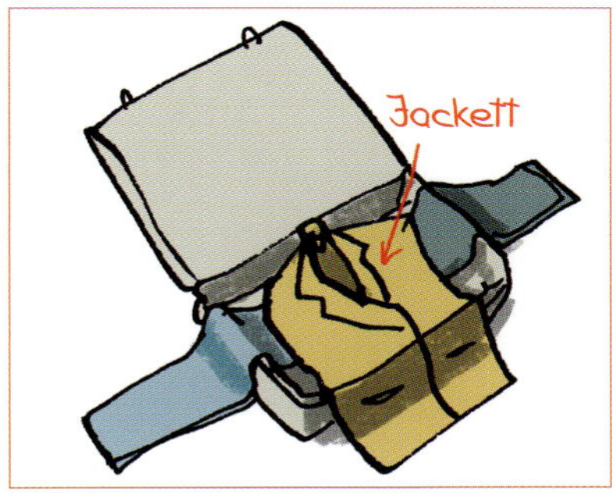

2. Das Jackett mit glatt nach hinten gefalteten Ärmeln so auf die Hose legen, dass sein unterer Teil über die Breitseite des Koffers hinausragt.

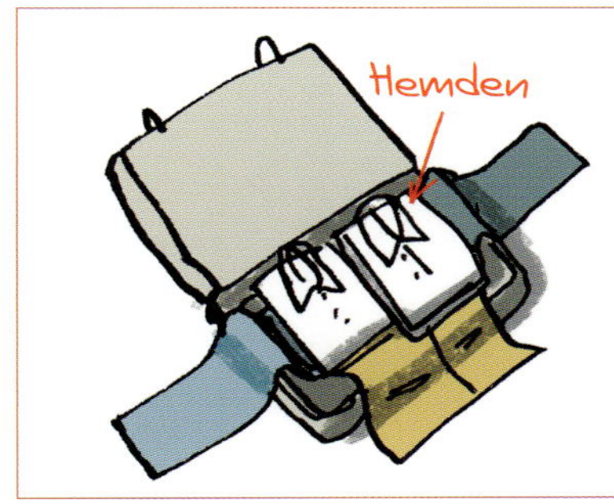

3. Gefaltete Hemden darauflegen und die Lücken mit gerollten Kleidungsstücken (T-Shirts, Nachtzeug) füllen. Dann alles mit dem unteren Teil des Jacketts zudecken.

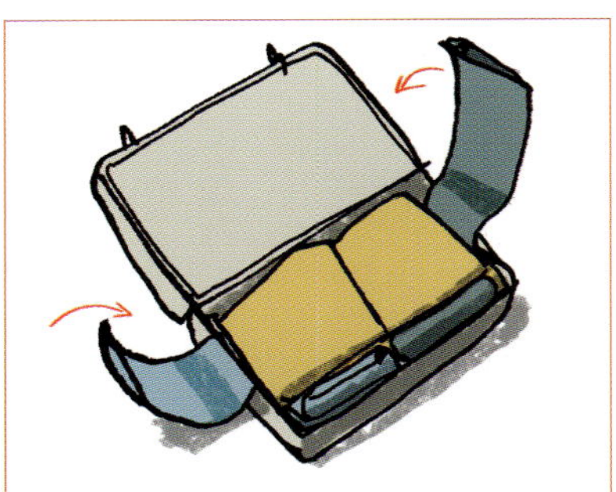

4. Lücken an den Rändern mit einzeln verpackten (mit Strümpfen gefüllten) Schuhen, Unterwäsche oder Gürteln ausfüllen. Auch Krawatten kann man einrollen, damit sie nicht knittern. Zuletzt die beiden Hosenbeine darüberlegen.

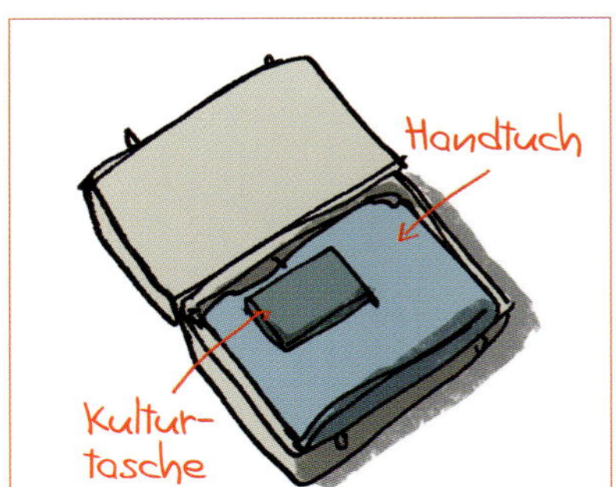

5. Alles mit einem Handtuch oder einem großen Plastikbeutel abdecken und, falls der Koffer kein Extrafach dafür hat, die Kulturtasche darauflegen.

Nicht vergessen:
Denk gründlich nach, bevor du etwas in den Koffer legst.

3. EINWÖCHIGE REISE MIT KLEIDUNG ALLER ART

In früheren Zeiten, als Koffer noch keine Selbstverständlichkeit waren, haben Reisende sich ein Bündel geschnürt. Diese Methode ist platzsparend, minimiert Knitterfalten und eignet sich für eine Reise, die nicht länger als eine Woche dauert. Sie erfordert etwas Übung, doch dann klappt sie im Handumdrehen. Lege dein Bündel auf dem Bett oder einen großen Arbeitsfläche zusammen, bevor du es in den Koffer packst.

SCHRITT FÜR SCHRITT >>>

1. Ein Hemd oder eine Jacke zugeknöpft und mit der Vorderseite nach oben auf dem Bett ausbreiten. Nur bei einem Jackett liegt die Vorderseite unten.

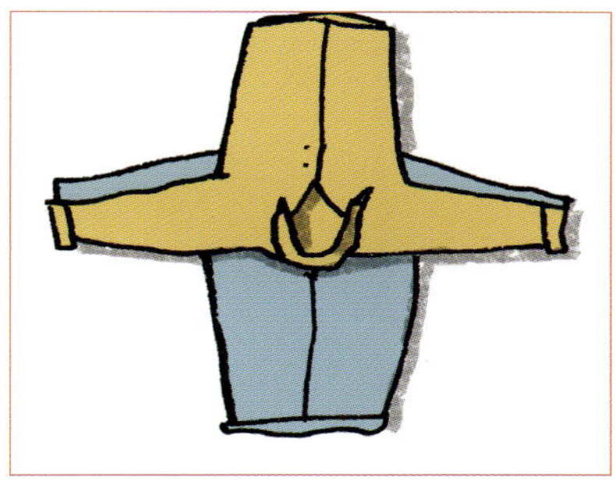

2. Darauf legst du in entgegengesetzter Richtung Hemden. Ihr Kragen liegt mittig auf dem ersten Kleidungsstück. Dann folgen Kurzarmhemden und Kleider. Röcke legst du mit dem Bund in der Mitte darauf.

3. Lege Hosen parallel zu den Ärmeln der unteren Lagen. Die Hosenbeine liegen abwechselnd links und rechts.

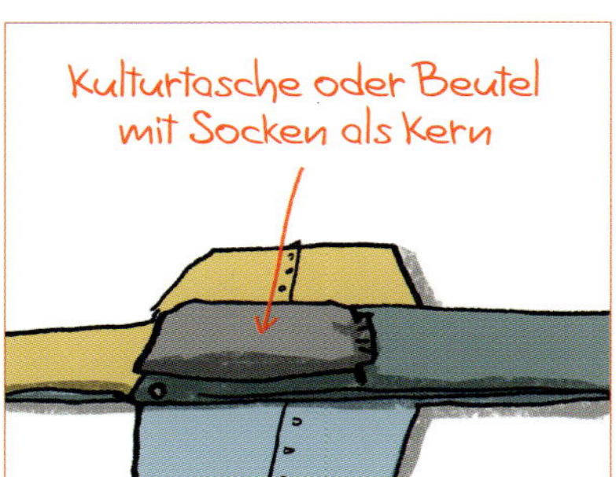

4. Die Kulturtasche oder ein Stoffbeutel mit Socken und kompakt zusammengelegter Unterwäsche bildet den Kern, um den die Kleidung straff herumgefaltet wird.

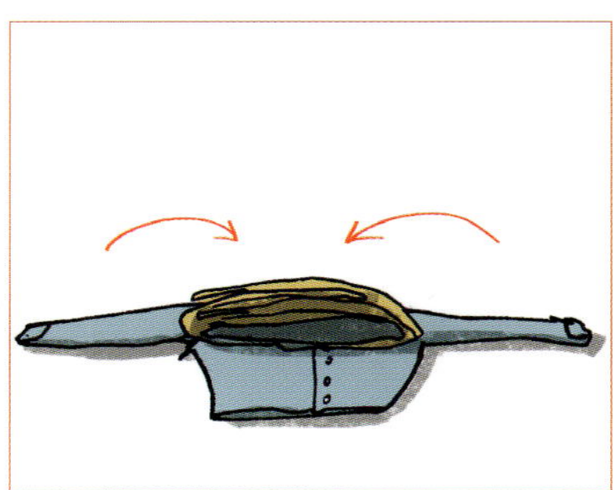

5. Falte zuerst die Hosenbeine um den Kern, dann die Hemdsärmel und zuletzt das Unterteil des zuunterst liegenden Kleidungsstücks.

6. Jetzt kannst du das sauber gefaltete Bündel in den Koffer legen.

HILFE!

DIE EXPERTIN WEISS RAT

ANA GALLO

MICHAEL

MAURER
63 JAHRE

Wie bringt man Schuhe am besten im Koffer unter?

LÖSUNG: Da gibt es mehrere Varianten, aber die Schuhe leiden am wenigsten, wenn man sie einzeln in Beutel verpackt oder mit Küchenpapier umwickelt, damit sie nicht aneinander reiben. Stopfe Socken in die Spitzen, damit sie sich nicht verformen. Wenn du nicht viel einpackst, kannst du sie unten in den Koffer legen, ansonsten bringe sie an den Rändern unter. Sehr empfindliche Schuhe legst du am besten eingewickelt obenauf.

FRIEDERIKE

BANKANGESTELLTE
32 JAHRE

Ich möchte meinen Laptop nicht im Handgepäck mitschleppen. Wie kann ich ihn im Koffer schützen?

LÖSUNG: Auf Flugreisen solltest du den Laptop immer ins Handgepäck legen, weil aufgegebenes Gepäck mitunter ruppig behandelt wird. Ideal ist ein kleiner Handkoffer mit Laptop-Fach. Denk daran, das Gerät bei der Sicherheitskontrolle herauszunehmen. Im Zug oder Auto lege den Laptop mit oder ohne Hülle zwischen zwei Kleiderschichten, umwickele ihn mit einem Handtuch oder mehreren T-Shirts. So werden Erschütterungen und Stöße gedämpft. Stelle sicher, dass er nicht verrutschen kann, indem du ihn rundherum mit Rollen aus Kleidungsstücken befestigst.

JOACHIM

MANAGER
53 JAHRE

Kleidersäcke finde ich auf Reisen unpraktisch. Wie kann ich einen Anzug in den Koffer legen, ohne dass er knittert?

LÖSUNG: Es gibt eine recht einfache und praktische Methode, einen Anzug gefaltet einzupacken. Breite zuerst das Jackett aus, die Vorderseite liegt unten. Den Stoff glatt streichen, damit er nicht knittert. Dann beide Ärmel so zum Rücken umfalten, dass ihre unteren Säume auf dem Jackettsaum liegen. Je nach Rückenbreite kann es sein, dass die Ärmel einander überlappen. Streiche auch die Ärmel sorgfältig glatt. Falte die Anzughosen einmal in der Mitte und ein weiteres Mal in Richtung Bund. Lege sie so auf den oberen Teil des Jacketts, dass die Hosenbeine eine Linie mit dem Jackettkragen bilden. Der Hosenbund liegt rechtwinklig zum Kragen an einer Außenseite des Jacketts. Falte den unteren Teil des Jacketts um die Hose herum. Nochmals glattstreichen und den Anzug in eine Stoff- oder Plastiktasche schieben. Sie sollte möglichst genauso groß sein wie der zusammengelegte Anzug, damit nichts verrutscht.

ELISE

GRAFIKERIN
33 JAHRE

Ich plane eine weite Reise und habe Angst, mein Gepäck könnte verloren gehen. Kann ich das irgendwie verhindern?

LÖSUNG: Ob ein Koffer verloren geht oder nicht, darauf haben wir eher keinen Einfluss. Wir können jedoch das Risiko minimieren:

- Früh genug einchecken. Oftmals geht Gepäck verloren, weil es erst im letzten Moment aufgegeben wurde.
- Bringe zusätzlich zum Etikett der Fluggesellschaft ein stabiles Schild am Koffer an, auf dem du mindestens deine Telefonnummer und die Adresse am Zielort deiner Reise notierst.
- Mach den Koffer unverwechselbar. Hat er eine unauffällige Farbe, umwickle ihn mit einem knallbunten Gurt oder klebe einen auffälligen Aufkleber darauf. So kannst du ihn sofort erkennen, wenn er auf dem Transportband erscheint, und Verwechslungen sind ausgeschlossen. Falls der Koffer doch verloren geht, ist es für das Servicepersonal einfacher, ein auffälliges Exemplar wiederzufinden.
- Entferne sämtliche alten Schildchen, um Verwechslungen des Zielorts auszuschließen.
- Wenn der Angestellte der Fluglinie das Etikett am Koffer befestigt, prüfe noch einmal, ob Zielort und Flugnummer stimmen.

112

08

NOTFÄLLE IM HAUSHALT

Notfälle treten unerwartet ein und erfordern sofortiges und richtiges Handeln. Sie könnten sonst lebensgefährlich werden. Ob Feuer, Überschwemmung, Erdbeben oder Einbruch – am besten schützen wir uns, indem wir gut darauf vorbereitet sind.

Überfliege dieses Kapitel nicht einfach nur, als ob es dich nicht beträfe. Nimm es stattdessen zum Anlass, dein Zuhause und deinen Wohnort unter dem Aspekt der Sicherheit zu betrachten. Welche Notfallsituationen könnten eintreten? Wie könntest du dich verhalten? Wo sind Fluchtwege? Wie kannst du Hilfe holen oder anderen helfen? Auf genau diese Dinge kommt es an, wenn wirklich einmal etwas passieren sollte.

Nicht vergessen:

Die zentrale Notrufnummer (Feuerwehr, Polizei, Rettungsdienst, Katastrophenschutz) ist in den meisten Ländern Europas die 112.

Das Notfall-ABC

A. Vorbeugung ist der beste Notfallschutz. Sei im Bilde, wo bei dir zu Hause Absperrventile und Sicherungen sind. Lass regelmäßig die Gas-, Strom- und Heizungsinstallation warten, und lass Schäden, z. B. an Kabeln oder Rohren, unverzüglich reparieren. Schließe eine Hausratversicherung ab.

B. Ruhe bewahren kann Leben retten. Nur, wer sich unter Kontrolle hat, trifft die richtigen Entscheidungen und kann potentielle Gefahren unverzüglich bannen, etwa bei Gasgeruch den Gashahn zudrehen oder bei Funken an einem Kabel die richtige Sicherung ausschalten.

C. Wissen hilft, die Ruhe zu bewahren, z. B. Kenntnis möglicher Gefahren, sicherer Fluchtwege oder der Handhabung von Feuerlöschern und anderen Einsatzgeräten.

Notfallrucksack

- ☑ Taschenlampe
- ☑ Etwas Geld
- ☑ Ausweiskopie
- ☑ Telefonnummern von Freunden und Verwandten
- ☑ Ersatzschlüssel
- ☑ Erste-Hilfe-Kasten

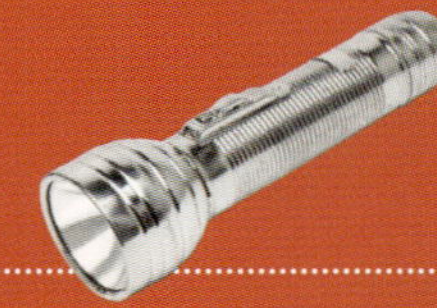

NIEMALS!

- Die Ruhe verlieren.
- Bei Feuer im Schrank oder unter dem Bett verstecken. Einsatzkräfte finden dich dort nicht.
- Wasser auf brennendes Fett gießen. Die Flamme mit einem Deckel oder nassen Handtuch ersticken.
- Den Feuerlöscher aus ästhetischen Gründen in einen Schrank stellen. Er muss immer griffbereit sein.
- Das Licht an- oder ausschalten, wenn Gas ausströmt. Gashahn sofort zudrehen und gut lüften.
- Feuer, ausgelöst durch brennendes Fett, entflammbare Flüssigkeiten oder defekte Elektroinstallationen (außer bei ausgeschalteter Sicherung) mit Wasser löschen.
- Losrennen, wenn die Kleidung brennt. Wirf dich zu Boden, schütze das Gesicht mit den Händen und wälze dich, um die Flammen zu ersticken.

Wenn es brennt

Brände zählen zu den häufigsten Notfällen im Haushalt, und sie können erhebliche Zerstörung anrichten. Wer Ruhe bewahrt und überlegt handelt, kann Leben retten und den Schaden eindämmen.

WAS TUN?

1. Ist das Feuer nicht sehr groß und besteht keine Lebensgefahr, versuche es mit dem Feuerlöscher zu löschen.
2. Rufe die Feuerwehr. Denke nie, dass das schon jemand anders getan hat.
3. Gaszufuhr und Strom abstellen. So viele Türen wie möglich schließen.
4. Das Haus verlassen und auf die Ankunft der Feuerwehr warten. Nicht wieder hineingehen, sondern die Anweisungen der Einsatzkräfte befolgen.

KLEINE BRÄNDE

Versuche nur dann, einen Brand zu löschen, wenn er eindeutig zu orten ist (eine Pfanne, ein Sessel, die Mikrowelle) und du dich selbst nicht in Gefahr bringst.

1. **Teppich (Sessel, Matratze):** Wasser darauf schütten, solange der Brand noch klein ist. Brennt es schon länger, bedenke, dass das Einatmen des Rauchs gefährlicher ist als das Feuer selbst. Bedecke Mund und Nase mit einem Stück Stoff.
2. **Elektrogerät (PC, Fernseher, Mikrowelle):** Stecker ziehen. Den Brand mit einem Pulverlöscher bekämpfen oder eine dicke Decke darüber werfen. Keinesfalls Wasser einsetzen, da das Gerät auch ohne Netzstecker noch Stromstöße auslösen kann.
3. **Ein Mensch:** Weise ihn an, sich auf den Boden zu werfen und das Gesicht mit den Händen zu schützen. Eine Decke über ihn werfen, um die Flammen zu ersticken, oder reichlich Wasser über ihn schütten.

GROSSE BRÄNDE

1. Ist das Feuer nicht einzudämmen, schließe die Türen, entferne dich vom Feuer und verständige die Feuerwehr.
2. Wenn du beim Nachhausekommen Rauch siehst, aber keine Hitze spürst, versuche dich auf allen Vieren dem Brandherd zu nähern. In Bodennähe atmest du weniger Rauch ein.
3. Wenn dir beim Öffnen brennend heiße Hitze entgegenschlägt, sofort die Tür schließen!

Unerlässlich

1. Löschdecken: Sie sind preiswert und gut geeignet, um kleine Brände, auch an Menschen, zu ersticken.

2. Feuerlöscher. Ein Haushaltsfeuerlöscher muss für drei Brandklassen geeignet sein: A: Feststoffe, B: Flüssigkeiten und flüssig werdende Stoffe, C: Gase. Feuerlöscher müssen regelmäßig gewartet werden.

4. Nicht die Tür öffnen!
   - Wenn Rauch unter der Tür durchdringt.
   - Wenn kein Rauch sichtbar, aber die Tür heiß ist. Vorsichtig mit dem Handrücken fühlen.
   - Wenn zwar nicht die Tür, aber der Türgriff heiß ist. Vorsichtig mit zwei Fingern fühlen.

EVAKUIERUNG

1. Bei Nacht mit ruhiger Stimme alle wecken und ihnen zeigen, wie sie hinausgelangen. Sind Kinder dabei, beschreibe ihnen, wo genau sie draußen warten sollen (an einem leicht auffindbaren Ort in der Nähe).
2. Rufe die Feuerwehr.
3. In einem mehrstöckigen Haus keinesfalls den Aufzug nehmen, sondern die Treppe, und zwar so, dass andere gut an dir vorbeikommen.
4. Wenn möglich, den Hauptausgang nehmen. Wenn nicht, aus dem niedrigsten Fenster klettern.
   - Sind alle Ausgänge blockiert, geh in das am weitesten vom Feuer entfernte Zimmer, schließe die Tür und versuche über das Fenster Hilfe zu holen. Wenn nötig, zieh die Aufmerksamkeit mit etwas Hellem auf dich.
   - Stopfe die Türritzen zu, um zu verhindern, dass Rauch eindringt, und warte auf Hilfe.
5. Dringt Rauch ein, halte ein Stück Stoff oder Handtuch (möglichst nass) vor den Mund und stell dich zum Atmen ans Fenster. Musst du dich im Rauch bewegen, versuche das Tuch vor Mund und Nase zu befestigen, damit du die Hände frei hast.

SCHRITT FÜR SCHRITT >>>

Umgang mit dem Feuerlöscher

1. Entferne den Sicherheitsring laut Herstellerhinweis.

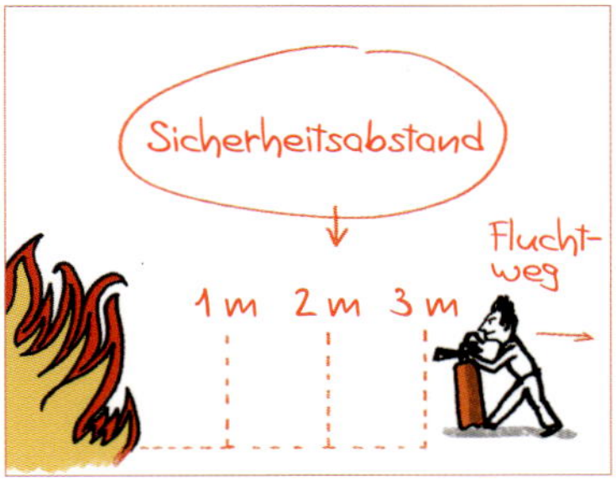

2. Halte 3 m Abstand vom Feuer und halte dir im Rücken einen Fluchtweg frei.

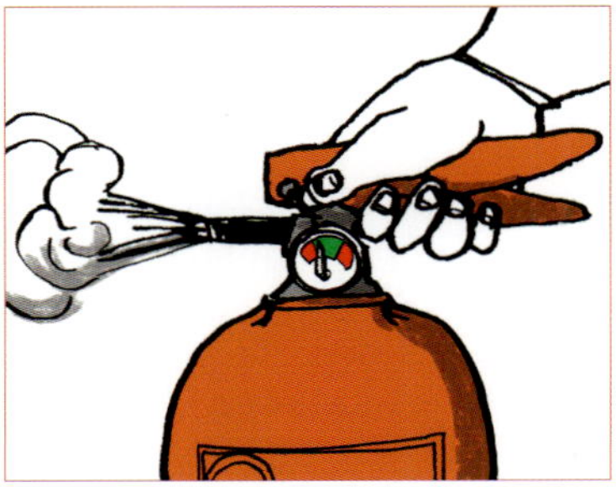

3. Den Feuerlöscher senkrecht halten und kräftig den Hebel umfassen.

4. Richte den Strahl auf den Brandherd (nicht auf die Flammen, sondern auf das brennende Material) und betätige den Hebel. Lass den Strahl langsam hin und her und vor und zurück wandern.

SCHRITT FÜR SCHRITT >>>

Ein Leck in der Gasleitung finden

1. Fenster öffnen und überprüfen, dass alle Elektrogeräte ausgeschaltet sind.

2. Wasser und etwas Seife in eine Sprühflasche geben. Erst die Flansche (Verbindungsteile) der Gasleitung, dann systematisch alle Rohre mit Seifenschaum besprühen.

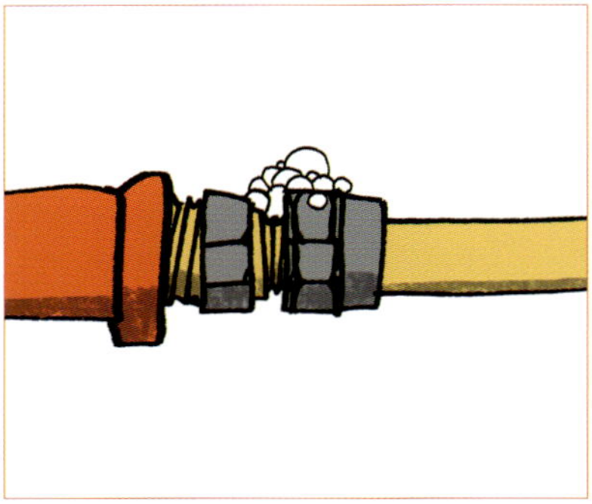

3. Wo das Gas austritt, werden sich Bläschen bilden. Markiere die Stelle mit Klebeband. Unterbinde die Gaszufuhr und informiere den Installateur.

BEI STARKEM GASAUSTRITT NICHT NACH DER AUSTRITTSSTELLE SUCHEN. GERUCH UND GERÄUSCH WEISEN DARAUF HIN.

Weitere Notfallsituationen

GASAUSTRITT

Schwach: Leichter Geruch, Atmung nicht erschwert.

1. Suche am Herd, den Rohren und Gashähnen nach der Austrittsstelle.
2. Ist es dunkel, nimm eine Taschenlampe. Nicht die Lichtschalter betätigen.
3. Hält der Geruch an, verständige den Gasversorger. Das Unternehmen wird einen Installateur schicken, der die Reparatur vornimmt.

Stark: Intensiver Geruch, Atmung wird erschwert.

1. Türen und Fenster öffnen.
2. Keinen Lichtschalter betätigen, nicht das Handy benutzen.
3. Verlasse das Haus und rufe sofort die Feuerwehr.
4. Benachrichtige die Nachbarn.

ÜBERSCHWEMMUNG

Lebst du in einem hochwassergefährdeten Gebiet, solltest du Hilfsmittel bereithalten, die das Eindringen von Wasser ins Haus erschweren, beispielsweise Sperrholzplatten, Sandsäcke und Silikon für die Ritzen.

- **Bring deine Habseligkeiten** in Sicherheit. Verstaue Haushaltsgeräte an höher liegenden Stellen. Ist kein zweites Stockwerk vorhanden, nimm Ziegelsteine mit Brettern zu Hilfe, auf die du Möbel und Geräte stellst. Wichtige Dokumente und Unterlagen ebenfalls ins Trockene retten.

- **Sicherheitsmaßnahmen:** Schalte Strom und Gas ab und halte eine Taschenlampe griffbereit. Von draußen alles hereinholen, was weggeschwemmt werden kann. Insbesondere gesundheitsgefährdende Produkte oder Flüssigkeiten, die auslaufen könnten, sicherstellen.
- **Wenn du das Haus verlassen musst:** Gas und Strom abschalten und Eingangstür vor Wassereintritt schützen.
- **Am Tag danach:** Ist Wasser ins Haus eingedrungen, kann es wegen des Schlamms und der Schimmelbildung nach einigen Tagen moderig riechen. So schnell wie möglich Wasser und Schlamm entfernen und alles im Freien, am besten in der Sonne, trocknen lassen. Unbrauchbare Gegenstände entsorgen, damit keine Keimherde entstehen. Die Strominstallation überprüfen lassen, bevor Elektrogeräte wieder angeschlossen werden.
- **Reinigung:** Für alle Oberflächen desinfizierende Putzmittel verwenden. Polstermöbel vom Schlamm befreien, indem du sie erst trocknen lässt und dann mit warmem Wasser reinigst, dem du 1 Tasse Essigessenz und 1 TL Salmiakgeist pro Liter hinzufügst. Ledermöbel nach dem Trocknen mit einem Lederpflegemittel behandeln. Wände mit einem langstieligen Schrubber abschrubben, zuerst mit Wasser, dann mit Wasser und Hygienereiniger, um Schimmel vorzubeugen.
- **Trocknen:** Türen und Fenster öffnen. Verfügst du wieder über Strom, nutze Geräte, die die Trocknung beschleunigen.

CHEMIEUNFALL

In Regionen erhöhten Risikos, beispielsweise in der Nähe von Unternehmen der Chemieindustrie, existiert normalerweise ein Notfallplan, der den Anwohnern bekannt ist. Chemieunfälle können jedoch überall passieren.

- **Wie man davon erfährt:** Das Sirenensignal „Zivilschutzalarm" wird ausgelöst, ein an- und abschwellender Heulton von einer Minute Dauer. Auch die Medien informieren. Wenn alles vorüber ist, wird durch Lautsprecherdurchsagen und Rundfunkmeldungen Entwarnung gegeben.
- **Was tun?** Begib dich schnellstmöglich in einen geschlossenen Raum. Schließe alle Öffnungen, durch die giftige Gase eindringen könnten. Schalte die Lüftungs- oder Klimaanlage ab (auch im Auto), denn sie saugen Außenluft an. Versiegle die Türritzen mit Isolierband. Bedecke Mund und Nase mit einem feuchten Tuch. Achte auf Rundfunk- und Lautsprecherdurchsagen.
- **Was musst du vermeiden?** Telefonieren, die Kinder abholen (Schulen müssen eigene Sicherheitsroutinen befolgen), Wasser trinken, rauchen oder Feuer machen.
- **Bei Explosionsgefahr:** Verstärke die Fenster mit über Kreuz aufgeklebtem Isolierband. Stelle einen Schutzwall aus Möbeln vor den Fenstern auf. Zieh dich in ein Zimmer zurück, das möglichst entgegengesetzt zur Gefahrenrichtung ist. Schließe Rollläden und Vorhänge.

HILFE!

DIE EXPERTIN WEISS RAT

ANA GALLO

SUSANNA

DESIGNERIN
27 JAHRE

Ich habe gehört, bei einer brennenden Pfanne soll man mit dem Feuerlöscher nicht direkt auf den Brandherd zielen. Wie soll man das Feuer dann löschen?

LÖSUNG: Stimmt. Wenn du den Löschstrahl, der unter hohem Druck austritt, direkt auf die Pfanne richtest, könnte das brennende Öl spritzen oder sogar die Pfanne selbst durch die Luft fliegen. Dadurch können weitere Gegenstände in Brand geraten. Richtig ist, den Löschstrahl aus einem Abstand von 2–3 Metern auf den Brandherd zu richten.

TATJANA

HAUSFRAU
40 JAHRE

Was tun, wenn zu Hause eingebrochen wurde?

LÖSUNG: Siehst du bei der Heimkehr, dass die Tür aufgebrochen wurde, oder kommt dir etwas seltsam vor, geh nicht in die Wohnung. Rufe von einem Nachbarn aus die Polizei an. Bemerkst du es erst, wenn du schon hineingegangen bist, verlasse die Wohnung sofort, es könnte noch jemand drin sein. Geh zum Nachbarn und rufe von dort aus die Polizei. Versuche später so schnell wie möglich, alles aufzulisten, was du vermisst. Bevor du Anzeige erstattest, suche die Quittungen für alles heraus, was gestohlen wurde. Melde den Einbruch deiner Hausratversicherung, und lege der Schadensmeldung Kopien der Kaufbelege und der Anzeige bei.

SVEN

POSTZUSTELLER
30 JAHRE

Ich wüsste nicht, was bei einem Erdbeben zu tun ist. Warum soll man eigentlich das Haus verlassen?

LÖSUNG: Im ersten Moment ist es besser, du bleibst, wo du bist, und bringst dich nur vor Dingen in Sicherheit, die herabstürzen könnten. Wichtig ist, Ruhe zu bewahren und nicht einfach drauflos zu rennen. Während es noch bebt, ist es sogar sehr gefährlich, herumzulaufen oder Treppen zu steigen.
Im Haus: Suche einen Platz, an dem du vor herabstürzenden Dingen geschützt bist, etwa unter einem stabilen Tisch, im Badezimmer oder an einer Innenwand mit reichlich Abstand zu Fenstern oder Möbeln, die umkippen könnten. Wer in einem erdbebengefährdeten Gebiet wohnt, sollte die sicheren Plätze in der Wohnung kennen und auch die richtige Schutzhaltung einüben: In die Hocke gehen, den Kopf zwischen die Knie legen und mit der Hand oder einem Kissen schützen. Nach dem Beben solltest du den Gashahn zudrehen, und ins Freie gehen. Nicht den Aufzug benutzen.
Auf der Straße: Halte dich fern von Häuserfassaden und allem, was um- oder herunterstürzen kann (Bäume, Pfosten, hängende Gegenstände, Schilder usw.) Am sichersten ist freies Gelände, notfalls auch die Straßenmitte.

KERSTIN

BUSFAHRERIN
58 JAHRE

Welche Vorsichtsmaßnahmen sollte man bei Unwetter treffen?

LÖSUNG: Wohnst du in einem Haus, überprüfe regelmäßig Dach und Fallrohre, um auf starke Regenfälle vorbereitet zu sein. Schaffe dir ein batteriebetriebenes Radio an, um auch bei Stromausfall die Rundfunkdurchsagen verfolgen zu können. Verschließe alle Ritzen, durch die Wasser eindringen könnte. Bei schwerem Gewitter halte dich von Stromleitungen im Haushalt fern, sie ziehen Blitze an. Stell dich nicht ans Fenster, um das Gewitter zu beobachten. Trenne Elektrogeräte vom Stromnetz und benutze nicht das Handy. Bei Sturmwarnung solltest du alles ins Haus holen, was umfallen und Schaden anrichten könnte (Blumentöpfe, Gartenlaternen usw.)

AARON

WEB-DESIGNER
43 JAHRE

Was tun, wenn Rohre einfrieren?

LÖSUNG: Wasserleitungen an schlecht isolierten Außenmauern des Hauses werden wieder frei, wenn man heißes Wasser hindurchlaufen lässt. Bei Außenrohren findest du die gefrorene Stelle, indem du alle Wasserhähne öffnest. Kommt aus einem Hahn kein Wasser, ist die Zuleitung eingefroren, die ihn versorgt. Richte mit einem Föhn heiße Luft auf das Rohr oder umwickele es mit heißen Tüchern. Wenn es tropft, beginnt das Eis zu schmelzen. Achtung: Durch das Einfrieren kann es zu einem Rohrbruch kommen.

09

ERSTE HILFE

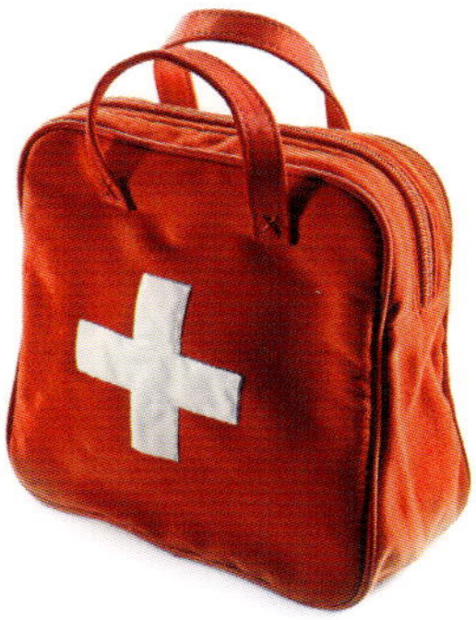

Kannst du gut für deine eigene Gesundheit sorgen? Selbst eine einfache Erkältung, eine kleine Wunde oder eine harmlose Verstauchung wollen sachgemäß behandelt sein, damit die Beschwerden schnell abklingen und keine Folgeschäden nach sich ziehen. Mit solchen relativ belanglosen Problemen kommen die meisten Menschen gut zurecht.

Aber was ist, wenn es ernst wird? Wenn jemand bewusstlos wird, keine Luft mehr bekommt oder Schlimmeres eintritt? Im folgenden Kapitel erfährst du Wissenswertes über wichtige Sofortmaßnahmen. Darüber hinaus solltest du überlegen, von Zeit zu Zeit einen Erste-Hilfe-Kurs zu besuchen. Die Kenntnisse, die du dir dort aneignest, machen es dir leichter, im Notfall die Ruhe zu bewahren – und gerade darauf kommt es oft an.

NIEMALS!

- Alkohol zum Desinfizieren verwenden. Er reizt die Wunde nur noch mehr.
- Brandwunden mit Druckverband, Salben, Butter oder Zahnpasta behandeln. Alle kühlen in ersten Moment, reizen aber die Haut.
- Baumwolle oder andere fusselnde Stoffe auf Wunden oder Brandwunden legen.
- Fremdkörper aus einer Wunde herausziehen.
- Einem Unfallverletzten zu trinken oder zu essen geben.
- Eine mit Salbe versorgte Wunde der Sonnenbestrahlung aussetzen.

Erste-Hilfe-ABC: Absichern, Notruf absetzen, Retten

A. Absichern: Bevor du dich um einen Verletzten oder dich selbst kümmerst, versichere dich, dass keine Unfallgefahr mehr besteht. Bei einer Rauchvergiftung die Atemwege mit einem Tuch abdecken und die betroffene Person aus dem Rauch entfernen. Bei einem Stromschlag die Sicherung ausschalten. Einen Brand am Herd mit einem Deckel ersticken (siehe Kapitel 8).

B. Notruf absetzen: Versuche, die Situation realistisch einzuschätzen. Sieh zuerst nach verletzten Personen. Rufe andere zu Hilfe, suche die Notfallambulanz auf oder rufe einen Rettungswagen (112). Bei Vergiftungen wende dich an die Notfallnummer des nächstgelegenen Giftinformationszentrums. In einigen Orten gibt es spezielle Notrufnummern, an die sich Menschen mit Sprachbarrieren per SMS wenden können.

C. Retten: Den Verletzten nicht bewegen, außer um ihn aus der unmittelbaren Gefahrenzone zu holen. Auf die Ankunft des Rettungswagens warten. Währenddessen ständig Bewusstsein, Atmung und Puls überprüfen. Wenn das Opfer auf Ansprache oder Zwicken nicht reagiert, ist es bewusstlos. Die Atmung muss zu hören, zu fühlen oder zu sehen sein. Nichts zu trinken oder essen geben. Zudecken und beruhigen, bis Hilfe kommt.

Nicht vergessen!

* Dich und den Verletzten in Sicherheit bringen und Hilfe holen.
* Bei starker Blutung auf die Wunde drücken.
* Bei Verätzungen durch Flüssigkeiten die nasse Kleidung ausziehen.
* Bei Verbrennungen die Wunde kühlen.
* Bei Bewusstlosigkeit Atmung und Puls überprüfen.

Sterile Wund-auflage

Bei Insektenstichen

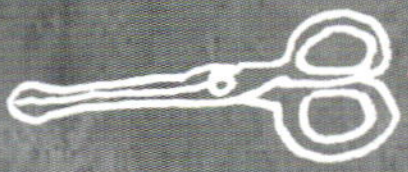

Schere mit abgerundeter Spitze

Schmerz-mittel und Fiebermittel

Wasser-fest

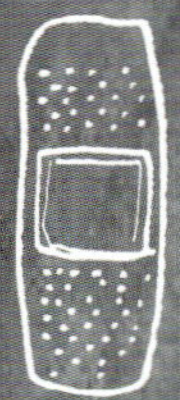

Erste-Hilfe-Grundausstattung

- Wundversorgung: Mullbinde (Wunden und Verbrennungen), Druckverband (bei starken Blutungen), Wundpflaster, Heftpflaster, isotonische Kochsalzlösung (zum Säubern), Desinfektionslösung.
- Medikamente: Schmerz- und fiebersenkende Mittel, Wundsalbe, Insektenstichsalbe, Elektrolytlösung, persönliche Medikamente (bei Allergie usw.)
- Andere: Fieberthermometer, Schere mit abgerundeter Spitze
- Wirksamkeit: Medikamente sind selten länger als drei Jahre haltbar – achte auf das aufgedruckte Datum. Nach Ablauf verlieren sie an Wirkung, sind aber selten gesundheitsschädlich (Ausnahme: Augentropfen).

Sofort auftragen.

Digital

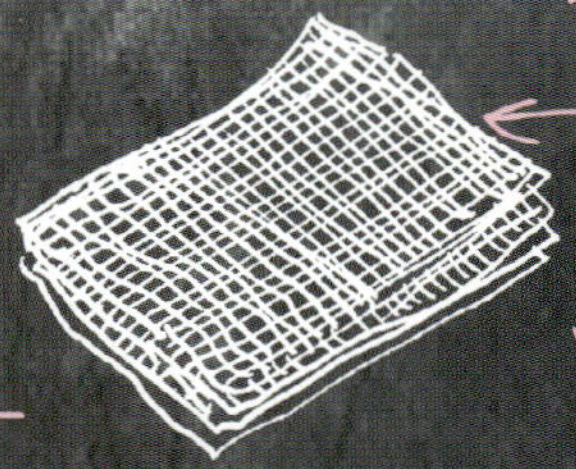

Reinigung und Schutz von Wunden

Generika: gleiche Wirkung

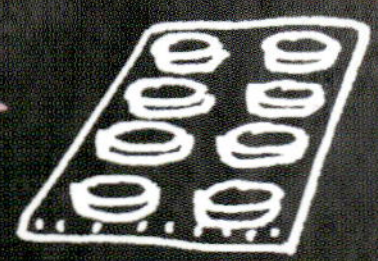

Für Nasen-spülungen

Kurier dich aus!

Viele Erkrankungen und Verletzungen lassen sich gut zu Hause kurieren. Wichtig ist, auch bei „Hausmitteln“ die empfohlene Dosierung und Behandlungsdauer einzuhalten. Wenn die Beschwerden in dieser Zeit nicht abklingen oder sich sogar verschlimmern, musst du einen Arzt aufsuchen.

Problem	Behandlung
ERKÄLTUNG	Empfohlene Maßnahmen: • Bei Fieber oder Kopfschmerzen Paracetamol einnehmen. Nicht zu warm zudecken. Das Zimmer sollte nicht zu warm, gut belüftet und die Luft nicht zu trocken sein. • Nimm viel Flüssigkeit zu dir, z. B. Hühner- oder Gemüsebrühe (siehe Kapitel 12). Trinke den Saft von 2 Orangen oder iss Kiwi. • Bei Schnupfen: Nasenspülungen mit Salzwasser. Du kannst Meersalzlösung aus der Apotheke verwenden oder Kochsalz in 1/2 l heißem Wasser auflösen und abkühlen lassen. • Inhalieren mit Eukalyptus.
HEISERKEIT, HALSSCHMERZEN	• Lauwarmen Zitronensaft mit Honig trinken (1–2-mal täglich). • Nicht sprechen, sonst verschlimmern sich die Beschwerden.
DURCHFALL	• Diät halten: Reis, Kartoffeln, Fleisch, Fisch, Rührei. Keine Milchprodukte, keine Backwaren oder Süßes essen • Viel trinken: Wasser (1 l) mit 2 El Traubenzucker (Glukose), 1/2 TL Salz (Natriumchlorid), 1/2 TL Natron und dem Saft einer halben Zitrone (Kalium) beugen Mineralstoffverlust vor. Auch isotonische Getränke für Sportler sind geeignet.
FISCHGRÄTE BESEITIGEN	• Um sie zu entfernen, trockenes Brot essen und Wasser trinken • Ist sie sichtbar, kann man sie mit einer Pinzette zu entfernen versuchen.
OHRENSCHMALZ-PFROPFEN ODER JUCKEN IM OHR BESEITIGEN	• Wattestäbchen mit Olivenöl: Erwärme 1 TL Olivenöl auf Körpertemperatur und tränke ein Wattestäbchen damit. Neige den Kopf und träufele das Öl ins Ohr. Bei häufigen Ohrpfropfen einmal wöchentlich anwenden. • Niemals das Wattestäbchen ins Ohr einführen.

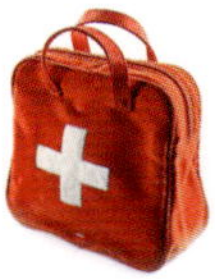

INSEKTENSTICHE, QUALLENGIFT	• Mücken: Gaze oder Wattebausch mit Essig tränken, auflegen. • Bienen- oder Wespenstich: Stachel herausziehen, falls noch vorhanden. Gaze oder Wattebausch mit Salmiakgeist auflegen. • Quallengift: Haut mit Salzwasser reinigen, Tentakelreste mit Handschuhen und Pinzette entfernen, nicht berühren. Nicht kratzen. 15 Minuten mit einer Eiskompresse kühlen. Bei offener oder blutender Wunde ein Krankenhaus aufsuchen.
SCHLAFLOSIGKEIT	• Schlafhygiene pflegen: 1. Regelmäßige Schlafens- und Aufstehzeiten einhalten. 2. Zwei Stunden vor dem Schlafen keinen Sport mehr treiben. 3. Aktivitäten wie Fernsehen, PC usw. im Bett vermeiden. 4. Vor dem Schlafen nicht üppig essen. • Schlaffördernd sind ein Glas warme Milch oder Kräutertee, vor allem Lindenblütentee (1–2-mal täglich). Keinen Schwarztee oder Kaffee trinken.
KLEINE WUNDE SÄUBERN	1. Hände waschen. 2. Schmutz mit Leitungswasser (weicher Strahl) oder isotonischer Kochsalzlösung auswaschen. Von innen nach außen säubern. 3. Jod auf ein Stück Gaze geben und sanft von innen nach außen auf Wunde verteilen. Nicht trockentupfen. 4. Mit steriler Gaze bedecken und diese mit Heftpflaster oder Verband befestigen.
BLASEN	Kleine Blasen heilen innerhalb weniger Tage von selbst. Größere, vor allem an Stellen, die Reibung ausgesetzt sind, sollte man vorsichtig entwässern. 1. Stelle mit Wasser und Seife säubern. 2. Eine Nadel sterilisieren und am Rand der Blase einstechen. 3. Vorsichtig die Flüssigkeit herausdrücken. 4. Waschen und Blase sanft trockentupfen. 5. Niemals die Haut über der Blase entfernen.
HAUSGEMACHTE KOCHSALZLÖSUNG	Nützlich zum Auswaschen von Wunden oder für Nasenspülungen. Nicht trinken. • $\frac{1}{2}$ TL Salz in $\frac{1}{4}$ l Wasser auflösen. Leitungswasser einige Minuten kochen lassen, alternativ ein Mineralwasser mit geringem Mineralgehalt verwenden. • Bei Zimmertemperatur 48 Stunden haltbar.
DESINFEKTION	• Wunden: Hast du keine Kochsalzlösung, nimm Wasser und Seife. • Hände: Vor und nach Berührung einer Wunde ausgiebig mit Wasser und Seife waschen.
STERILISATION	• Pinzetten oder Nadeln: Mit Wasser und Seife waschen oder kurz über eine Flamme halten. • Nadeln: Abwaschen und in Alkohol tunken.

NIEMALS!

- Das Heimlich-Manöver (ruckartige Kompression des Oberbauchs) bei Kindern unter einem Jahr, Schwangeren oder Übergewichtigen vornehmen.
- Eine verletzte Person in die Seitenlage bringen, wenn Hals oder Rücken betroffen sein könnten.
- Jemandem, der sich verschluckt hat, etwas zu trinken geben.
- Jemandem, der sich verschluckt hat und krampfhaft hustet, hart auf den Rücken klopfen.
- Hastig essen oder hastig und unzureichend kauen.
- Lachen, während du kaust oder schluckst. Du könntest dich verschlucken.

Richtig helfen

Wer in einer ernsten Lage zu Hause oder unterwegs schnell und richtig handelt, kann Leben retten. Es wäre wünschenswert, dass alle Erwachsenen einen Erste-Hilfe-Kurs absolvieren und ihr Wissen von Zeit zu Zeit auffrischen. Auf jeden Fall ist es aber sinnvoll zu wissen, wie man eine bewusstlose Person richtig lagert, welche Maßnahmen bei drohender Erstickung zu ergreifen sind oder wie man einen Fremdkörper entfernt.

DEN PULS FÜHLEN

Warum: Der Puls gehört neben Bewusstsein und Atmung zu den Vitalzeichen erster Ordnung. Vor allem bei bewusstlosen Personen muss er ständig überwacht werden. Ist kein Puls mehr zu spüren, kann ein Herzstillstand vorliegen. Die normale Pulsfrequenz liegt bei Säuglingen und Kleinkindern zwischen 130 und 140 Schlägen pro Minute, bei Kindern zwischen 80 und 100 sowie bei Erwachsenen zwischen 60 und 100.
Wo: Am deutlichsten spürt man ihn an der Halsschlagader rechts oberhalb des Kehlkopfes. Bei Verdacht auf einen Herzstillstand sollte unbedingt hier gefühlt werden.
Wie: Die Fingerkuppen von Zeige- und Ringfinger auf die Arterie legen, die meist sichtbar ist. Mithilfe des Sekundenzeigers an der Uhr eine Minute lang die Pulsschläge zählen.

BEI VERSCHLUCKEN

(bei Erwachsenen und Kindern über 1 Jahr)

LEICHT: Atemwege sind nicht völlig blockiert, die Person kann noch reden, husten oder atmen.
Was tun: Die Person husten lassen, dabei nicht auf den Rücken klopfen. Wird es schlimmer, den Rettungswagen rufen.

SCHWER: Kann die betroffene Person weder sprechen noch atmen, ist wahrscheinlich die Luftröhre vollständig verlegt. Betroffene, die bei Bewusstsein sind, führen bei schwerer Atemnot oft die Hände zum Hals. In diesem Fall ist schnelles Handeln lebenswichtig: Sofort den Rettungswagen rufen!

Was tun? Stell dich hinter die betroffene Person und fordere sie auf, sich vorzubeugen. Handelt es sich um ein Kind, knie dich hinter ihm auf den Boden. Umfasse mit einem Arm den Oberkörper des Betroffenen und schlage mit der anderen Handfläche fünfmal gezielt zwischen die Schulterblätter. Nach jedem Schlag überprüfen, ob die Person wieder atmet.

Wenn Atemnot oder Erstickungsanfälle andauern, wende die folgende Maßnahme an, um den Fremdkörper aus der Luftröhre zu entfernen.

HEIMLICH-MANÖVER:

1. Stell dich hinter den Betroffenen und lege deine Arme um seinen Oberbauch. Balle eine Hand zur Faust und lege sie unterhalb der Rippen und des Brustbeins auf den Oberbauch. Umfasse mit der zweiten Hand die Faust und zieh sie ruckartig kräftig gerade nach hinten zu deinem Körper. So soll durch die Druckerhöhung in der Lunge der Fremdkörper aus der Luftröhre entfernt werden. Der Brustkorb selbst darf nicht zusammengedrückt werden. Das Manöver kann bei Bedarf bis zu fünfmal wiederholt werden. Nach jeder Kompression überprüfen, ob sich der Fremdkörper gelöst hat.

2. Löst sich der Fremdkörper nicht, behandle die Person abwechselnd mit drei Schlägen auf den Rücken und einem Heimlich-Manöver, bis der Rettungswagen kommt.

BEI ÜBERGEWICHTIGEN ODER BEWUSSTLOSEN PERSONEN

Die Person muss ausgestreckt in Rückenlage auf dem Boden liegen. Ist sie bewusstlos, dreh ihren Kopf behutsam zur Seite.

1. Setze dich auf ihre Oberschenkel und lege die Faust, wie oben beschrieben, unter den Rippenbogen.

2. Nun die Faust mit der freien Hand umfassen und ruckartig nach innen drücken. Setze dabei ruhig dein Körpergewicht ein.

BIST DU ALLEIN,

kannst du das Heimlich-Manöver auch am eigenen Körper anwenden.

- Lege die geschlossene Faust auf den Oberbauch, der Daumen zeigt nach oben. Drücke die Faust – bei Bedarf mehrmals – ruckartig nach innen.
- Alternativ kannst du dich über eine Stuhllehne beugen. Lege die Faust unter den Rippenbogen und lass dich mehrmals ruckartig auf die Stuhllehne sacken.

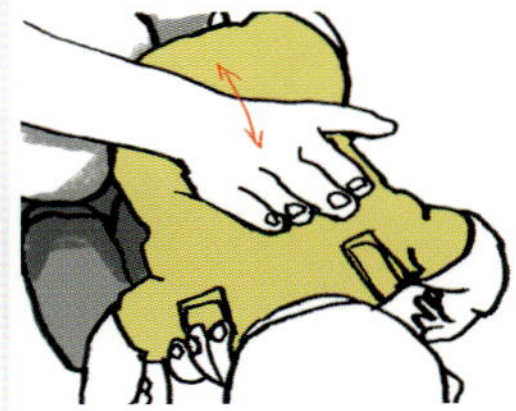

BEI KINDERN UNTER EINEM JAHR

Führe diese Maßnahme nur durch, wenn das Kind nur mühsam atmet und schwach hustet.

1. Setz dich hin und lege das Kind so auf deine Knie oder deinen Unterarm, dass sein Kopf tiefer hängt als sein Körper. Stütze den Kopf am Unterkiefer mit Daumen und Zeige- oder Mittelfinger ab.

2. Schlage fünfmal Mal mit der flachen Hand zwischen die Schulterblätter.

Luft!

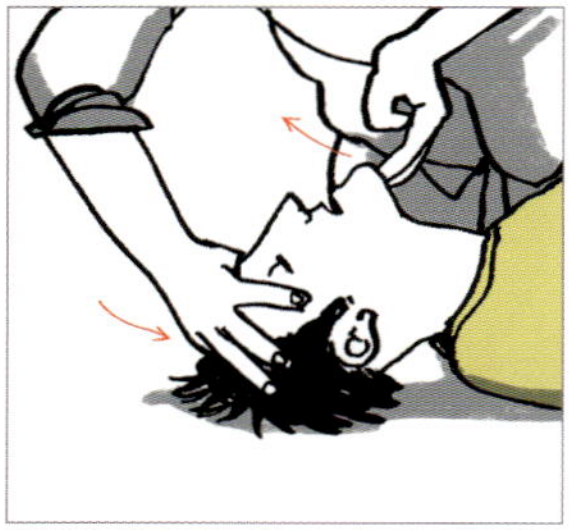

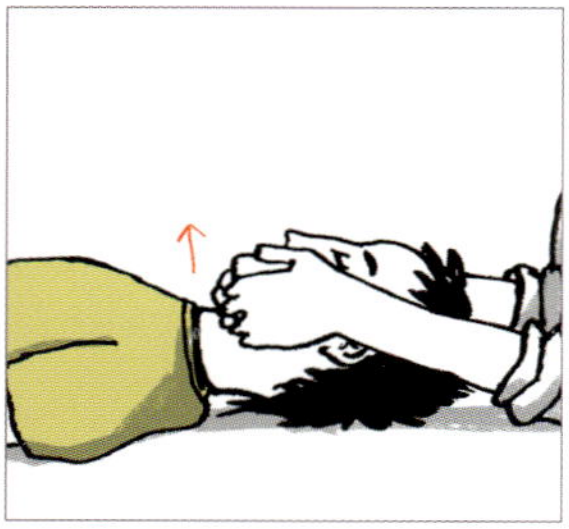

DIE ATEMWEGE FREI MACHEN

Es gibt zwei Methoden:

1. Den Kopf nach hinten neigen und dabei den Nacken überstrecken. Halte dazu den Kopf an der Stirn fest und hebe das Kinn vorsichtig an, damit mehr Luft durch die Atemwege strömen kann.

2. Eine verletzte Person darf nur bewegt werden, wenn es unbedingt notwendig ist, etwa zum Transport oder um sie in die stabile Seitenlage zu bringen. Dabei sollte immer die Wirbelsäule als Ganzes bewegt werden. Knie dich hinter den Kopf der Person, umfasse ihren Unterkiefer mit beiden Händen und zieh das Kinn behutsam nach oben, um die Atemwege zu öffnen.

ATMUNG ÜBERPRÜFEN

Nachdem du die Atemwege der betroffenen Person geöffnet hast, überprüfe die Atmung. Atembewegungen der Brust sind sichtbar, den Luftstrom kann man hören oder spüren. Möglich ist auch, ein Brillenglas dicht über den Mund des Opfers zu halten. Selbst wenn die Person nur schwach atmet, wird das Glas beschlagen.

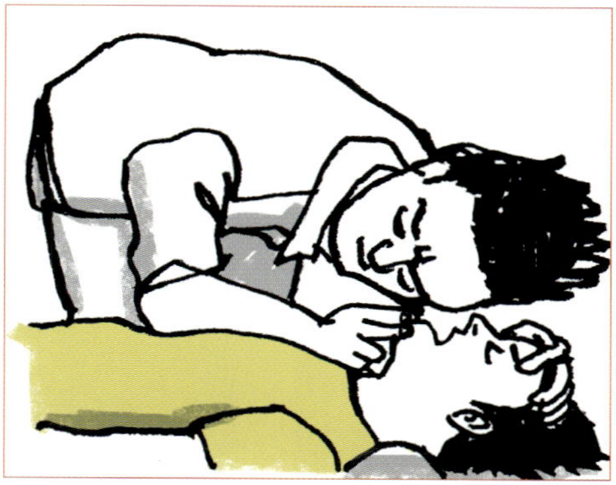

STABILE SEITENLAGE

Wann: Wenn die Person bewusstlos ist, jedoch atmet und Puls hat.
Warum: Damit die Atemwege nicht durch die Zunge oder durch Erbrochenes blockiert werden.
Was tun: Zunächst die Kleidungstaschen der betroffenen Person leeren, dann wie auf den Abbildungen (unten) vorgehen.

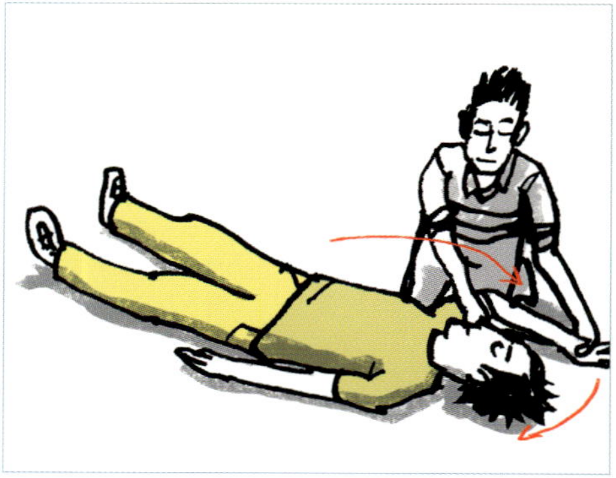

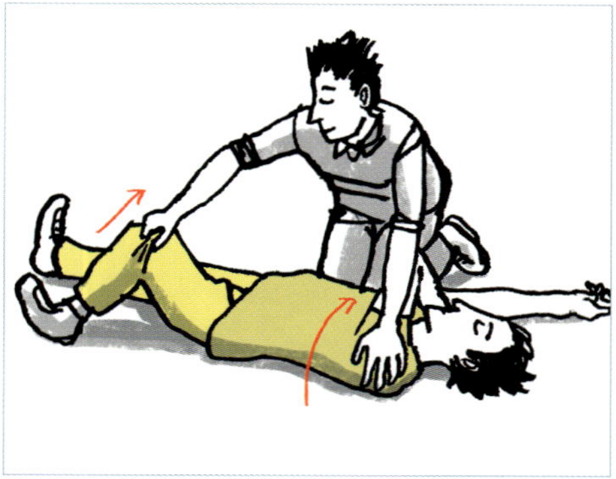

Nicht vergessen:

Dann ist es ernst:

* Bei sichtbaren Kopfverletzungen.
* Wenn das Gesicht sehr rot oder blass ist.
* Wenn der Puls über 120 oder unter 45 liegt.
* Bei längerer Bewusstlosigkeit.
* Wenn Anzeichen auf Erholung ausbleiben.

Zwei lebensrettende Maßnahmen

Unter Experten gibt es hinsichtlich der Anzahl der Atemspenden oder Druckimpulse verschiedene Ansichten, die Vorgehensweise ist jedoch immer gleich.

ATEMSPENDE

Wann: Wenn die Person bewusstlos ist, nicht atmet oder kein Puls spürbar ist.
Wofür: Um dem Gehirn Sauerstoff zuzuführen. Wenn die Sauerstoffversorgung des Gehirns nur vier Minuten unterbrochen ist, können lebenswichtige Organe geschädigt werden. Längerer Sauerstoffmangel kann zum Tod führen.

Vorher: Rufe eine zweite Person zur Hilfe. Öffne den Mund des Betroffenen, um zu prüfen, ob sich ein Fremdkörper darin befindet. Dazu die Finger mit Gaze umwickeln und Mundhöhle abtasten.
Ist ein Fremdkörper vorhanden, muss er mit den umwickelten Fingern entfernt werden. Sind die Atemwege frei, überprüfe die Atmung. Ist keine Atmung spürbar, rufe unverzüglich einen Rettungswagen und beginne danach mit der Atemspende.

SCHRITT FÜR SCHRITT >>>

Atemspende

1. Atemwege freimachen. Die Nase des Opfers zuhalten, tief einatmen und den Mund des Opfers mit deinem bedecken. Langsam etwa die Hälfte der eingeatmeten Luft in den Mund des Opfers einblasen. Danach eine Sekunde warten und die restliche Luft einblasen.

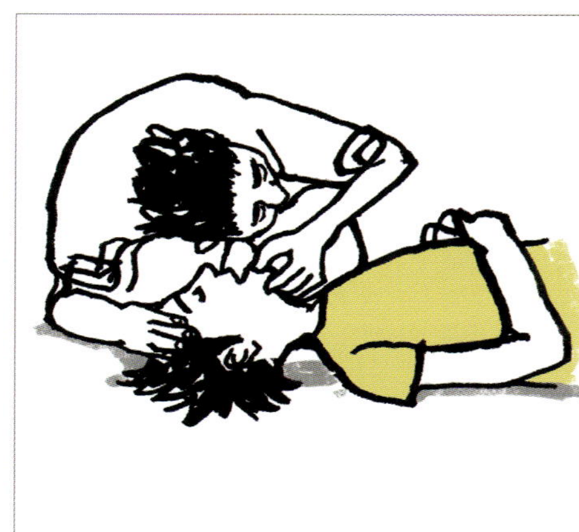

2. Hebt oder dehnt sich der Brustkorb, ist die Beatmung erfolgreich. Anderenfalls prüfe erneut, ob die Atemwege frei sind. Die Luft selbstständig entweichen lassen. Die Atemspende 12-mal pro Minute (bei Kindern 20-mal) wiederholen.

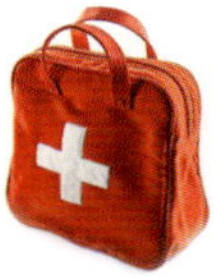

HERZ-LUNGEN-WIEDERBELEBUNG (CPR)

Wann: Wenn die Person bewusstlos ist, nicht atmet und kein Puls spürbar ist.
Wofür: Durch die Kompressionen sollen Herztätigkeit und Blutzirkulation wieder in Gang gesetzt werden. Schnelles Handeln ist wichtig, um das Leben der Person zu retten.
Vorher: Notruf absetzen. Die Person muss auf einer festen Unterlage liegen.

A. Zustand der Person überprüfen. Hilfe herbeirufen, ohne sich von der Person zu entfernen.
B. Atemwege freimachen. Zwei Atemspenden durchführen und den Puls überprüfen.
C. Bleibt die Atemspende erfolglos, unverzüglich mit der Wiederbelebung beginnen.

Nicht vergessen:

* Bei Übelkeit, Schwindelgefühl, Atemnot, Ausbleiben von Atmung oder Herzschlag immer die Kleidung oder alles Einengende lockern.
* Bist du dir nicht sicher, was zu tun ist, warte lieber auf ärztliche Hilfe.

SCHRITT FÜR SCHRITT >>>

Herz-Lungen-Wiederbelebung

1. Ertaste das Brustbein zwischen den Hälften des Brustkorbs (siehe Abbildung). Unter ihm befindet sich das Herz.

2. Lege den Handballen einer Hand auf die untere Hälfte des Brustbeins und stütze den Handballen der anderen Hand darauf (siehe Abbildung). Die Finger ineinander verschränken.

3. Die Arme durchdrücken und senkrecht von oben kurz und kräftig das Brustbein hinabdrücken. Setze dabei dein Körpergewicht ein.

4. Wiederhole dann im Wechsel 30 Kompressionen und zwei Atemspenden, bis der Rettungswagen eintrifft oder der Puls wieder spürbar ist.

5. Alle zwei Minuten die Vitalzeichen überprüfen (Puls, Atmung, Bewusstsein). Kehren Atmung und Bewusstsein nicht zurück, mit zehn Atemspenden pro Minute fortfahren und danach erneut die Vitalzeichen überprüfen. 10-mal pro Minute beatmen und nach je 10 Beatmungen Lebenszeichen erneut überprüfen.
Bei Kindern unter 2 Jahren etwa 100 Kompressionen pro Minute nur mit zwei Fingern ausführen.

NIEMALS!

- Auf Insektenstiche Schlamm, Urin oder Spucke geben. Sie könnten sich entzünden.
- Quetschwunden oder Prellungen mit Wärme behandeln.
- Bei Verstauchungen oder Prellungen Eis direkt auf die Haut legen.
- Salben auf Wunden oder Verbrennungen aufbringen.
- Verbrennungen mit Öl, Zahnpasta oder Eiweiß behandeln.
- Brandblasen aufstechen. Es besteht Entzündungsgefahr.

Kleinere Unfälle

VERSTAUCHUNG ODER PRELLUNG

Symptome: Schmerz, Schwellung, Rötung

Was tun: Sind keine offenen Wunden vorhanden, die Stelle mit einer Kühlkompresse oder einem Beutel gefrorener Erbsen kühlen. Die Kälte wirkt entzündungshemmend und schmerzlindernd. Das Körperteil hochlegen und ruhig stellen. Wenn Schmerz und Schwellung nicht nachlassen, einen Arzt aufsuchen. Nicht verbinden, da ein schlechter Verband mehr Schaden anrichten kann als gar kein Verband.

LEICHTE VERBRENNUNG

Symptome: Rötung der Haut, Schwellung, Brandwunde nicht größer als eine Handfläche des Betroffenen

Was tun:

1. Schmuck und andere Dinge, die auf die Wunde drücken könnten, sofort entfernen, bevor die Stelle anschwillt.
2. Die Brandwunde entweder unter fließendem Wasser kühlen oder 10–30 Minuten in kaltes Wasser tauchen. Nie mit Eis kühlen!
3. Sterile Gaze oder ein sauberes Tuch mit Kochsalzlösung tränken und auf die Wunde legen. Bei einem großflächigen Sonnenbrand außerdem viel Flüssigkeit trinken.

INSEKTENSTICHE

Bienen- oder Wespenstiche: Ist der Stachel sichtbar, kann man versuchen, ihn herauszuziehen. Wichtig ist, dabei nicht die Giftblase zu berühren. Es ist schmerzhaft, wenn sie unter der Haut aufplatzt. Um den Stachel herauszuziehen, streiche entgegen der Eintrittsrichtung mit einem Fingernagel, einem stumpfen Messer oder auch mit einer Plastikkarte ohne Druck über die Haut. Wer dabei unsicher ist, sollte lieber einen Arzt aufsuchen. Die Stichverletzung kühlen, um Schmerz und Schwellung zu lindern.

Quallengift: Manche Quallen hinterlassen bei Berührung winzige Stacheln in der Haut, die weiter Gift an den Körper absondern. Spüle die Haut mit Salzwasser, jedoch ohne zu reiben, denn dadurch können die Beschwerden verschlimmert werden.

Tränke ein Tuch mit Essig und lege es 15–30 Minuten lang auf die Stelle. In der Haut verbliebene Stacheln entfernen, ohne diese zu berühren. Du kannst sie mit einer Pinzette herausziehen oder, wie einen Insektenstachel, mit einer Plastikkarte herausstreichen. Nicht reiben. Mit Eis, das in ein Tuch gewickelt ist, kühlen, um Schmerz und Schwellung zu lindern. In schweren Fällen kann eine Salbe mit Antihistaminika oder Corticoiden notwendig sein.

Allergische Reaktionen: Symptome einer schweren allergischen Reaktion können beispielsweise Atemnot, Rötung und Anschwellen der Haut, des Lippenbereichs und der Zunge sein. In solchen Fällen sofort den Rettungswagen rufen oder eine Notfallambulanz aufsuchen.

HERAUSGEBROCHENER ZAHN DURCH STOSS ODER STURZ

Was tun: Erwachsenenzähne sind in vielen Fällen reimplantierbar, darum ist es wichtig, einen herausgebrochenen Zahn dem Zahnarzt zu übergeben. Ist der Zahn noch ganz, versuche ihn wieder einzusetzen. Um ihn an der richtigen Stelle zu halten, beiße auf dem Weg zum Arzt auf ein Stück Gaze. Ist nur ein Stück des Zahns abgebrochen, transportiere es in Milch oder Speichel. Versuche, den Zahn möglichst nicht im Wurzelbereich zu berühren. Bei Zahnfleischbluten Gaze auflegen und direkt auf das Zahnfleisch drücken.

NASENBLUTEN

Was tun: Den Kopf leicht nach vorne neigen und die Nasenflügel unter der Nasenwurzel etwa zehn Minuten lang sanft zusammendrücken. Dabei durch den Mund einatmen. Blutet es weiter, angefeuchtete Gaze in die Nasenlöcher stecken und Stirn oder Nasenwurzel mit einem feuchten Tuch kühlen. Nasenbluten kann recht heftig sein. Dauert es aber länger als 30 Minuten an, sollte ein Arzt aufgesucht werden.

SCHRITT FÜR SCHRITT >>>

Nasenbluten stoppen

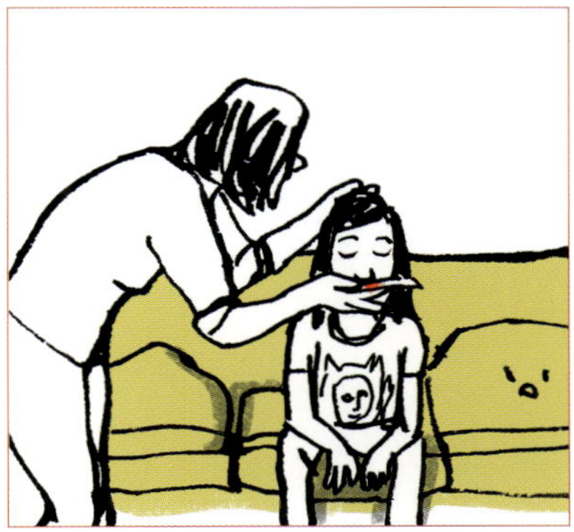

1. Kopf nach vorn neigen.

2. Nasenflügel zehn Minuten lang zudrücken, dabei durch den Mund atmen.

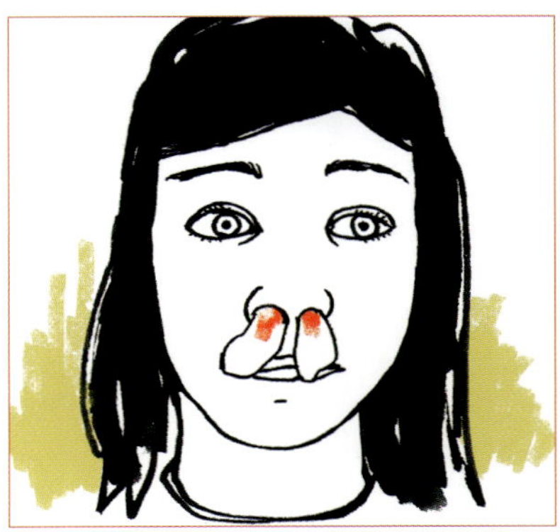

3. Blutet es weiter, Nasenlöcher mit befeuchteter Gaze schließen.

4. Stirn oder Nasenwurzel mit feuchtem Tuch kühlen.

NIEMALS!

- Einen Unfallverletzen bewegen.
- Fremdkörper aus einer Wunde ziehen wollen.
- Den ersten Verband lösen, der zum Blutstillen aufgelegt wurde. Dringt Blut durch, einen weiteren Verband obenauf legen.
- Zu viel an einer Wunde hantieren. Je ruhiger der Verband aufliegt, desto besser ist die Blutung unter Kontrolle zu bringen.
- Versuchen, einen sichtbar gebrochenen Knochen gerade zu richten.
- Einer bewusstlosen Person zu trinken geben. Sie könnte daran ersticken.
- Eine bewusstlose Person allein lassen.

Schwere Unfälle

KNOCHENBRUCH

Anzeichen eines Knochenbruchs: Deformierung des Körperteils, starke Schmerzen, Schwellung. Gebrochene Gliedmaßen lassen sich normalerweise nicht oder nur schwer bewegen. Allerdings bedeutet diese Bewegungsunfähigkeit nicht automatisch, dass ein Knochen gebrochen ist. Klarheit kann nur ein Röntgenbild schaffen.
Was tun: Die Extremität ruhig stellen, um auf dem Weg zum Arzt jede unnötige Bewegung zu vermeiden. Lege das Körperteil auf eine weiche Unterlage, etwa ein Kissen oder eine Jacke, und umwickle es zum Schutz mit weiteren Kleidungsstücken.

STARKE BLUTUNG

Was tun: Die blutende Stelle von Kleidung befreien und 10 Minuten lang mehrere Schichten Gaze oder ein sauberes Tuch fest auf die Wunde drücken. Dringt Blut durch, wechsle die Gaze oder Tuch nicht aus, sondern lege neue Schichten darauf und setze die Druckbehandlung fort.

- Stark blutende Gliedmaßen immer oberhalb des Herzens lagern.
- Lässt sich die Blutung nicht zum Stillstand bringen, rufe einen Rettungswagen.

SCHWERE VERBRENNUNG

Wann ist schnelle ärztliche Hilfe nötig?
Wenn die Brandwunde tief ist oder größer ist als die Hand des Verletzen; bei Blasenbildung (Verbrennung 2. Grades) oder Nekrosen (3. Grades); falls Gesicht, Hände, Füße oder Genitalien betroffen sind; falls der Betroffene älter als 70 oder jünger als 2 Jahre ist; bei Verbrennung durch Stromschlag oder ätzende Substanzen; wenn Rauch eingeatmet wurde.

Was tun:
1. Bringe den Betroffenen von der Hitzequelle weg und entferne vorsichtig Kleidung und Schmuck vom betroffenen Körperteil. Kleidung, die an der Wunde haftet, muss ein Arzt entfernen.
2. Kühlen: Tauche die Stelle 20–30 Minuten in zimmerwarmes Wasser oder bedecke sie locker mit einem Tuch, das mit Kochsalzlösung getränkt ist. So unterbrichst du den Verbrennungsprozess und linderst den Schmerz. Blasen auf keinen Fall aufstechen, es besteht Entzündungsgefahr.
3. Die Wunde bedecken: Bedecke die Wunde locker mit einem feuchtem Verband oder einem sauberen, feuchten Stück Baumwollstoff, etwa von einem Laken. So ist die Wunde geschützt, ohne dass etwas an ihr haftet, und der Schmerz wird gelindert.
4. Falls die betroffene Person sich nicht bewegen kann, rufe einen Rettungswagen oder bringe sie zu einem Arzt.

SCHWINDELGEFÜHL ODER OHNMACHT

Schwindel (Person ist bei Bewusstsein)

Was tun: Bringe die betroffene Person in die stabile Seitenlage sorge für frische Luft.

Ohnmacht (Person ist bewusstlos)

Was tun: Überprüfe die Atmung (siehe Seite 142). Atmet die Person, bringe sie in die stabile Seitenlage und rufe einen Arzt.

Nicht vergessen:

- Hältst du eine blutende Wunde unter Wasser, wird die Blutgerinnung beeinträchtigt und die Wunde blutet stärker.
- Keine Fremdkörper aus Wunden entfernen. Dafür einen Arzt aufsuchen.

HILFE!

DIE EXPERTIN WEISS RAT

ANA GALLO

ANDREAS

TISCHLER
45 JAHRE

Es ist mir peinlich, aber ich bin nicht imstande, mir selbst Augentropfen zu geben.

LÖSUNG: Das ist auch nicht so einfach, wenn man keine Übung darin hat. Wasch dir zunächst die Hände und geh dann wie folgt vor:

- Neige den Kopf nach hinten und schau nach oben – nicht auf deine Hand.
- Zieh mit dem Zeigefinger der freien Hand von der Wange aus das untere Augenlid sanft nach unten.
- Ziele in die Augenlidtasche. Die Pipette sollte nicht mit dem Auge in Berührung kommen. Es ist nicht schlimm, wenn dabei ein Tropfen zu viel ins Auge fällt. Die Dosierung für das nächste Mal darfst du deswegen nicht verändern. Du kannst eine Gaze unter das Augenlid legen, während du es herunterziehst.
- Blinzle, um die Tropfen zu verteilen, und schließe dann für ein paar Minuten die Augen.

KARLA

BIBLIOTHEKARIN
26 JAHRE

Ich arbeite manchmal an der Schule, und neulich ist dort ein Mädchen wegen Unterzuckerung umgefallen. Angeblich ist das normal bei Jugendlichen. Woran liegt das?

LÖSUNG: Unterzuckerung ist die umgangssprachliche Bezeichnung für Hypoglykämie, also eine zu niedrige Glukosekonzentration im Blut. Möglicherweise hat das Mädchen, wie es in diesem Alter öfter vorkommt, eine Mahlzeit ausgelassen. Andere Ursachen können Alkoholkonsum, Stress oder große körperliche Anstrengung sein, bei Diabetikern auch ein Fehler bei der Dosierung der Medikamente. Leichte Unterzuckerung kann zu Schwindel, Übellaunigkeit, Müdigkeit, Kribbeln im Mund, Schweißausbrüchen, Kopfschmerzen oder Herzklopfen führen. Um ihren Blutzuckerwert wieder ansteigen zu lassen, kann man der Person Trauben- oder Würfelzucker, Glukosetabletten (meist in Schulen vorhanden), Süßigkeiten oder gesüßte Getränke geben und sie zum Essen auffordern. Tritt keine Besserung ein, einen Arzt aufsuchen. Er kann feststellen, ob es sich um eine mittelschwere oder schwere Hypoglykämie handelt, und die richtigen Maßnahmen ergreifen. In jedem Falle sollte zur Erstbehandlung immer Zucker gegeben werden.

YUKIO

STUDENT
26 JAHRE

An der Uni hatte ein Kommilitone plötzlich einen epileptischen Anfall und niemand wusste, was zu tun war.

LÖSUNG: Epileptische Anfälle dauern meist nur Minuten an. Man sollte sie einfach vorübergehen lassen, ohne die Person zu berühren. Wichtiger ist, Schaulustige auf Abstand zu halten und Dinge außer Reichweite zu bringen, an denen die Person sich stoßen könnte. Nach dem Anfall kann man ihr etwas Weiches unter den Kopf legen und sie in die Seitenlage bringen, damit der Speichel nicht die Atmung hindert. Brille abnehmen und beengende Kleidung lockern. Vor allem der Person nichts in den Mund schieben, damit sie sich nicht auf die Zunge beißt.

KIM

VERKÄUFERIN
23 JAHRE

Stimmt es, dass man jemandem, der einen hysterischen Anfall hat, eine Ohrfeige geben soll?

LÖSUNG: Nein. Vielleicht erreichst du damit, dass diejenige Person kurz zu schreien aufhört, doch du wirst sie damit nicht beruhigen. Ein hysterischer Anfall ist in der Regel die Folge von Angst oder Panik, die durch eine Extremsituation wie einen Unfall ausgelöst wird. Die betroffene Person zu erschrecken oder anzuschreien ist kontraproduktiv. Wichtig ist, ihr Ruhe vermitteln, zuzuhören und vorsichtig Körperkontakt zu suchen, um die Blockade zu lösen. Lass sie sich austoben, höre geduldig zu und wenn sie ruhiger geworden ist, versuche sie in eine sinnvolle Tätigkeit einzubinden.

KNUT

BELEUCHTER
27 JAHRE

Wir haben den Rettungswagen gerufen, weil wir dachten, ein Freund sei wegen Alkoholvergiftung ins Koma gefallen. Wie kann man so etwas vom Alkoholrausch unterscheiden?

LÖSUNG: Ein Betrunkener befindet sich höchstens im Dämmerzustand. Er redet vielleicht wirr, macht seltsame Geräusche oder schließt die Augen, doch er reagiert auf Ansprache oder Berührung. Bei einer Alkoholvergiftung kann die Person zwar auch noch bei Bewusstsein sein, ist aber apathisch und reagiert nicht auf Stimulation. In diesem Fall sollte man Atmung und Puls überprüfen, sie in die stabile Seitenlage bringen und den Rettungswagen rufen. Ist der Körper vollständig erschlafft und reagiert nicht einmal auf Zwicken, ist die betroffene Person bewusstlos. Puls und Atmung überprüfen und sofort den Rettungsdienst rufen.

ELENA

JOURNALISTIN
28 JAHRE

Meine Katze beißt mich, wenn sie mit mir spielt. Das macht nichts, stimmt 's?

LÖSUNG: Selbst wenn deine Katze nach Vorschrift geimpft ist und du an ihr Beißen und Kratzen gewöhnt bist, können durch die kleinen Wunden Keime in die Haut eindringen und Entzündungen verursachen. Du solltest selbst kleine Verletzungen immer gut mit Wasser und Seife reinigen. Bedecke blutende Verletzungen anschließend mit Gaze. Diese Wundhygiene ist umso wichtiger, wenn dir Verletzungen durch ein fremdes Tier beigebracht werden. Ein guter Impfschutz gegen Tetanus sollte für alle Tierhalter eine Selbstverständlichkeit sein.

10

EIN SICHERES ZUHAUSE

Die Sicherheit in den eigenen vier Wänden hängt von verschiedenen Faktoren ab. Ganz wichtig ist die Unfallvorbeugung. Haushaltsunfälle kommen weitaus häufiger vor als Arbeits- oder Verkehrsunfälle. Viele davon lassen schon mit ein wenig gesundem Menschenverstand vermeiden. Einige grundlegende Sicherheitsvorkehrungen werden im folgenden Kapitel beschrieben. Ein zweiter Faktor ist der Einbruchschutz. Kriminelle nutzen normalerweise die Schwachstellen eines Hauses aus, um einzudringen. Wer sich schützen will, sollte wissen, wie er es Einbrechern schwer machen kann. Natürlich gibt es auch Unglücksfälle, gegen die wir nicht gefeit sind, etwa eindringendes Wasser oder Schäden an elektronischen Geräten als Folge von Spannungsschwankungen.

Statt die Risiken untätig in Kauf zu nehmen, ist es sinnvoller, frühzeitig die richtigen Maßnahmen zur treffen. Natürlich trägt auch eine Hausratversicherung dazu bei, dass man bei Schäden die Ruhe bewahren kann. Doch bevor du Versicherungsanbieter vergleichst, sind ein paar Dinge in Erwägung zu ziehen.

NIEMALS!

- Darauf vertrauen, dass für dein Wohnviertel ein Notfallplan existiert oder Polizei oder Feuerwehr dich schon retten werden. Übernimm selbst Verantwortung für deine Sicherheit und sei gut vorbereitet.
- Die Ruhe verlieren oder in Panik geraten, wenn es ernst wird.
- Ohne Vorsichtsmaßnahmen oder geeignetes Werkzeug Reparaturarbeiten vornehmen.
- Einbrecher zu dir „einladen", indem du in deiner Abwesenheit die Rollläden oben lässt oder von außen Einsicht auf teure Geräte oder Wertgegenstände ermöglichst.

Das ABC der Sicherheit

A. Stimme die Sicherheitsvorkehrungen auf deinen Lebensstil und Wohnort ab. Ein Einfamilienhaus in einem Vorstadtbezirk muss gegen Einbrüche besser gewappnet sein als eine Wohnung in einem Häuserblock. Arbeitest du nachts außer Haus oder lebst du in einem Viertel mit einer hohen Kriminalitätsrate? Überlege, ob du beispielsweise Fenster und Türen besser sichern kannst. Sorge für eine gute Beleuchtung im Eingangsbereich und überlege, dir eine Alarmanlage anzuschaffen.

B. Lass Strom- und Gasversorgungsinstallationen regelmäßig überprüfen. Auch wenn die meisten Unfälle im Wohnzimmer passieren, solltest du dein Augenmerk auf Küche und Bad lenken. Dort kommt es besonders häufig zu Stürzen, Verbrennungen oder Schnittverletzungen.

C. Beachte bei Lagerung und Anwendung gefährlicher Produkte immer die Herstelleranweisungen. Das gilt beispielsweise für Insektizide, Medikamente, Farben und Lösungsmittel, aggressive Putzmittel oder Chemikalien für den Garten.

Dein Notfallplan

Wer sich auf einen Notfall vorbereitet, malt nicht den Teufel an die Wand, sondern handelt vorausschauend. Mach dir einen Plan, maßgeschneidert für dein Zuhause, deinen Wohnort und deine Lebensumstände.

1. Du solltest über spezifische Gefahren Bescheid wissen, die sich aus der Lage deines Wohngebiets ergeben, beispielsweise Überschwemmung, Feuer, Schneefälle, hohe Kriminalität, Chemieunfälle oder atomare Verseuchung.
2. Stell dir die Situation vor und mach dir klar, was zu tun und welche Hilfsmittel nötig wären. Wohnt ihr zu mehreren, besprecht diese Dinge. Es kann nicht schaden, Notfallroutinen gelegentlich zu üben.
3. Notfall-Telefonnummern sollten für alle jederzeit zur Hand sein, z. B. am Kühlschrank oder Telefon.
4. Halte die Telefonnummern von zwei Nachbarn bereit, falls du dort in einem Notfall oder bei verdächtigen Vorkommnissen anrufen musst.
5. Hast du eine Behinderung, erkläre Nahestehenden, wie sie dir helfen können. In einem Wohnblock sollten ausgeschilderte, jederzeit zugängliche Fluchtwege existieren. Vor allem für Personen mit Bewegungseinschränkungen ist ein medizinisches Alarmsystem eine sinnvolle Anschaffung.

Wie kannst du Unfällen im Haushalt vorbeugen?

Stürze, Verletzungen und Vergiftungen gehören zu den typischen Haushaltsunfällen. Oft lassen sie sich vermeiden, wenn wir uns einige simple Maßnahmen zur Gewohnheit machen. Das Ziel dabei ist, vorhandene Risiken wahrzunehmen und zu minimieren. Das ist umso wichtiger, wenn Kinder, Personen mit Einschränkungen oder ältere Menschen im Haushalt leben oder häufig zu Besuch kommen.

STURZGEFAHR!

- Stürze durch Stolpern gehören zu den häufigsten Ursachen für Unfälle zu Hause. Sorge für hindernisfreie Durchgangsbereiche.
- Um Stürze durch Ausrutschen zu vermeiden, solltest du verschüttete Flüssigkeiten, Fette oder Lebensmittel immer gleich wegwischen. Lege Antirutschmatten unter Teppiche und pflege Hartböden sachgemäß.
- Wenn du hoch gelagerte Gegenstände herabholen musst, klettere nicht auf irgendein Möbelstück. Verwende einen stabilen Tritt oder eine Klappleiter. Achte bei einer Klappleiter darauf, dass sie vollständig geöffnet und arretiert ist.
- Balkons oder Fenster mit weniger als einem Meter Abstand zum Boden solltest du sichern. Treppen sollten mit einem durchgehenden Geländer ausgestattet sein.

STROM UND SICHERHEIT

- Wenn du in eine Wohnung einziehst, die nicht mehr ganz neu ist, lass den Stromanschluss und die Steckdosen vom Elektriker überprüfen.
- Kaufst du Elektrogeräte in anderen Ländern, überprüfe vorher, für welche Netzspannung sie sich eignen.
- Defekte Steckdosen oder Steckerleisten, die heiß werden oder Kokelspuren aufweisen, müssen sofort ausgetauscht werden.
- Bevor du eine Glühlampe auswechselt, schalte immer die Leuchte aus.
- Stochere niemals mit Gegenständen aus Metall im Toaster.
- Achte darauf, dass die Sicherungen für die Geräte, die du an die jeweiligen Stromkreise anschließt, ausreichend dimensioniert sind. Elektrogroßgeräte müssen normalerweise separat abgesichert sein.
- Für die Elektroinstallation im Bad gibt es Vorschriften über Mindestabstände zu Wasserzapfstellen und zu verwendende IP-Schutzklassen. Suche Leuchten aus, die ausdrücklich für Feuchträume zugelassen sind.

SO VERMEIDEST DU EINEN STROMSCHLAG

Immer die Sicherung ausschalten, bevor du an Steckdosen oder Kabeln hantierst.

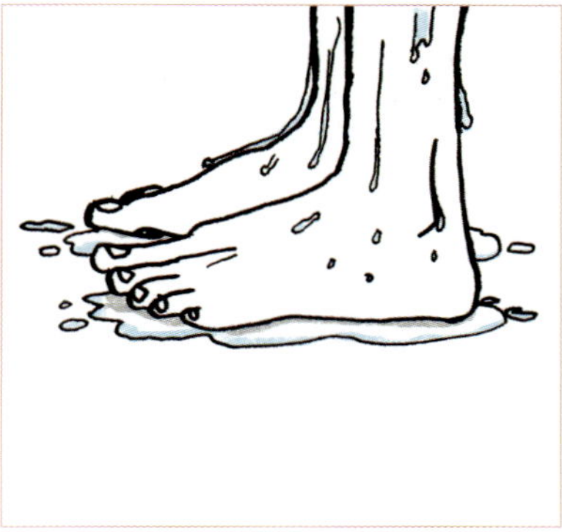

Niemals barfuß oder mit nassen Händen oder Füßen Steckdosen oder elektrische Geräte berühren.

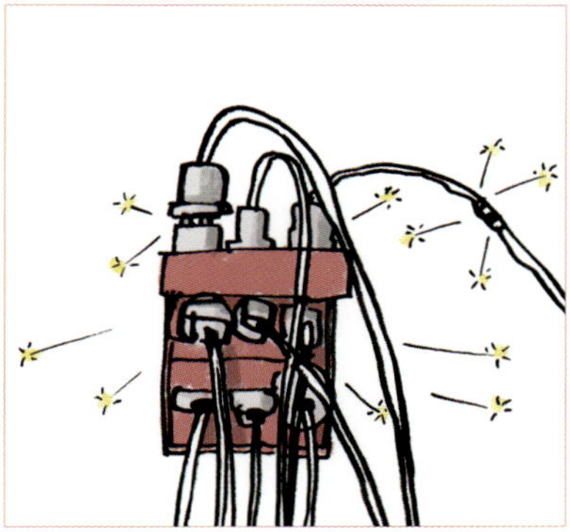

Steckdosen nicht mit Mehrfachsteckern überfrachten.

Nur Kabel und Steckdosen in einwandfreiem, unbeschädigtem Zustand verwenden.

Löst sich der Stecker schwer aus der Steckdose, nicht am Kabel ziehen! Es kann reißen und einen Kurzschluss auslösen. Vorsichtig ziehen und am Steckerkopf wackeln.

Sind kleine Kinder im Haushalt, sollten an allen Steckdosen Kindersicherungen angebracht werden.

Wie entsteht ein Brand?

IN DER KÜCHE:

Durch Gas: Bevor du aus dem Haus oder ins Bett gehst, dreh den Gashahn zu. Gasflaschen immer im Freien lagern.

Durch Vergesslichkeit: Den Herd beim Kochen nie unbeaufsichtigt lassen. Wenn du ihn für einen kurzen Moment verlassen musst, stell dir den Küchenwecker.

Durch Fett: Halte die Dunstabzugshaube sauber. Auch ein Fettfilm, vor allem in Herdnähe, kann in Brand geraten.

Wenn Fett in Brand gerät: Lege sofort den Deckel auf den Topf oder die Pfanne, um das Feuer zu ersticken. Alternativ Salz oder Natron hineinschütten, ein nasses Handtuch oder eine Löschdecke darüber werfen. Das Behältnis nicht bewegen. Keinesfalls mit Wasser löschen, sonst kann es zur Fettexplosion kommen.

IN EINEM ZIMMER:

Durch Heizgeräte: Stelle sie mit mindestens einem Meter Abstand zu Vorhängen, Polstern und anderen Textilien auf. Nie Kleidung darauf trocknen oder wärmen.

Durch Wärmedecken: Schalte sie aus, sobald das Bett warm ist. Soll sie über Nacht angeschaltet bleiben, wähle eine niedrige Stufe und lege sie auf die Bettdecke. Nicht falten, das Kabel könnte sich erhitzen.

Durch Steckdosen: Keine provisorischen Kabelverbindungen herstellen und nicht überlasten.

Durch Lampen: Keine Stoffe darüber legen, um das Licht zu dämpfen.

Durch Vergesslichkeit: Bevor du aus dem Haus oder ins Bett gehst, versichere dich, dass nirgends mehr eine Kerze oder Zigarette brennt.

Vergiftungsgefahr

1. Durch Gas: Räume mit Gasfeuerung müssen gut belüftet sein.

2. Durch Lebensmittel: Bei Tiefkühlware Haltbarkeitsdatum und Lebensmittelhygiene beachten. Obst und Gemüse gut waschen. Saucen erst kurz vor dem Verzehr zubereiten und Produkte mit Sahne im Kühlschrank aufbewahren.

3. Durch Putzmittel: Die Herstellerhinweise genau lesen und nie chlorhaltige Reiniger mit Salmiakgeist vermengen. Fern von Lebensmitteln und nie in ausgedienten Lebensmittelverpackungen aufbewahren.

4. Durch Insektengift: Nicht in der Nähe von Lebensmitteln oder Haustieren versprühen.

Verbrenn dich nicht!

- Koche möglichst auf den hinteren Herdplatten.
- Lass Pfannengriffe nie über die Herdfront hinausragen.
- Verwende zum Anfassen heißer Töpfe Topflappen.
- Backofentüren sind normalerweise isoliert und bleiben außen kühl. Lass nach dem Abschalten die Klappe etwas offen, aber hänge nichts darüber.
- Decke Töpfe zu, damit kein Fett herausspritzt.
- Fülle zum Frittieren Töpfe oder Pfannen höchstens bis zu einem Drittel ihrer Höhe mit Öl. Durch Zugabe des Frittierguts steigt der Ölspiegel an.
- Zünde beim Kochen mit Gas zuerst das Streichholz an. Danach erst das Gas aufdrehen.

Einbruchschutz

Es ist ein erschütterndes Erlebnis, bei der Heimkehr festzustellen, dass die persönliche Habe durchwühlt und Wertsachen gestohlen wurden. Dieses Gefühl der Verletzlichkeit wirkt oft lange nach. Es ist zwar nicht nötig, die Wohnung in eine Festung zu verwandeln oder Verfolgungsängste zu entwickeln. Ratsam ist jedoch, dein Zuhause und deine Gewohnheiten einmal mit Augen eines Einbrechers zu sehen. So kannst du Schwachstellen finden und beheben.

Nicht vergessen:

An einem sicheren Ort aufbewahren:

* Liste mit Seriennummern aller Haushalts- und elektronischen Geräte im Haushalt
* Bankkartennummern mit Ablaufdatum und Sperrtelefonnummern
* Liste mit deinen Kontonummern

Hindernisse errichten

Einbrecher wollen möglichst schnell in eine Wohnung oder ein Haus eindringen und dabei nicht gesehen werden. Also gilt es, Türen und Fenster sowie Nebeneingänge aus Garage oder Garten gut zu sichern. Je mehr Hindernisse ein Einbrecher vorfindet, desto länger braucht er, um einzudringen, und desto weniger verlockend erscheint ihm der Versuch.

EINGÄNGE VERSTÄRKEN

1. Sicherheitstür: Die meisten Einbrecher kommen durch die Vordertür. Es ist möglich, die Tür mit einer Stahlplatte und einem Metallrahmen zu verstärken. Die Tür sollte mindestens zwei Schließriegel und drei Scharniere haben. So lässt sie sich schwerer aufhebeln.

2. Schloss: Halte Rücksprache mit einem Fachmann, denn es gibt in diesem Bereich ständig Neuerungen. Je nach Türmodell kann das Schloss eingelassen oder von innen verschraubt sein. Der Schließzylinder sollte gegen Lockpicking, Anbohren und Herausziehen gesichert sein und mindestens der Widerstandsklasse RC 2 entsprechen. Profilzylinder sind nach DIN in die vier Klassen 1, A, B, und C eingeteilt, wobei C dem höchsten Sicherheitsstandard entspricht. Verfügen Angestellte oder Haushaltshilfen über eine Schlüsselkopie, sollte ein zweites Schloss angebracht sein, zu dem niemand außer den Bewohnern den Schlüssel hat.

3. Fenster: Gitter oder Rollläden schrecken Einbrecher ab. Eine Doppel- oder Sicherheitsverglasung erschwert das Einschlagen von außen. Sinnvoll sind abschließbare Fenstergriffe oder Riegel, die das Öffnen der Fenster von außen verhindern.

4. Der Garten: Für Einfamilienhäuser können Infrarotschranken rund um das Gebäude sinnvoll sein. Auf Sträucher an Positionen, die Eindringlingen Deckung geben, solltest du lieber verzichten. Hast du ein automatisches Garagentor, behalte es während des Schließvorgangs im Auge, damit sich niemand unbemerkt einschleicht.

SCHÜTZE DICH MIT LICHT UND TON

1. Eine gute Außenbeleuchtung erschwert es Einbrechern, nachts ungesehen zu bleiben.

2. Mit einer Zeitschaltung lassen sich Lampen, der Fernseher oder das Radio zu programmierten Uhrzeiten ein- und ausschalten, auch wenn du nicht zu Hause bist.

3. Eine Alarmanlage ist besonders sinnvoll bei Einfamilienhäusern oder wenn Wertsachen zu schützen sind.

Lass dich vor der Anschaffung vom Fachmann über die Schwachstellen des Hauses beraten. Es gibt viele Typen von Alarmanlagen. Manche sind mit einer Sicherheitszentrale verbunden, die benachrichtigt wird, sobald Alarm ausgelöst wird. Bei anderen werden einzelne Bereiche von Haus und Grundstück per Video überwacht. Noch recht neu sind Systeme, die mit dem Handy verbunden sind.
Übrigens bietet auch die Polizei kostenlose Sicherheitsberatung für Häuser und Wohnungen an.

5 TIPPS für die Sicherheit

01

Ausweis zeigen lassen

- Bevor du Mitarbeitern von Energieversorgern, Telefongesellschaft oder anderen Unternehmen Zutritt gewährst, lass dir den Ausweis zeigen. Frage im Zweifelsfall telefonisch beim Unternehmen nach – und zwar unter der dir bekannten Nummer, nicht einer, die dir der Angestellte nennt.
- Auch wenn Mitarbeiter seriöser Unternehmen die Wohnung betreten, solltest du keine Wertgegenstände offen liegen lassen oder Andeutungen über deinen Tagesablauf, deine Abwesenheitszeiten oder weitere Haushaltsmitglieder machen.

02

Keinem Fremden öffnen

- Überprüfe über die Haussprechanlage und den Türspion immer, wer vor der Tür steht.
- Öffnest du die Haupteingangstür eines Mehrfamilienhauses, könntest du damit auch die anderen Nachbarn gefährden.

03

Anrufern misstrauen

Sei gegenüber Anrufen mit unterdrückter oder unbekannter Nummer skeptisch. Gib Anrufern, die angeblich Umfragen durchführen oder dir einen Gewinn zustellen wollen, keinesfalls Informationen über das Haus oder deine Gewohnheiten bekannt. Warne auch deine Mitbewohner.

04

Auf den Schlüssel aufpassen

- Nie zusammen mit der Adresse aufbewahren.
- Verlierst du den Schlüssel, tausche das Schloss aus.
- Auch wenn du nur kurz aus dem Haus gehst, schließe immer gut ab.
- Schlüssel nicht in Wohnungsnähe verstecken, sondern lieber einer Vertrauensperson aushändigen.

05

Keine Andeutungen machen

- Wenn du verreist, bitte einen Nachbarn darum, den Briefkasten zu leeren, nach dem Rechten zu sehen und alles zu entfernen, was auf deine Abwesenheit hinweist.
- Niemandem außer engen Freunden sagen, wann du außer Haus bist. Urlaubspläne keinesfalls in sozialen Netzwerken verbreiten.
- Hast du Dinge von großem Wert in deiner Wohnung, rede möglichst nicht darüber.

Versicherungen

Die meisten Versicherungsgesellschaften bieten Policen an, mit denen man sich gegen die gängigsten Risiken versichern kann. Die tatsächliche Prämie hängt nicht nur von den versicherten Gegenständen ab, sondern auch davon, ob es sich um eine Erst- oder Zweitwohnung handelt. Auch die „Risikoklasse" des Wohnorts oder Wohngebiets kann eine Rolle spielen.

TIPPS FÜR DEN ABSCHLUSS VON VERSICHERUNGEN

1. Versicherungsunternehmen vergleichen: Erkundige dich im Freundeskreis und sieh dir Beurteilungen im Internet an, um die verlässlichsten Unternehmen zu finden. Beachte die Unterschiede bei Deckungssummen und Prämien.

2. Hausratversicherung: Versichert ist das bewegliche Inventar einer Wohnung. Eine Standard-Hausratversicherung deckt Materialschäden, Instandsetzungsarbeiten, Schäden durch Diebstahl und Hilfeleistung vor Ort. Prüfe im Kleingedruckten, ob auch Vandalismus eingeschlossen ist. Türen und Fenster gehören nicht zum beweglichen Inventar, werden aber im Sonderfall eines Einbruchs normalerweise von der Hausratversicherung reguliert. Die Versicherungsunternehmen haben das Recht, vom Versicherungsnehmer sichernde Maßnahmen zu verlangen, beispielsweise die Montage abschließbarer Fenstergriffe.

3. Die Versicherungsprämie berechnet sich anhand des Gesamtwerts des Inventars und danach, ob im Schadensfall der Neuwert oder der Zeitwert ersetzt wird. Es empfiehlt sich, den Gesamtwert möglichst realistisch zu kalkulieren. Setzt man ihn zu hoch an, verteuert sich die Prämie, im Schadensfall wird aber nur der reale Wert ersetzt. Setzt man ihn zu niedrig an, sinkt die Prämie, bei Schadensregulierung wird aber die Erstattung proportional reduziert.

4. Wohngebäudeversicherung: Versichert sind die nicht beweglichen Konstruktionselemente der Wohnung oder des Hauses. Sollten im Fall eines Einbruchs Schäden an der Bausubstanz entstehen, beispielsweise am Mauerwerk, ist diese Versicherung zuständig.

5. Verlass dich nicht auf die Aussagen eines Versicherungsmitarbeiters, der möglicherweise vorrangig seine Provision im Blick hat, sondern lies die Versicherungsbedingungen genau. Achte auf Einschränkungen und Ausschlussgründe. Lass dich im Zweifelsfall bei einer Verbraucherzentrale beraten.

Sichere dein Zuhause

- Sicherheitsschloss oder zwei Schlösser
- Panzer- oder Massivholztür
- Fenster mit Gittern, Rollläden oder Fensterläden
- Abschließbare Fenstergriffe
- Zeitschaltuhr

Nicht vergessen

Melde den Schadensfall unverzüglich der Versicherung. Die zulässige Frist ist aus den Versicherungsbedingungen zu entnehmen. Lass ohne Einverständnis der Versicherung keine Reparaturen ausführen.

HILFE!

DIE EXPERTIN WEISS RAT

ANA GALLO

ANITA

ERZIEHERIN
38 JAHRE

Klingt verrückt, aber wir sind in ein Haus mit Kamin umgezogen und ich traue mich nicht ihn anzuzünden. Wie kann ich das gefahrlos tun?

LÖSUNG: Die größte Gefahr droht durch Feuer oder Gasvergiftung. Hast du einen offenen Kamin, stelle ein Funkenschutzgitter davor. Verwende dünnes, trockenes Holz oder trockenes Papier oder Pappe, um das Feuer in Gang zu bringen. Lege dann nur feste Brennstoffe nach, beispielsweise abgelagertes Feuerholz oder Pressholzbriketts. Nimm auf keinen Fall Alkohol oder Flüssigbrennstoffe!

Der zuständige Schornsteinfeger wird mit dir Kontakt aufnehmen, um im vorgeschriebenen Rhythmus die Reinigung und Überprüfung vorzunehmen.

Lüfte regelmäßig, denn ein Feuer verbrennt viel Sauerstoff. Auf keinen Fall schlafen gehen, solange das Feuer noch brennt. Kohlenmonoxid ist ein farb- und geruchloses Gas, das nicht einmal in den Augen brennt und daher schwer wahrzunehmen ist. Es kann bei schlechter Holzverbrennung oder defektem Rauchabzug in den Raum dringen und zu Schwindel, Übelkeit und sogar zum Tod führen.

MALTE

SOZIALARBEITER
30 JAHRE

Ich habe ein Fertighaus aus Holz aufgestellt und erfahre nun von einigen Versicherungen, dass sie es nicht versichern wollen. Kann das sein?

LÖSUNG: Versicherungsunternehmen können ihr Leistungsangebot in gewissen Grenzen selbst definieren. Manche schließen tatsächlich keine Policen für vorgefertigte oder vollständig aus Holz bestehende Häuser ab. Ähnliches gilt für Häuser, die in völliger Alleinlage stehen oder die meiste Zeit des Jahres unbewohnt sind, für Häuser im Bau oder Wiederaufbau, für ausschließlich gewerblich genutzte sowie für verfallene oder verlassene Häuser. Es gibt aber auch Versicherer, die auf diese Art von Häusern spezialisiert sind, besondere Policen anbieten und vergleichbare Deckungssummen haben wie für konventionelle Bauten. Wenn du nicht selbst den Markt sondieren möchtest, lass dich bei der Verbraucherzentrale beraten. Eventuell kann auch der Lieferant deines Holzhauses weiterhelfen.

RIEKE

INNENAUSSTATTERIN
32 JAHRE

Ich wohne in einer Mietwohnung und möchte mein Eigentum versichern. Muss ich die Police abschließen oder mein Vermieter?

LÖSUNG: Der Hausbesitzer ist dafür zuständig, die Immobilie über die Gebäudeversicherung abzusichern. Du für deinen Teil solltest deinen Hausrat versichern, also alles bewegliche Inventar der Wohnung, das dir gehört.

SOPHIA

BUCHHÄNDLERIN
58 JAHRE

Bei meinem Nachbarn gab es einmal einen kleinen Brand und er bat mich um eine Decke. Ich wusste aber nicht genau, ob meine Decken vielleicht aus Acryl sind, deshalb habe ich sie ihm nicht gegeben.

LÖSUNG: Einen Brand sollte man tatsächlich nicht mit einer Acryl- oder Synthetikdecke löschen wollen, da diese Fasern leicht entflammbar sind. Am besten geeignet sind Wolldecken, die zwar anbrennen können, aber nicht in Flammen aufgehen. Den Unterschied kann man leicht feststellen. Wolldecken sind wesentlich schwerer als die sehr leichten Synthetikdecken.

SIGRID

HÖRGERÄTEAKUSTIKERIN
28 JAHRE

Ich habe gehört, dass zwei meiner ganz gewöhnlichen Pflanzen (Efeu und Dieffenbachie) giftig sind. Meine kleine Nichte kommt für ein paar Tage zu mir, was mache ich jetzt?

LÖSUNG: Viele Zierpflanzen haben giftige Bestandteile, aber das ist kein Grund zur Panik. Gefahr besteht nur, wenn ein Kind mit den Pflanzen spielt oder sie in den Mund steckt. Wichtig ist, Kindern den Unterschied zwischen essbaren und Zierpflanzen erklären. Du könntest deine Pflanzen mit einem selbst gemalten Schild kennzeichnen, um deine Nichte auf Abstand zu halten.
Falls doch etwas passiert, bedenke, dass „giftig" nicht automatisch „tödlich giftig" bedeutet. Jedes Pflanzengift zeigt andere Symptome, von Hautreizungen nach Berührung und leichtem Aufstoßen über Erbrechen, Bauchschmerzen und Herzrhythmusstörungen bis hin zu Herzstillstand. Erwachsene müssen schon größere Mengen zu sich nehmen, doch bei Kindern oder Haustieren kann eine kleinere Dosis genügen. Lege vorsichtshalber die Telefonnummer des nächsten Giftinformationszentrums bereit. Wichtig ist im Falle einer Vergiftung, die Pflanze genau zu benennen (am besten zum Arzt mitnehmen) und kein Erbrechen zu erzwingen.

41.75
2.50
30.00

11

Energie- und Wasserverbrauch

Die laufenden Kosten eines Haushalts können sich ganz schön summieren. Doch bei Strom, Gas und Wasser erscheinen uns die tägliche Versorgung so selbstverständlich und der Verbrauch so unvermeidlich, dass wir das Thema gern vernachlässigen. Dabei lohnt es sich, die Abrechnungsweise der Versorger unter die Lupe zu nehmen, um zu verstehen, wie sich unser Verbrauch auf einzelne Posten auswirkt. Wer Wasser und Energie spart, senkt nicht nur seine Haushaltskosten. Gut informierte Bürger sind verantwortungsbewusste Bürger. Sie wissen ihre Rechte als Konsumenten durchzusetzen und tun selbstverständlich auch etwas für Gesundheit und Umwelt.

Die meisten Maßnahmen zur Einsparung von Energie und Wasser kosten kein Geld. Es geht nur darum, seine Gewohnheiten ein wenig zu ändern. Du kannst auch einen Schritt weiter gehen und in eines der vielen modernen Energie- oder Wassersparsysteme investieren. Nimm es selbst in die Hand!

EIN ENERGIE-FRESSER
DAMIT DU DEIN *SMARTPHONE* NICHT SO OFT AUFLADEN MUSST:

1\. Soziale Netzwerke und Messenger-Apps nicht im Hintergrund laufen lassen.

2\. Bildschirmanzeige weniger hell einstellen.

3\. Funktionen deaktivieren, die nicht gebraucht werden (GPS, Bluetooth, W-LAN).

4\. Apps mit niedrigem Stromverbrauch nutzen.

Rechnungen verstehen

Es ist wichtig, die Abrechnungsweise der Strom-, Gas- und Wasserversorgungsdienstleister zu verstehen. Wenn du deinen Verbrauch regelmäßig beobachtest, kannst du nicht nur Energie einsparen, sondern auch Unstimmigkeiten in der Abrechnung besser erkennen und Schäden früh entdecken. Steigt beispielsweise plötzlich und ohne erkennbaren Grund dein Wasserverbrauch an, könnte ein Rohrbruch vorliegen.

STROMRECHNUNG

Das solltest du wissen:

1. Welchen Tarif bezahlst du? Ist der Tarif auf deinen Verbrauch abgestimmt?
Auf dem Markt der Stromanbieter gibt es eine Vielzahl von Tarifen, die sich meist nach dem Jahresverbrauch richten. Verbraucher können ihren Stromanbieter frei wählen, müssen aber meist einige Recherchen betreiben, um den Tarifdschungel zu durchschauen. Eine Reihe von Stromversorgern bietet auch Ökostrom an. Seriöse Ökostrom-Anbieter schlüsseln auf, aus welchen Quellen diese Energie stammt. Einige Versorger bieten preiswerteren Nachtstrom an. Er kann eventuell für Wohnungen interessant sein, die elektrisch beheizt werden. Intelligente Zähler, sogenannte Smart Meter, erfassen auch die Uhrzeiten des Stromverbrauchs. Sie befinden sich noch in der Erprobungsphase, sollen es aber dem Verbraucher langfristig ermöglichen, gezielt günstigere Preise in auslastungsarmen Zeiten zu nutzen.
Für den verbrauchten Strom, gemessen in Kilowattstunden, wird der Verbrauchspreis entsprechend dem gewählten Tarif berechnet. Außerdem wird eine Grundgebühr für die Bereitstellung des Stromanschlusses und des Zählers erhoben.

2. Welcher Tarif ist richtig?
Das hängt davon ab, wie viele und welche Geräte in deinem Haushalt betrieben werden. Am sinnvollsten ist es, den Verbrauch eine Zeitlang zu beobachten und zu notieren. Manche Stromanbieter stellen auf ihren Websites auch Rechner zur Verfügung. Der Durchschnittsverbrauch liegt für einen Singlehaushalt bei etwa 1800 kWh im Jahr, bei zwei Personen beträgt er ca. 3000 kWh, bei drei Personen sind es ca. 3700 kWh und bei vier Personen 4500 kWh.

DIE WASSERRECHNUNG

Das solltest du wissen:

- Die Kosten variieren von Gemeinde zu Gemeinde. Sie richten sich nach den Vorgaben des jeweiligen Wasserwerks, das man sich nicht aussuchen kann.
- Die Abrechnung setzt sich aus mehreren Faktoren zusammen.
- **Wasser:** Deine Wasseruhr misst die Kubikmeter, die du aus allen Zapfstellen in der Wohnung entnimmst. Neben der Gebühr für den Verbrauch wird eine Grundgebühr erhoben. Der durchschnittliche Wasserverbrauch liegt bei 130–150 Litern pro Person und Tag.

- **Schmutzwasser:** Es wird davon ausgegangen, dass jeder entnommene Kubikmeter Wasser auch wieder in die Kanalisation gelangt, darum wird dieselbe Verbrauchsmenge zugrunde gelegt. Auch für Schmutzwasser werden Grundgebühr und Verbrauchsgebühr erhoben. Die Verbrauchsgebühr ist deutlich höher als die für das Frischwasser.
- **Niederschlagswasser:** In vielen Regionen wird eine Gebühr für Niederschlagswasser erhoben, das von Dächern und versiegelten Grundstücksflächen ins öffentliche Sielnetz eingeleitet wird. Die Kosten richten sich nach Größe und Art der versiegelten Flächen.

DIE GASRECHNUNG

Das solltest du wissen:

- Der Tarif ist in jedem Haushalt auf die verbrauchte Menge abgestimmt. Haushalte, die einen geringen Jahresverbrauch haben, werden in eine andere Tarifgruppe eingeordnet als Haushalte mit einem hohen Jahresverbrauch.
- Zusätzlich ist eine Grundgebühr für die Gasversorgung selbst und die Bereitstellung und Wartung des Anschlusses und des Gaszählers zu zahlen.
- Der Gasverbrauch wird in Kubikmetern gemessen, jedoch in kWh ausgedrückt.
- Die Tarife und Grundgebühren können zwischen verschiedenen Anbietern stark variieren.

Nicht vergessen

Wenn du dich nicht durch Papierberge quälen magst, nutze den Onlineservice deiner Versorgungsunternehmen, um deine Rechnungen zu überprüfen und dich über Neuerungen zu informieren.

NIEMALS!

- Raumtemperatur über 20 °C einstellen. Jedes Grad wärmer bedeutet 7 % Mehrverbrauch.
- Ladegeräte in der Steckdose stecken lassen, sie verbrauchen weiter Strom.
- Zigarettenkippen in die Toilette werfen. Du verschwendest nicht nur unnötig Wasser. Nikotin und Teer erfordern außerdem große Wassermengen beim Klärvorgang.
- Beide Spültasten an der Toilette betätigen. Die eine verbraucht drei Liter, die andere sechs, insgesamt also neun Liter.

Energiekosten sparen

STROM UND GAS

1. Schalte Geräte mit Stand-by-Modus immer vollständig aus, sodass auch das Kontrolllämpchen erlischt (z. B. Fernseher, DVD-Player, Musikanlage, Mikrowelle, Ladegeräte und Computer). Mit einer Steckerleiste kannst du mehrere Geräte gleichzeitig ausschalten.
2. Achte beim Kauf neuer Geräte auf die Energieeffizienzklasse.
3. Gut isolierte Decken und Wände verringern die Heizkosten.
4. Nutze, soweit möglich, das Tageslicht. Verwende LED- oder Energiespar-Leuchtmittel und schalte Leuchten, die nicht benötigt werden, aus. Im Garten oder auf der Terrasse kannst du Bewegungsmelder installieren, damit nur Licht brennt, wenn sich jemand dort aufhält.
5. Spare Warmwasser. Wähle möglichst niedrige Waschmaschinentemperaturen und dusche oder bade nicht übermäßig heiß. Grundsätzlich verbraucht ein Duschbad deutlich weniger Wasser als ein Wannenbad.

WASSER

Ein sparsamer Umgang mit Wasser senkt auch die Stromkosten.

1. Dreh beim Einseifen und Zähneputzen den Wasserhahn zu. Wasche nicht mit fließendem Wasser ab, sondern lass Wasser in die Spüle laufen und schließe den Stöpsel. Spüle nichts durch die Toilette, was nicht hineingehört.
2. Nutze Wassersparsysteme, etwa einen Spülkasten mit Spartaste, Einhebel-Mischarmaturen oder Durchflussbegrenzer.
3. Lass Spül- und Waschmaschine nicht halbvoll laufen.
4. Lass nicht alles durch den Abfluss laufen. Wasser vom Gemüsewaschen kannst du zum Blumengießen verwenden.
5. Nimm zum Kochen nur so viel Wasser, wie unbedingt nötig ist.

Übertreibe die Sparsamkeit nicht!
Abwasserrohre müssen regelmäßig gut durchspült werden, sonst verschlammen sie bald.

Clever Energie sparen

MIT DEM COMPUTER

- Entscheide dich möglichst für ein Notebook. Desktop-Modelle verbrauchen wesentlich mehr, lediglich „All-in-One"-Geräte sind etwas sparsamer.
- Machst du länger als 15 Minuten Pause, schalte den Rechner aus. Mindestens den Bildschirm ausschalten, denn er verbraucht am meisten.
- Konfiguriere den Rechner so, dass er von selbst in den Energiesparmodus wechselt, wenn du pausierst.
- Stell Helligkeit und Kontrast niedrig ein, so verbraucht er weniger.
- Peripheriegeräte wie externe Festplatten, Lautsprecher, Maus oder Tastatur sollten per USB mit dem Rechner verbunden sein und keinen Strom aus der Steckdose ziehen.
- Modelle mit dem Siegel Energy Star verbrauchen weniger Energie.
- Nimm eine gemeinsame Mehrfach-Steckerleiste für Drucker, PC und Scanner und schalte alle gemeinsam aus.
- Komplexe Grafikkarten haben oft einen hohen Energiebedarf.

Wärme regulieren!

Ein Hauptkostenpunkt im Haushaltsbudget sind die Heizkosten im Winter. Das gilt nicht nur für die Gasheizung. Für ein gesundes Raumklima und einen moderaten Verbrauch sollte man die Temperatur in den Räumen nicht zu hoch einstellen.

EFFIZIENTE HEIZKÖRPER

1. Heizkörper sollten mehrmals im Jahr entlüftet werden.
2. Nichts auf die Heizung oder davor legen.
3. Halte Heizkörper sauber, denn Schmutz dämmt die Wärme.
4. Heizkörper sollten unter einem Fenster installiert werden und ungefähr dessen Länge haben. Alternativ kann man sie neben einer Tür oder an einer Wand im rechten Winkel zum Fenster anbringen.

	Tagsüber	Nachts
RAUMTEMPERATUR	19–21 °C	15–7 °C
EINZELNE ZIMMER	SCHLAFZIMMER 16 °C	WOHNZIMMER 20 °C
TEMPERATUR BEI LANGEN ABWESENHEITEN (2–7 Tage)	MAXIMAL 12 °C	

SPARMASSNAHMEN

Im Winter

- Öffne die Vorhänge tagsüber, um die Sonnenwärme zu nutzen. Schließe sie nachts, damit die Kälte vom Fenster und den Wänden her nicht in den Raum dringt.
- Halte die Türen zwischen geheizten Räumen und Fluren und anderen kühleren Bereichen geschlossen.

Im Sommer

- Schließe bei Hitze die Fenster.
- Zimmerpflanzen helfen dabei, Feuchtigkeit und Temperatur zu regulieren.
- Entscheide dich anstelle einer Klimaanlage lieber für eine gesunde Luftzirkulation und Abkühlung durch Ventilatoren.

MIT DEM FERNSEHER

- Schalte ihn ab, wenn du nicht fernsiehst, und frage dich, ob du wirklich mehr als einen Fernseher brauchst.
- Radio über den Fernseher zu hören verbraucht viel mehr Strom als über ein Radiogerät.
- Plasmabildschirme verbrauchen etwas mehr als LCD-Bildschirme.
- Je größer der Bildschirm, desto höher der Stromverbrauch.
- Auch hier den Kontrast niedriger einstellen!

IN DER KÜCHE

- Toaste Brot nicht unter dem Backofengrill, sondern im Toaster.
- Bringe Wasser in der Mikrowelle oder in einem abgedeckten Topf zum Kochen.
- Speisen zum Auftauen frühzeitig aus dem Gefrierschrank nehmen, statt die Mikrowelle einzusetzen.
- Schalte bei Glaskeramikherden die Kochplatten kurz vor Ende der Garzeit aus und nutze die Restwärme.
- Verwende die passende Topfgröße, um Wärmeverlust zu vermeiden.
- Mit einem Schnellkochtopf kannst du außer Zeit auch 40–70 % Strom sparen.

HILFE!

DIE EXPERTIN WEISS RAT

ANA GALLO

SANDRA

ILLUSTRATORIN
32 JAHRE

Stimmt es, dass Leuchtstoffröhren beim Einschalten den meisten Strom verbrauchen und man sie deshalb lieber eingeschaltet lassen sollte?

LÖSUNG: Dieser Trugschluss führt zu mehr Stromverschwendung als -einsparung. Tatsächlich verbrauchen diese Leuchtmittel beim Einschalten sehr viel Strom, was ihre Lebenszeit verkürzt. Nur wenn man den Raum nicht länger als 10 Minuten verlässt, ist es sinnvoll, sie eingeschaltet zu lassen, denn der Verbrauch wäre durch das wiederholte Einschalten höher. Ansonsten ist die Einsparung zu vernachlässigen oder der Verbrauch sogar höher. In Gewerbebetrieben, in denen Leuchtstoffröhren durchgehend eingeschaltet sind, entsteht dadurch ein hoher Verbrauch. In diesem Fall wären Bewegungsmelder eine gute Lösung, die Leuchten ausschalten, wenn mehrere Minuten lang keine Bewegung stattfindet.

BIRTE

BANKANGESTELLTE
32 JAHRE

Ich weiß nicht, was ich tun soll! Ich will neue Fenster einsetzen lassen, da die alten undicht sind. Ich mag Holzfenster, aber es heißt, dass sie nicht so gut sind wie die Aluminiumfenster.

LÖSUNG: Da bist du schlecht beraten worden. Tatsächlich haben Metallfensterrahmen eine hohe thermische Leitfähigkeit, sie isolieren also weniger gut gegen Kälte und Wärme. Unter den Aluminiumrahmen isolieren Typen mit Wärmebrückenunterbrechung am besten. Wegen seiner guten Isolierwirkung ist Holz die bessere Wahl. Sein Nachteil besteht darin, dass es mehr Pflege braucht. Allerdings gibt es inzwischen vorbehandeltes, sehr witterungsbeständiges Holz zu kaufen, bei dem weniger Pflege nötig ist. Die beste Isolierwirkung bieten jedoch Fenster mit hohlen PVC-Rahmen.

THILO

STUDENT
26 JAHRE

Ich wohne in einem mehrstöckigen Wohnhaus und möchte bei der Eigentümerversammlung die Installation einer Solaranlage vorschlagen. Was sollte ich vorab wissen?

LÖSUNG: Es ist wichtig, sich gut zu informieren, bevor man einen Kostenvoranschlag einholt und das Gebäude besichtigen lässt. Grundsätzlich ist die Installation auf einem mehrstöckigen Haus günstiger als auf einem Einfamilienhaus. Die Solarzellenfläche, die pro Wohneinheit benötigt wird, ist kleiner als bei einem Einfamilienhaus, und die zur Verfügung stehende Fläche ist größer. Beides senkt die Kosten. Die Höhe der Investition hängt von verschiedenen Faktoren ab, etwa der Größe des Solarmoduls, dem Klima in der Region und der Art der Zellen, die installiert werden sollen.
Prinzipiell muss zwischen zwei Arten von Sonnenenergienutzung unterschieden werden. Die Photovoltaik dient der Stromerzeugung. Der Strom kann für den Eigenbedarf genutzt oder ins öffentliche Netz eingespeist werden.
Solarthermie wird zur Warmwasserbereitung genutzt. Diese Technik kann mit anderen Energiequellen kombiniert werden, beispielsweise Gas oder einem wasserführenden Holzofen.

REBEKKA

DESIGNERIN
27 JAHRE

Wir haben jetzt einen Garten, kennen uns aber nicht gut aus. Eine Bewässerungsanlage ist uns zu teuer. Gibt es andere Möglichkeiten, Wasser einzusparen?

LÖSUNG: Zuerst einmal solltet ihr wissen, dass die nötige Bewässerungsmenge nicht jeden Tag gleich ist, sondern Faktoren wie Sonne, Feuchtigkeit oder Wind sowie die Jahreszeiten für Häufigkeit und Intensität der Bewässerung berücksichtigt werden müssen. Im Frühling und Sommer, während Wachstum und Blüte, muss mehr gegossen werden. Zudem ist Folgendes zu beachten:
1. Nicht bei Hitze und Sonne gießen, sondern abends, damit das Wasser langsamer verdunstet und besser in die Erde dringen kann.
2. Im Sommer nicht stark düngen, sonst wird das Wachstum angeregt. Dadurch steigt der Wasserbedarf der Pflanzen.
3. Achtet darauf, dass das Wasser tief in die Erde dringt. Je besser die Feuchtigkeit einsickert, desto weniger oft müsst ihr gießen.
4. Weitere Maßnahmen, um Wasser einzusparen: Rasenflächen verkleinern. Hackschnitzel auf Beetflächen verteilen, damit weniger Wasser verdunstet. Gezielt Pflanzen aussuchen, die trockene Böden gut vertragen. Den Rasen nicht zu kurz mähen. Etwas höherer Rasen braucht weniger Wasser.

12

SURVIVAL IN DER KÜCHE

Es ist ein großer Schritt in die Unabhängigkeit, wenn du dir dein Essen selbst zubereiten kannst. Wer kochen kann, entscheidet selbst, was auf den Tisch kommt. Mit dem Kochen ist es wie mit dem Leben selbst: Es genügt nicht, sich an Rezepte oder Vorschriften zu halten. Man muss experimentieren, Erfahrungen sammeln, auch mal scheitern ... aber vor allem genießen.

Und wie fängt man es an? Indem man sich ein Grundwissen über Zubereitungsformen aneignet, Gewürze ausprobiert, das Einschätzen von Mengen lernt – und einfach loslegt.

Dieses Kapitel nimmt dich bei den ersten Kochversuchen an die Hand. Außerdem enthält es einige Rezepte, die sogar gelingen, wenn du nur ein paar Eier, Toastbrot oder Brot vom Vortag, Konserven, Nudeln oder Reis im Haus hast. Kochen hat viel mit Kreativität zu tun. Trau dich, Kräuter zu mischen, Zutaten auszutauschen oder neue Geschmackskombinationen auszuprobieren. Dann wirst du satt, ohne regelmäßig bei Muttern Vorgekochtes abholen zu müssen.

NIEMALS!

- Verschiedene Lebensmittel wie Geflügel, Fleisch, Fisch und Gemüse auf demselben Brett schneiden. Wasch das Schneidebrett nach jedem Gebrauch gründlich ab.
- Fleisch anschneiden, um zu sehen, ob es schon gar ist. Dabei tritt Saft aus und es wird trocken.
- Öl so lange erhitzen, bis Rauch aufsteigt. Dann hat es seine Höchsttemperatur erreicht und beginnt sich zu zersetzen.
- Gemüse ungewaschen verzehren oder es in Wasser stehen lassen.
- Gekochtes Gemüse offen stehen lassen: Es reagiert mit dem Luftsauerstoff.
- Die Reihenfolge beim Anmachen des Salats ändern: Zuerst Salz (löst sich in wässrigen Flüssigkeiten, aber nicht in Öl), dann Essig (würde anderenfalls auf dem Öl schwimmen) und zuletzt Öl.

Das ABC des Kochens

A. Schaffe Ordnung in der Küche, bevor du anfängst. Nimm schmutziges Geschirr aus der Spüle, räume die Arbeitsflächen frei und wische sie ab.

B. Trage alle Zutaten zusammen, die du für ein Rezept brauchst. Wenn du feststellst, dass etwas Wichtiges fehlt, überlege dir, womit du es ersetzen kannst. Dabei zahlt es sich aus, wenn du etwas Erfahrung mit Geschmacksrichtungen und Konsistenzen hast.

C. Erstelle einen Speiseplan für die ganze Woche und schreibe eine entsprechende Einkaufsliste. So sparst du Mühe, Zeit und Geld.

Die Grundausstattung

* Schaumkelle
* Schöpflöffel
* Kochlöffel, Fleischgabel
* Messer in verschiedenen Größen
* Schneidebrett
* Küchenschere
* Dosenöffner

Gut zu haben

- Kochbuch
- Messbecher
- Kurzzeitmesser

06 TIPPS
für sparsame Köche

01

Kaufe saisonale Produkte. Sie sind meist preisgünstiger und schmecken besser.

02

Koche selbst, wann immer du es einrichten kannst. Fertiggerichte sind teurer als selbst gekochte Speisen. Nimm dir an einem Tag etwas Zeit, um gleich mehrere Gerichte zuzubereiten und einzufrieren. So hast du für die übrigen Tage der Woche einen Vorrat.

03

Behalte den Überblick über deine Vorräte. Kaufe keine neuen Produkte, wenn du ähnliche noch im Kühlschrank hast. Dann besteht auch weniger Gefahr, dass du etwas wegwerfen musst, weil es verdorben ist.

04

Kaufe möglichst Lebensmittel mit „Mehrfachnutzen", damit du Reste noch für andere Gerichte verwerten kannst, beispielsweise für Aufläufe, gefülltes Gemüse oder Suppen.

05

Wirf Reste nicht weg. Friere sie ein oder verwende sie anderweitig. Nicht mehr ganz frisches Brot kannst du toasten oder zu Semmelbröseln reiben.

06

Achte auf die richtige Lagerung von Frischwaren, damit sie sich lange halten. Viele Obstsorten, darunter Bananen, Äpfel, Birnen, Kiwi, Aprikosen und andere, geben Äthylen ab. Dieses Gas beschleunigt den Reifungsprozess, darum sollte Obst immer getrennt von Gemüse gelagert werden. Nimm Obst und Gemüse immer sofort aus der Plastikverpackung und bewahre sie – zum Beispiel in Beuteln oder Netzen aus Naturfasern – an einem kühlen, gut belüfteten Platz auf, an dem sich das Gas verflüchtigen kann.

OLIVENÖL

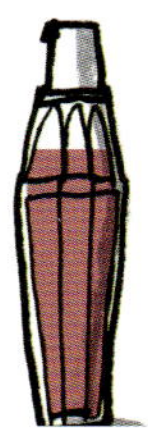

ESSIG

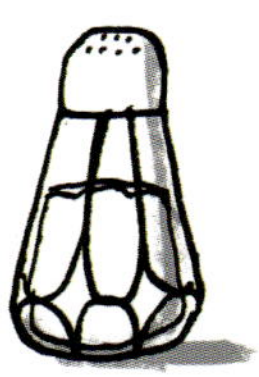

SALZ

KNOBLAUCH

Grundzubereitungen

Es gibt eine Reihe von Gewürzen und Grundzubereitungen, mit deren Hilfe du das Beste aus vorhandenen Zutaten machen und ihnen Geschmack verleihen kannst.

SOFFRITO

Diese nützliche Grundlage aus gewürfeltem Gemüse, das bei niedriger Temperatur geschmort wird, kannst du für viele verschiedene Gerichte mit Nudeln, Fleisch oder Fisch verwenden. Am besten stellst du gleich eine größere Menge her und frierst sie portionsweise ein. So hast du immer etwas von der würzigen Gemüsemischung auf Vorrat. Hier erfährst du, wie es gemacht wird.

- Nimm nicht zu viel Öl. Gib lieber später etwas dazu, falls Gefahr besteht, dass das Gemüse anbrennt.
- Gib zuerst Gemüsesorten mit geringem Wassergehalt in den Topf, z. B. Zwiebeln und Möhren. Wasserhaltige Sorten später hinzufügen.

Knoblauch-Zwiebel-Soffrito: Etwas Öl in einem Topf erhitzen. Eine fein gehackte Zwiebel in dem Öl glasig dünsten und mit etwas Salz würzen. Eine gehackte Knoblauchzehe hinzugeben und unter ständigem Rühren mitdünsten, bis das Gemüse weich ist. Du kannst es zum Beispiel unter Gemüse oder Nudeln mischen.

Zwiebel-Tomaten-Soffrito: 2–3 Esslöffel Öl in einem Topf erhitzen. Eine halbe Zwiebel fein würfeln und langsam bei niedriger Temperatur dünsten. Eine gehackte Knoblauchzehe zufügen und mitdünsten, aber nicht bräunen. 3 reife Tomaten häuten und würfeln, dann in den Topf geben und bei geschlossenem Deckel 10 Minuten weich dünsten.

Zwiebel-Tomaten-Paprika-Soffrito:
4 Esslöffel Öl in einem Topf erhitzen. Eine große Zwiebel würfeln und darin glasig dünsten, aber nicht bräunen. Eine gehackte Knoblauchzehe unterrühren. Rote oder grüne Paprikaschoten fein würfeln, zufügen und unter gelegentlichem Rühren etwa 10 Minuten abgedeckt garen. Dann 1,5 kg grob gehackte Tomaten sowie etwas Zucker und Salz unterrühren. Zugedeckt köcheln lassen, bis das Gemüse gar ist.

WICHTIGE SAUCEN

Mayonnaise

Du brauchst: Handmixer, 1 Ei, 300 ml Öl, 1 EL Essig, Salz
1 Ei in einem hohen Rührbecher mit einigen Tropfen Öl cremig aufschlagen. Bei laufendem Mixer das restliche Öl langsam in einem dünnen Strahl zugießen, bis die Mischung eine sämige Konsistenz hat. Den Essig unterrühren und mit Salz abschmecken. Im Kühlschrank aufbewahren.

Béchamelsauce

Du brauchst: Kochlöffel oder Schneebesen, ½ l Milch, 2 EL Mehl, 3 EL Butter, Salz.
Die Butter bei niedriger Temperatur zerlassen. Das Mehl zufügen und rasch mit dem Kochlöffel glattrühren. Die Mischung unter ständigem Rühren kurz anschwitzen, damit sich der Mehlgeschmack verliert. Die Mehlschwitze keinesfalls braun werden lassen. Die Milch portionsweise zugießen und jeweils gründlich glattrühren, dann erst den nächsten Schuss Milch zufügen. Die Sauce mit etwas Salz abschmecken und unter ständigem Rühren etwa 10 Minuten leicht köcheln lassen. Achtung: Sie brennt leicht an.

PÜREE

Kartoffelpüree: Die Kartoffeln schälen und in Würfel schneiden. In einem Topf mit leicht gesalzenem Wasser gar kochen, dann abgießen und mit einem Kartoffelstampfer stampfen oder durch eine Kartoffelpresse drücken. Etwas Milch unterrühren – aber nur so viel, dass das Püree relativ fest bleibt. Etwas Salz und 1 TL Butter oder Olivenöl unterrühren. Wer das Püree feiner mag, kann die Kartoffeln mit dem Pürierstab zerkleinern.

Gemüsepüree: Dafür kannst du verschiedene Gemüsesorten nach Angebot und Geschmack kombinieren, z. B. Porree, Mangold, Kürbis, Möhren, Brokkoli, grüne Bohnen, Zwiebeln. Das Gemüse waschen und in Stücke schneiden, dann mit Wasser, einer Prise Salz und 1 TL Olivenöl in einen Schnellkochtopf geben. Beachte bei der Verwendung des Schnellkochtopfs die Hinweise des Herstellers. Wenn der Topf 6–8 Minuten den erforderlichen Gardruck erreicht hat, schalte den Herd aus und warte, bis sich der Druck abgebaut hat und du den Deckel abnehmen kannst. Das Gemüse abgießen und mit einem Pürierstab zerkleinern.

Cremesuppe: Für Cremesuppen wird meist nur eine Gemüsesorte verwendet, z. B. Brokkoli, Kürbis oder Zucchini. Das Gemüse waschen, eventuell schälen, dann grob würfeln. Mit einer halben gewürfelten Zwiebel und etwas Olivenöl oder Butter in wenig Wasser gar kochen. Abgießen und den Kochsud auffangen. Das Gemüse pürieren und flüssige Sahne unterrühren (5 EL pro Person, 150 ml für 4 Personen). Falls die Suppe zu dickflüssig ist, etwas vom aufgefangenen Kochsud unterrühren. Mit Pfeffer und frisch geriebener Muskatnuss abschmecken und mit Croûtons servieren.

HAUSGEMACHTE FLEISCHBRÜHE

Du brauchst: 250 g Rindfleisch, 1 Beinscheibe, 250 g Suppenhuhn, ½ Zwiebel, 1 Möhre, 1 Stange Porree, Petersilie und Salz.

1. Alle Zutaten in den Schnellkochtopf geben und 2 l kaltes Wasser hinzufügen.
2. Sobald der Gardruck erreicht ist, auf niedrige Temperatur umschalten und die Brühe 20 bis 30 Minuten köcheln lassen.
3. Den Herd ausschalten und Topf abkühlen lassen. Die Brühe durch ein feines Sieb gießen und mit Salz abschmecken.

Diese Zutaten solltest du immer im Haus haben

- ☑ Öl (zum Braten und für Dressings)
- ☑ Essig
- ☑ Salz
- ☑ Knoblauch
- ☑ Zwiebeln
- ☑ Eier
- ☑ Kartoffeln
- ☑ Milch

ZWIEBELN

EIER

KARTOFFELN

MILCH

Schnelle und gesunde Garmethoden

Das wichtigste Kochgeschirr

* Antihaftbeschichtete Pfannen (2 Größen)
* Grillpfanne mit geriffeltem Boden
* Töpfe (3 Größen)
* Schöpfkellen (2 Größen)
* Schnellkochtopf

IM SCHNELLKOCHTOPF

Beim Garen im Schnellkochtopf bleiben Nähr- und Geschmacksstoffe der Zutaten besser erhalten. Beachte aus Sicherheitsgründen immer die Bedienungsanleitung des Herstellers, vor allem die Funktion der Druckanzeige. Außerdem gilt es Folgendes zu beachten:

Garzeit: Die im Rezept angegebene Garzeit beginnt, wenn der Gardruck erreicht ist. Dann muss der Herd auf niedrige Temperatur zurückgeschaltet werden. Nach Ablauf der Garzeit schaltest du den Herd aus und wartest, bis der Druck im Topfinnenraum abgesunken ist. Wenn du es eilig hast, kannst du den geschlossenen Topf unter fließendem kaltem Wasser abkühlen. Öffne den Deckel auf keinen Fall, solange der Topf noch unter Druck steht.

Füllhöhe: Fülle den Schnellkochtopf maximal zu zwei Dritteln, sonst kann aufsteigendes Kochgut ins Überdruckventil gelangen. Unfallgefahr!

Pflege: Ventil und Dichtungsgummis regelmäßig reinigen. Wenn am Topfrand Dampf austritt, sind die Dichtungen schadhaft und müssen erneuert werden.

IN DER PFANNE

Je nach Rezept und Gargut kannst du eine Pfanne mit glattem oder geriffeltem Boden verwenden.

Fleisch braten:

1. Eine Gusseisen-Grillpfanne mit geriffeltem Boden auf hoher Temperatur erhitzen. Auf Öl kannst du verzichten, wenn du fettarm garen möchtest. Das Fleisch in die sehr heiße Pfanne geben, damit sich die Poren sofort schließen. So tritt kein Fleischsaft aus und es wird nicht trocken.
2. Auf niedrige Temperatur umschalten und das Fleisch nach Geschmack garen:
   - rare (innen roh): Nur kurz bei sehr hoher Temperatur braten.
   - medium: Mit hoher Temperatur beginnen, auf niedriger Temperatur kurz nachgaren.
   - durch: Mit hoher Temperatur beginnen, dann langsam bei niedriger Temperatur durchgaren.
3. Es empfiehlt sich, kurz gebratenes Fleisch erst nach dem Braten zu salzen.

Fisch braten:

1. Etwas Öl in eine beschichtete Pfanne geben und mit einem Stück Küchenpapier verteilen. Die Pfanne erhitzen. Bei festfleischigen Fischen die Haut kreuzweise einschneiden, damit sie sich nicht zusammenzieht.
2. Den Fisch mit der Haut nach unten in die Pfanne legen. Den Herd auf niedrigste Temperatur umschalten.
3. Den Fisch wenden, sobald er nicht mehr glasig ist. Die zweite Seite nur kurz garen, damit der Fisch nicht austrocknet. Du kannst jetzt die Haut entfernen, die obenauf liegt.
4. Saucen können hinzugefügt werden, während die zweite Seite des Fisches gart.

DAMPFGAREN

Das Dampfgaren ist eine gesunde Zubereitungsmethode, bei der fast alle Nähr- und Geschmacksstoffe der Speisen erhalten bleiben. Spezielle Dampfgargeräte sind teuer. Den gleichen Zweck erfüllen Metalleinsätze mit Löchern, die du einfach in einen Topf setzt.

1. Fülle einen hohen Topf 2–3 cm hoch mit Wasser.
2. Nun den Dämpfeinsatz in den Topf stellen. Sein Boden darf das Wasser nicht berühren.
3. Lege die Zutaten in gleichmäßiger Schichtstärke auf den Dämpfeinsatz.
4. Erhitze den Topf auf hoher Stufe und bei geschlossenem Deckel. Keinen Schnellkochtopf verwenden: Der Dampf muss entweichen können. Sobald das Wasser kocht, schalte den Herd auf niedrigste Temperatur.
5. Die Garzeit für Gemüse liegt, je nach Sorte und Menge, bei etwa 15 Minuten. Kontrolliere den Wasserstand und gieße bei Bedarf kochendes Wasser nach. Der Topf darf nicht trocken kochen.

CLEVER

IST DAS ÖL SCHON HEISS?

Um das herauszufinden, wirf einen Würfel trockenes Weißbrot ins Öl.

1. Ist das Öl kalt, geht das Brot im Öl unter und taucht nicht wieder auf.

2. Ist das Öl lauwarm (was für manche Speisen ausreicht), steigt das Brot langsam wieder nach oben.

3. Ist es heiß (zum Frittieren genau richtig), taucht das Brot unter und sofort wieder auf.

4. Ist es zu heiß, sinkt das Brot nicht ab, sondern wird bei bloßer Berührung mit dem Öl sofort frittiert.

Kochtricks für Anfänger

IST MEIN STEAK SCHON GUT?

Um herauszufinden, ob der Gargrad von kurz gebratenem Fleisch deinem Geschmack entspricht, drückst du am besten vorsichtig mit dem Finger darauf. Drücke sofort danach auf deinen Daumenballen und vergleiche den Druckwiderstand:

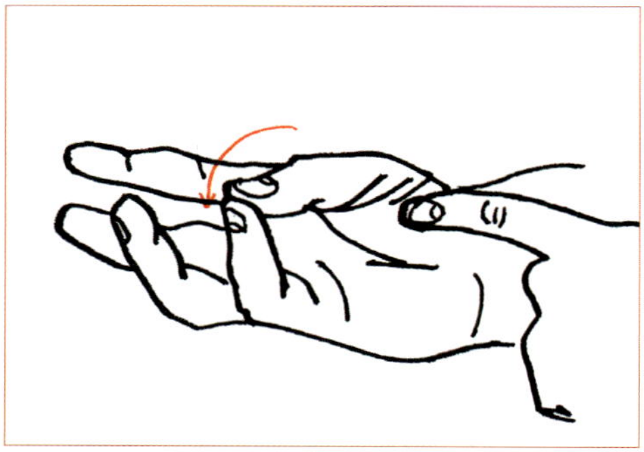

Durchgebraten: Lege die Spitzen von Daumen und kleinem Finger aneinander und drücke mit dem Zeigefinger der anderen Hand auf den Daumenballen. Er fühlt sich fest an.

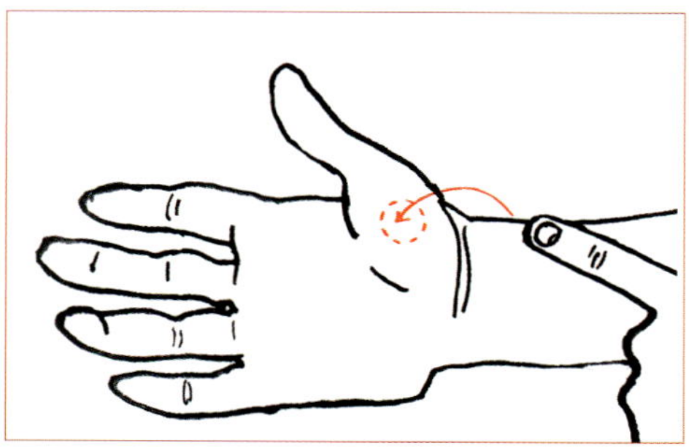

Rare: Drücke bei geöffneter Handfläche auf deinen Daumenballen. Das Fleisch in der Pfanne muss sich genauso weich anfühlen.

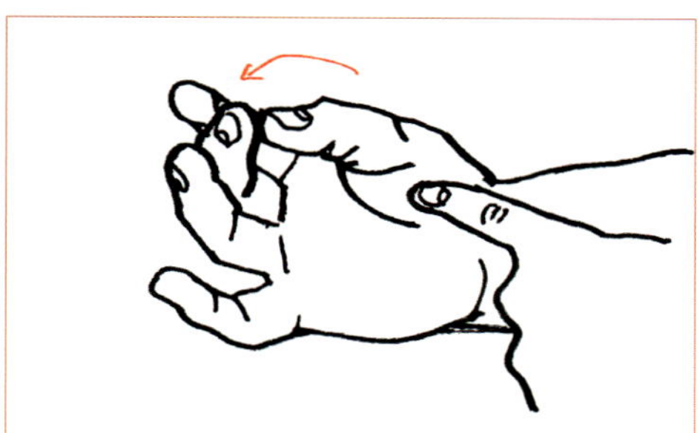

Medium: Führe die Spitzen von Damen und Mittelfinger zusammen. Der Daumenballen bietet jetzt etwas mehr Widerstand als bei ganz geöffneter Handfläche. So sollte auch der Widerstand deines Fleischstücks sein.

Die wichtigsten Beilagen Schritt für Schritt

NUDELN – BITTE BISSFEST!

Du brauchst: Pro Person ca. 80–100 g Nudeln. 1 l Wasser und 1 EL Salz

1. Das Wasser in einem hohen Topf zum Kochen bringen. Sobald es sprudelt, das Salz und dann die Nudeln hinzufügen.
2. Umrühren, damit die Nudeln nicht zusammenkleben, und 8–10 Minuten (oder nach Packungsangabe) kochen lassen.
3. Die Nudeln in einen Durchschlag abgießen. Nicht mit kaltem Wasser abspülen, es sei denn, du willst Nudelsalat zubereiten.
4. Gut abtropfen lassen, dann wieder in den heißen Topf geben und die separat zubereitete Sauce hinzufügen.

WEISSER REIS

Du brauchst: Pro Person 1 Tasse Reis. Pro Tasse Reis 2 Tassen Wasser. 2 EL Olivenöl und etwas Salz

1. Das Olivenöl in einem Topf erhitzen. Den Reis zufügen und unter ständigem Rühren einige Minuten dünsten, bis die Körner ganz von Öl umhüllt sind und glasig werden. Das Salz zugeben.
2. Das Wasser zugießen.
3. Sobald es kocht, auf niedrige Temperatur umschalten und den Reis köcheln lassen, bis kein Wasser mehr an der Oberfläche, sondern nur noch auf halber Höhe des Reises zu sehen ist. Den Herd ausschalten, den Topf aber auf der Platte stehen lassen. Den Deckel fest verschließen und den Reis auf der Restwärme etwa 15 Minuten ausquellen lassen. Nach 10 Minuten den Reis einmal durchrühren, damit alle Körner gleichmäßig quellen. Den Deckel wieder verschließen. Wirkt der Reis sehr trocken, ein wenig Wasser zugießen, damit sich mehr Dampf bildet.

Wenn du den Reis mit weiteren Zutaten wie Schinken, Gemüse, Würstchenscheiben oder Zwiebeln anreichern möchtest, dünste sie zuerst im Öl an und füge erst danach den Reis hinzu. Nochmals kurz gemeinsam dünsten, dann das Wasser zugeben. Für die Extrazutaten musst du die Wassermenge etwas erhöhen. Danach geht es weiter wie in Schritt 2 und 3.

Panieren

Traditionell paniert man Fischfilet und Schnitzel, aber die Zubereitungsweise eignet sich auch für Gemüse und andere Zutaten. Eier und Salz werden in jedem Fall benötigt, aber du hast die Wahl, ob du Mehl oder Paniermehl verwenden möchtest.

SCHRITT FÜR SCHRITT >>>

1. Nimm zwei tiefe Teller: einen für das Mehl oder Paniermehl, einen zweiten für das verquirlte Ei.

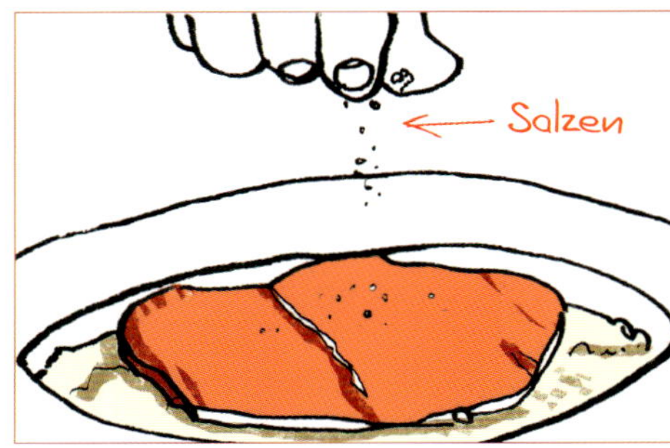

2. Salze dein Paniergut von beiden Seiten. Du kannst Scheiben von Fleisch oder Gemüse verwenden, aber auch Fischfilet oder ganze Sardinen.

3. Das Paniergut zuerst ganz ins verquirlte Ei tauchen, dann im Mehl oder Paniermehl wenden, bis es lückenlos bedeckt ist.

4. Etwas Öl in einer Pfanne erhitzen (sei nicht zu sparsam!). Streue einige Krümel Mehl oder Brot hinein, um die Temperatur zu prüfen. Sprudeln sie auf, ist das Öl heiß genug, um das Paniergut zu braten.

Folienpäckchen

Diese einfache, schnelle Zubereitungsart heißt im Fachjargon Papillote. Alle Zutaten werden zusammen in Alufolie oder Backpapier gewickelt und schonend im eigenen Saft im Backofen gegart.

SCHRITT FÜR SCHRITT >>>

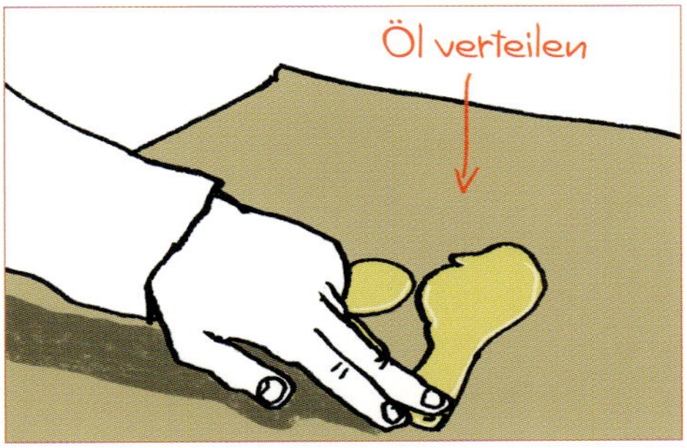

1. Heize zuerst den Backofen auf 180 °C vor. Schneide ein rechteckiges Stück Backpapier zu und reibe eine Seite dünn mit Öl ein. Je nach Rezept kannst du das Öl noch dünn mit Paniermehl bestreuen.

2. Lege deine Hauptzutaten, z. B. Fleisch oder Fisch, in die Mitte des Papiers. Bestreue sie nach Geschmack mit Salz, Gewürzen oder frischen Kräutern.

3. Verteile mundgerecht geschnittenes rohes Gemüse darauf, beispielsweise Porree, Sellerie, Möhren oder Zwiebeln, und träufle etwas Olivenöl darüber.

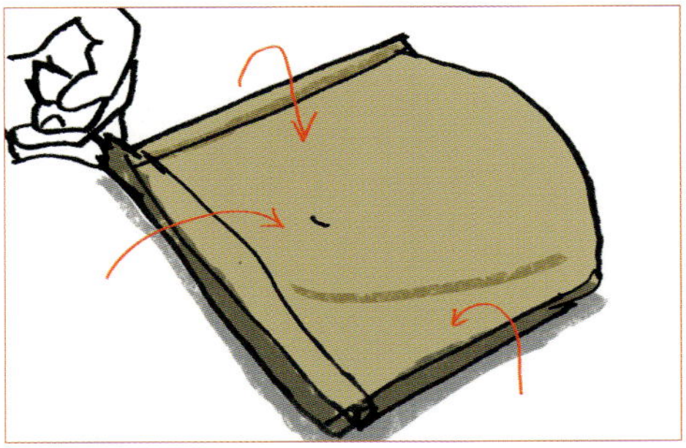

4. Sorgfältig in das Papier einwickeln, die Papierkanten doppelt umfalten, damit möglichst wenig Dampf entweicht. Die Päckchen auf ein Backblech legen und im Ofen garen. Fisch ist nach 5–10 Minuten gar, Fleisch und Geflügel nach 15–30 Minuten.

100% GRÜN

- Du sparst Energie, wenn du Nudeln in weniger Wasser kochst. Allerdings musst du dann häufiger umrühren, damit die Nudeln gleichmäßig gar werden und nicht zusammenkleben.
- Wenn Kekse oder Corn Flakes mit feuchter Luft in Berührung kommen, werden sie weich. Kein Grund, sie wegzuwerfen! Nimm die Menge, die du benötigst, aus der Packung und schiebe sie etwa 5 Minuten in den heißen Backofen. Dafür kannst du Restwärme nutzen.

Ich habe ... Eier

SPIEGELEI

Zutaten für 1 Person:

- 1 Ei
- 1–2 TL Öl

1. Das Öl in einer kleinen Pfanne erhitzen. Das Ei auf einem Tassenrand aufschlagen und vorsichtig in die Pfanne gleiten lassen. Den Deckel auf die Pfanne legen, damit das Eiweiß durch die reflektierte Wärme auch auf der Oberseite fest wird.
2. Das Ei mit einem Bratenwender aus der Pfanne nehmen und kurz auf Küchenpapier legen, damit überschüssiges Öl aufgenommen wird. Dann auf einem Teller anrichten.

Tipp:
Statt Öl kannst du auch klein gewürfelten, nicht zu mageren Speck verwenden. Brate ihn bei niedriger Temperatur in der Pfanne an, bis Fett austritt, und gib dann das Ei hinein.

POCHIERTE EIER MIT TOMATE

Zutaten für 1 Person:

- 1 Ei
- 500 ml Wasser
- 1 Schuss Essig
- 3 Scheiben Baguette
- 2 EL Tomatensauce
- Salz

1. Das Wasser mit dem Essig erhitzen. Sobald es kocht, das Ei in eine Tasse aufschlagen und vorsichtig in das Wasser gleiten lassen. Wieder zum Kochen bringen, dann den Topf vom Herd nehmen und das Ei 3 Minuten im heißen Wasser gar ziehen lassen.
2. Inzwischen das Brot toasten und die Tomatensauce in der Mikrowelle erwärmen. Die Brotscheiben auf einen Teller legen. Das Ei einem Schaumlöffel aus dem Wasser nehmen und auf das Brot legen. Mit der Tomatensauce anrichten.

GEFÜLLTE EIER MIT TUNFISCH

Zutaten für 1 Person:

- 2 Eier
- Mayonnaise
- 1 Dose Tunfisch im eigenen Saft

1. Wasser in einem Topf zum Kochen bringen, die Eier hineinlegen und 10 Minuten kochen. Mit kaltem Wasser abschrecken und pellen.
2. Die Eier halbieren. Mit einem Teelöffel das Eigelb herauslösen und auf einem tiefen Teller mit einer Gabel zerdrücken.
3. Den Tunfisch gut abtropfen lassen, dann zerpflücken. Den Tunfisch und 1 EL Mayonnaise zum Eigelb geben und sorgfältig mischen.
4. Die Tunfischmasse mit einem Teelöffel in die Eiweißhälften füllen.
5. Nun die gefüllten Eier mit Mayonnaise garnieren.
6. Nach Belieben Oliven oder aufgerollte Sardellenfilets auf Zahnstocher spießen und die Eier damit garnieren.

SCHNELLES BAUERNFRÜHSTÜCK

Zutaten für 1 Person:

- 1 Kartoffel
- 1 Ei, verquirlt
- 1 EL Öl
- Pfeffer und Salz

1. Die Kartoffel schälen, waschen und in Würfel schneiden.
2. Das Öl in einer kleinen Pfanne erhitzen. Die Kartoffelwürfel hineingeben und zusammenschieben. Es sollen keine einzelnen Stücke am Pfannenrand liegen.
3. Die Kartoffeln bei niedriger Temperatur garen. Sie sollen aneinander haften und gelblich, aber nicht braun sein.
4. Das verquirlte Ei über die Kartoffeln gießen und bei niedriger Temperatur stocken lassen. Das Bauernfrühstück aus der Pfanne auf ein Stück Küchenpapier gleiten lassen, um überschüssiges Bratfett zu entfernen. Vom Papier auf einen Teller legen und mit Salz und Pfeffer würzen.

RÜHREI MIT TOMATE

Zutaten für 1 Person:

- 2 Eier
- 1 EL Tomatensauce
- Öl zum Braten
- Salz und Pfeffer

1. Die Eier mit einer Prise Salz und der Tomatensauce sorgfältig verquirlen. Nicht mehr Sauce verwenden als angegeben, sonst dominiert der Tomatengeschmack.
2. In einer Pfanne etwas Öl erhitzen. Die Eiermischung zufügen und langsam rühren, damit sich beim Stocken der Eimasse lockere Brocken bilden. Nicht zu trocken werden lassen. Vor dem Servieren mit etwas Pfeffer würzen.

Tipp:
Pikanter schmeckt das Rührei, wenn du feine Ringe einer Frühlingszwiebel unter die Eiermischung rührst.

CLEVER

Allerlei ums Ei

- Wenn Eier nicht mehr frisch sind, zerfließt das Eiweiß in der Pfanne zu einem dünnen Film und braucht recht lange, um zu stocken.
- Bevor du ein Ei in die Pfanne gibst, schlag es in eine Tasse. So vermeidest du, dass das Öl spritzt oder das Eigelb verletzt wird.
- Eier sind nach 10 Minuten Kochzeit hart. Nach 6 Minuten ist das Eiweiß fest, das Eigelb aber noch teilweise flüssig. Nach 4 Minuten ist das Eigelb flüssig und das Eiweiß noch nicht ganz fest. Diese Zeitangaben gelten, wenn du die Eier ins kochende Wasser legst. Schau auf die Uhr, sobald das Wasser danach wieder zu kochen beginnt.

Ich habe ... Toastbrot

FALSCHE PIZZA

Zutaten für 1 Person:

- 1 Scheibe Toastbrot
- Tomatensauce
- 1 Scheibe Kochschinken oder 2 Wiener Würstchen oder 1 Hähnchenbrustfilet
- 1 Scheibe Emmentaler
- Oregano

1. Den Backofen auf 170 °C vorheizen. Alternativ kann ein Elektrogrill verwendet werden.
2. Das Brot mit der Tomatensauce bestreichen und mit Schinken, Wurstscheiben oder Hähnchenbrust-Streifen belegen. Mit dem Käse bedecken und mit etwas Oregano bestreuen.
3. Das Brot im heißen Backofen oder unter dem Grill überbacken, bis der Käse schmilzt und leicht gebräunt ist.

Tipp:
Natürlich kannst du auch andere pizzataugliche Zutaten aus deinem Vorrat verwenden. Vielleicht hast du ein paar Scheiben Salami, die verbraucht werden sollten?

PUTE-AVOCADO-SANDWICH

Zutaten für 1 Person:

- 2 Scheiben Toastbrot
- Milder Senf
- 1 Tomate
- 1 Avocado
- 1 Scheibe Putenbrustaufschnitt
- 1 Scheibe Emmentaler

1. Die Brotscheiben dünn mit Senf bestreichen. Eine Scheibe mit einigen Tomatenscheiben und Avocadostreifen belegen.
2. Darauf den Käse, den Putenbrustaufschnitt und weitere Avocadostreifen legen.
3. Mit der zweiten Brotscheibe bedecken. Zum Servieren diagonal in zwei Dreiecke schneiden.

Tipp:
Wenn du das Sandwich nicht sofort isst, sondern vielleicht zur Arbeit mitnehmen willst, beträufele die Avocado mit etwas Zitronensaft, damit sie sich nicht verfärbt.

DOPPELDECKER-SANDWICH

Zutaten für 1 Person:

- 3 Scheiben Toastbrot
- 40 g Spinat
- 2 Eier
- Frisch geriebener Käse
- Öl
- Tomatensauce

1. 1 EL Öl in einem kleinen Topf erhitzen. Den Spinat waschen, gut abschütteln und nur mit dem Wasser, das an den Blättern haftet, in den Topf geben. Kurz bei niedriger Temperatur zusammenfallen lassen.
2. 1 EL Öl in einer Pfanne erhitzen. 1 Ei mit 1 EL geriebenem Käse verquirlen. In die Pfanne geben und ohne zu rühren stocken lassen. Zusammenklappen, aus der Pfanne nehmen und zur Seite stellen.
3. Ebenso ein zweites Omelett aus Ei und Spinat zubereiten.
4. Das Sandwich in dieser Reihenfolge zusammensetzen: Brot, Käseomelett, Tomatensauce, Brot, Spinatomelett und Brot.

GEBRATENES SANDWICH

Zutaten für 1 Person:

- 2 Scheiben Toastbrot
- ½ Glas Milch
- 1 TL Butter
- 1 Scheibe Kochschinken
- 1 Scheibe Käse
- 1 Ei
- Salz und Pfeffer

1. Eine Seite jeder Brotscheibe kurz in die Milch tauchen.
2. Die Butter in der Pfanne zerlassen, vom Herd nehmen und eine der Brotscheiben mit der milchgetränkten Seite nach unten in die Pfanne legen.
3. Mit Schinken und Käse belegen. Die andere in Milch getränkte Brotscheibe darauf legen.
4. Das Ei verquirlen und mit etwas Salz und Pfeffer würzen.
5. Das Brot wenden. Die Pfanne wieder auf den Herd stellen und bei niedriger Temperatur erhitzen. Wenn sie heiß ist, das verquirlte Ei über das Sandwich gießen. Sobald das Ei an den Rändern zu stocken beginnt, das Sandwich wenden.

SANDWICH MIT NUGGETS

Zutaten für 1 Person:

- 2 Scheiben Toastbrot
- 2 panierte Geflügelnuggets (Tiefkühlprodukt)
- 1 EL Margarine
- Frisch gehackte Petersilie
- 2 Salatblätter

1. Etwas Öl in einer kleinen Pfanne erhitzen. Die Nuggets darin goldbraun braten, auf Küchenpapier abtropfen lassen und der Länge nach in dünne Scheiben schneiden.
2. Margarine und Petersilie vermengen und das Brot damit bestreichen.
3. Die Salatblätter auf die ungetoasteten Brotscheiben legen.
4. Die Nugget-Scheiben auf den Salatblättern verteilen.
5. Mit der zweiten Brotscheibe bedecken.

CLEVER

Sandwich-Know-How

- Als Brotbelag kannst du statt Aufschnitt auch dünn aufgeschnittene Reste von zartem, gegartem Fleisch verwenden, z. B. Rinder- oder Schweinebraten, Hähnchenbrust oder Pute. Ersetze milde Salatblätter doch einmal durch pikante Kresse oder würzigen Rucola.

- Mit den richtigen Zutaten wird dein Sandwich zu einer kompletten, gehaltvollen Mahlzeit. Das Brot liefert die Kohlenhydrate. Beim Gemüse hast du die Wahl zwischen Gurke, geraspelten Möhren, Mais, Zucchini, Paprika, Roter Bete, Zwiebel und vielen anderen Sorten. Und für Proteine könnten gekochtes Ei, Putenaufschnitt, Kochschinken, Räucherlachs oder Tunfisch sorgen.

Ich habe ... Brot vom Vortag

FRITTIERTE SCHINKENHÄPPCHEN

Zutaten für 1 Person

- Baguette vom Vortag
- Luftgetrockneter Schinken
- 2 Eier
- Béchamelsauce
- Öl zum Braten

1. Vom Baguette eine gerade Anzahl Scheiben abschneiden und mit einem scharfen Messer die Rinde entfernen.
2. Die Brotscheiben auf einer Seite mit dickflüssiger Béchamelsauce bestreichen. Wer sie selbst kocht, nimmt 1 EL mehr Mehl, als im Rezept angegeben.
3. Die Hälfte der Brotscheiben mit Schinken belegen, die restlichen Brotscheiben darauf legen. Die Häppchen mit einem Bratenwender vorsichtig zusammendrücken.
4. Die Eier verquirlen. Jedes Häppchen in Ei wenden.
5. Einen Fingerbreit Öl in der Pfanne erhitzen und die Häppchen darin portionsweise goldbraun braten. Auf Küchenpapier abtropfen lassen.

ARME RITTER

Zutaten für 2–3 Personen:

- Weißbrot vom Vortag
- 1 Glas Milch
- 3 EL Honig
- 2 Eier
- Öl zum Braten
- Zucker
- Gemahlener Zimt

1. Vom Brot acht Scheiben von 1 cm Stärke abschneiden.
2. Milch und Honig erwärmen, gut verrühren und in eine Schüssel geben.
3. Das Brot in die Milch legen, damit es sich vollsaugen kann. Herausnehmen und zum Abtropfen auf ein Küchengitter legen.
4. Die Eier verquirlen und Brotscheiben darin wenden.
5. So viel Öl in eine Pfanne gießen, dass der Boden gut bedeckt ist, und erhitzen. Die Scheiben nebeneinander im heißen Öl von beiden Seiten goldbraun braten. Aus der Pfanne nehmen und auf einer doppelten Lage Küchenpapier abtropfen lassen.
6. Zucker und Zimt mischen und auf die armen Ritter streuen.

SPANISCHE BROTSUPPE

Zutaten für 3 Personen:

- 1–2 Knoblauchzehen
- 500 ml Wasser
- 500 ml Gemüse- oder Tomatensaft
- 1 Baguette vom Vortag
- 2–3 EL Olivenöl
- Brühwürfel (für 1 l Wasser)
- Paprikapulver
- 1 Ei

1. Den Knoblauch schälen und fein hacken. Das Brot entrinden und würfeln. Die Menge muss ausreichen, um den Topf zu drei Vierteln zu füllen.
2. Das Olivenöl in einem Topf erhitzen. Den Knoblauch kurz dünsten, aber nicht bräunen. Die Brotwürfel zugeben und kurz anbraten. Mit Paprikapulver würzen und umrühren.
3. Sofort das Wasser zugießen und den Brühwürfel darin auflösen. Den Tomatensaft zufügen. Die Flüssigkeit zum Kochen bringen, dann bei niedriger Temperatur köcheln lassen, bis das Brot weich ist.
4. Das Ei verquirlen und in den Topf geben. Die Suppe nochmals kurz aufkochen, damit das Ei stockt.

BROTGRATIN MIT ZWIEBELMETT

Zutaten für 2 Personen:

- 1 Baguette vom Vortag
- 200 g Zwiebelmett
- 1 Zucchini
- 3 Eier
- Pfeffer, Salz
- Muskatnuss
- Parmesan

1. Den Backofen auf 220 °C vorheizen.
2. Die Milch mit Salz, Pfeffer und einer Prise gemahlener Muskatnuss aufkochen. Die Eier in einer Schüssel verquirlen, dann mit der Milch verrühren.
3. Das Brot würfeln und in eine ofenfeste Form geben. Die Eiermilch in die Form gießen und das Brot 5 Minuten quellen lassen.
4. Das Zwiebelmett in kleine Stücke zerteilen. Die Zucchini grob raspeln. Beides mit dem Brot mischen. Mit frisch geriebenem Parmesan bestreuen.
5. 30 Minuten im Ofen backen, bis sich eine goldbraune Kruste bildet.

BRUSCHETTA

Mit Knoblauch: Brot in Scheiben schneiden und toasten. Mit der Schnittfläche einer halbierten Knoblauchzehe einreiben, leicht salzen und zuletzt mit etwas Olivenöl beträufeln.

Mit Tomate: Brot in Scheiben schneiden und toasten. Gründlich mit einer reifen Tomate einreiben, sodass sich das Fruchtfleisch löst und am Brot haftet. Salzen und zuletzt mit Olivenöl beträufeln.

CLEVER

Rund ums Brot

- Brot bleibt länger frisch, wenn man es nicht in Plastiktüten, sondern in einem Stoffbeutel oder einem Brotkasten aus Holz aufbewahrt. Frisches, noch warmes Brot sofort aus der Plastiktüte nehmen, sonst kann sich Kondenswasser bilden und das Brot wird weich und zäh.
- Weißbrot vom Vortag wird wieder knusprig, wenn du es mit etwas Wasser besprenkelst und 5 Minuten im Ofen aufbackst. Nicht zu stark anfeuchten!
- Frisches Brot kann problemlos 3 Monate lang eingefroren werden. Auftauen sollte es bei Zimmertemperatur. Wer geschnittenes Brot einfriert, kann einzelne Scheiben blitzschnell im Toaster auftauen.

Ich habe ... Nudeln

SPAGHETTI MIT KNOBLAUCH UND ÖL

Zutaten für 2–3 Personen:

- 2 Knoblauchzehen
- 1 kleines Bund glatte Petersilie
- 3–4 EL gutes Olivenöl (nach Geschmack mehr)
- 250 g Spaghetti
- Pfeffer und Salz

1. Knoblauch und Petersilie fein hacken.
2. Das Olivenöl in einem mittelgroßen Topf bei mittlerer Temperatur erhitzen. Den Knoblauch mit einer Prise Salz darin goldbraun braten.
3. Die Nudeln gemäß Packungsanweisung kochen. Abgießen und in eine Schüssel geben. Den warmen Knoblauch und das Öl darüber geben und sorgfältig mischen.
4. Mit schwarzem Pfeffer abschmecken und mit der Petersilie bestreuen.

Tipp:
Vorsicht beim Braten von Knoblauch. Er verbrennt leicht und schmeckt dann bitter.

SPAGHETTINI MIT TOMATE UND BASILIKUM

Zutaten für 2–3 Personen:

- 4 Tomaten
- 250 g Spaghettini
- 2 EL Basilikumblätter oder 1 EL Pesto
- Knoblauchzehen
- 100 g geriebener Käse
- 5 EL Olivenöl
- Pfeffer und Salz

1. Die Tomaten häuten und würfeln. In einer Schüssel mit Basilikum oder Pesto, Parmesan und Öl mischen und mindestens 1 Stunde marinieren lassen.
2. Die Nudeln gemäß Packungsanweisung kochen. Abgießen und in eine Schüssel geben. Tomaten und Käse zufügen und sorgfältig untermischen. Mit Salz abschmecken. Dieses Gericht schmeckt heiß oder kalt.

RAVIOLI MIT WALNUSSSAUCE

Zutaten für 3–4 Personen:

- 300 g trockene Ravioli mit Fleisch- oder Gemüsefüllung
- 150 g Walnusskerne
- 150 g Sahne
- 2–3 EL Olivenöl
- 1 Knoblauchzehe
- 1 kleines Bund Petersilie
- Pfeffer und Salz

1. Die Ravioli nach Packungsanweisung kochen und abgießen.
2. Einige Walnusskerne zum Garnieren zur Seite legen. Die übrigen Nüsse mit Sahne, Olivenöl, Knoblauch, Petersilie, Salz und Pfeffer im Mixer zu einer glatten Paste verarbeiten.
3. Die Ravioli wieder in den Topf geben. Die Nusspaste zufügen und sorgfältig unterrühren. Bei niedriger Temperatur unter ständigem Rühren kurz durchwärmen. Mit den restlichen Walnusskernen garnieren.

NUDELSALAT MIT FUSILLI

Zutaten für 3–4 Personen:

- 300 g Fusilli oder Penne
- ½ grüne Paprikaschote
- ½ rote Paprikaschote
- 1 reife Tomate
- 150 g Cabanossi in dünnen Scheiben
- 1 Dose Mais
- Senf, Oliven, Essig, Olivenöl, Salz

1. Die Nudeln nach Packungsanweisung kochen. Abgießen und abkühlen lassen.
2. Paprika und Tomaten waschen, würfeln und in eine Salatschlüssel geben.
3. Die Nudeln zugeben und sorgfältig mischen.
4. Die Cabanossi in dünne Scheiben schneiden. Den Mais gut abtropfen lassen. Beides zum Salat geben. Nach Geschmack einige gehackte Oliven untermischen.
5. Für die Vinaigrette 2 EL Olivenöl, 1 EL Essig, 1 Prise Salz und 1 TL Senf mit einem Schneebesen kräftig verrühren. Das Dressing über den Salat gießen und unterheben.
6. Den Salat vor dem Servieren mindestens zwei Stunden in den Kühlschrank stellen.

NUDELN MIT SCHINKEN UND EI

Zutaten für 2–3 Personen:

- 250 g Nudeln, z. B. Penne oder Fusilli
- 200 g Kochschinken in Scheiben
- 1 Knoblauchzehe
- 2 Eier, verquirlt
- Oregano, Öl und Salz

1. Die Nudeln nach Packungsanweisung kochen und abtropfen lassen.
2. 1 EL Öl in einer Pfanne erhitzen. Den gehackten Knoblauch darin kurz dünsten, bis er glasig ist. Die verquirlten Eier zufügen und unter ständigem Rühren bei niedriger Temperatur stocken lassen.
3. Bevor die Eier vollständig gestockt sind, die Nudeln zugeben und unter ständigem Rühren durchwärmen. Mit Oregano bestreuen und sofort servieren.

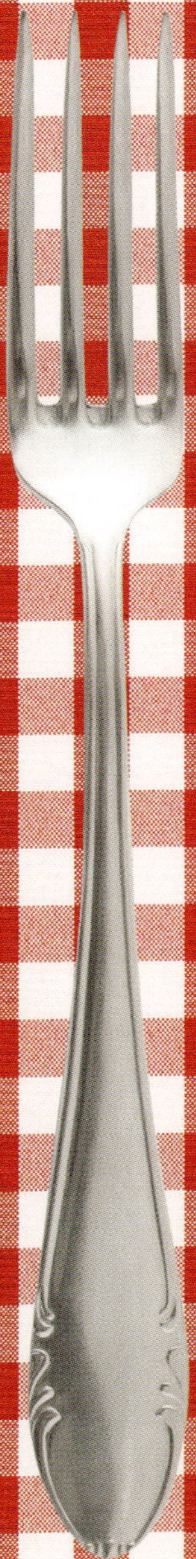

Ich habe ... Nudeln

MAKKARONI MIT LACHS

Zutaten für 4 Personen:

- 400 g kurze Makkaroni
- 1 dicke Stange Porree
- 300 g Wildlachsfilet, aufgetaut
- 1 Becher Crème fraîche
- ½ Tasse Weißwein oder Gemüsebrühe
- Öl, Dill, Salz

1. Die Makkaroni nach Packungsanweisung kochen.
2. Den weißen Teil der Porreestange quer in 5 cm lange Stücke und dann längs in Streifen schneiden. 3 Minuten vor Ende der Garzeit zu den Nudeln geben. Nudeln und Porree abgießen.
3. Den Fisch in mundgerechte Würfel schneiden. Etwas Öl in einer Pfanne erhitzen. Die Fischwürfel darin bei mittlerer Temperatur braten. Mit Wein oder Brühe ablöschen. Crème fraîche unterrühren und kurz aufkochen.
4. Nudeln und Porree zur Sauce geben, gut umrühren und durchwärmen. Mit etwas Dill bestreuen.

NUDELN MIT HACKFLEISCH

Zutaten für 4 Personen:

- 400 g Nudeln, z. B. Penne, Fusilli
- 300 g Hackfleisch
- 2 dünne Scheiben Bacon
- 1 Knoblauchzehe
- 400 ml Tomatensauce
- Olivenöl
- Salz und schwarzer Pfeffer

1. Die Nudeln nach Packungsanweisung kochen und abgießen.
2. Etwas Öl in einem flachen Topf erhitzen. Die Knoblauchzehe schälen und halbieren. Kurz in dem Öl anbraten, dann herausnehmen.
3. Hackfleisch und gewürfelten Bacon zufügen und bei hoher Temperatur braten, dabei das Hackfleisch zerkleinern. Die Tomatensauce unterrühren.
4. Die Nudeln in die Sauce geben, gut umrühren und durchwärmen. Mit Pfeffer abschmecken.

FARFALLE MIT ERBSEN UND CHAMPIGNONS

Zutaten für 2–3 Personen:

- 250 g Farfalle
- 150 g Erbsen
- 50 g Frühlingszwiebeln, gehackt
- 1 Knoblauchzehe, gehackt
- 100 g Champignons, in Scheiben
- Olivenöl und Salz

1. Die Nudeln nach Packungsanweisung kochen und abgießen.
2. 1 EL Öl in einem Topf erhitzen. Frühlingszwiebeln und Knoblauch darin bei niedriger Temperatur glasig dünsten. Die Pilze zufügen und einige Minuten mitdünsten. Die Erbsen und 1 Glas Wasser zufügen. Den Deckel auflegen und das Gemüse 10 Minuten garen.
3. Die Nudeln zum Gemüse geben, durchrühren und bei niedriger Temperatur durchwärmen.

Tipp:
Sehr lecker auch mit Pfifferlingen – frisch oder aus dem Glas.

FUSILLI MIT ORANGEN-PESTO

Zutaten für 2–3 Personen:

- 250 g Fusilli
- 1 kleines Glas grünes Pesto
- 100 ml Orangensaft
- 1 Tütchen abgeriebene Orangenschale
- 2 EL Crème fraîche
- Olivenöl

1. Die Nudeln nach Packungsanweisung kochen und gut abtropfen lassen.
2. Inzwischen das Pesto mit Orangensaft, Orangenschale und Crème fraîche glatt verrühren.
3. Die Nudeln wieder in den Topf geben, mit dem Orangen-Pesto mischen und bei niedriger Temperatur unter ständigem Rühren durchwärmen.

Tipp:
Wer mag, mischt kurz vor dem Servieren noch 100 g zerbröckelten Gorgonzola oder anderen Edelpilzkäse unter die Nudeln.

SCHINKEN-SPAGHETTI

Zutaten für 4 Personen:

- 400 g Spaghetti
- 150 g luftgetrockneter Schinken in Scheiben
- 3 EL Butter
- 50 g Parmesan
- Olivenöl
- Pfeffer

1. Vom Schinken den Fettrand entfernen, dann die Scheiben in sehr schmale, lange Streifen schneiden.
2. Die Butter mit 1 EL Öl in einem Topf zerlassen. Die Schinkenstreifen darin erwärmen, aber nicht bräunen.
3. Die Nudeln nach Packungsanleitung kochen und abgießen.
4. Die Schinkenstreifen samt Fett aus dem Topf über die Spaghetti gießen und gründlich mischen.
5. Mit frisch geriebenem Parmesan bestreuen und mit schwarzem Pfeffer würzen.

Tipp:
Der Schinken ist meist recht salzig, darum wird auf weiteres Salz im Rezept verzichtet. Wer möchte, kann auf dem Teller nachsalzen.

CLEVER

Nudel-Latein

- Gib lieber kein Öl ins Kochwasser der Nudeln. Es verhindert zwar, dass die Nudeln zusammenkleben, aber am Ölfilm auf den Nudeln haftet später auch die leckere Sauce nicht gut.
- Sind Nudeln übrig, verrühre sie mit einem Esslöffel Olivenöl und bewahre sie in einem luftdicht schließenden Behälter im Kühlschrank auf. Sie halten sich 1–2 Tage. Nicht offen stehen lassen, sonst kleben sie zusammen und trocknen aus.

Ich habe ... Konserven

MAKKARONI MIT KICHERERBSEN

Zutaten für 1 Portion:

- 100 g kurze Makkaroni
- 1 Dose Kichererbsen
- 1 Bund glatte Petersilie
- 2 EL Milch
- 3–4 EL Sesam

1. Den Backofen auf 150 °C vorheizen. Die Nudeln nach Packungsanweisung kochen, abgießen und in eine gefettete, ofenfeste Form geben.
2. Die Kichererbsen abtropfen lassen. Mit Petersilie (ohne harte Stiele), Milch und Sesam im Mixer glatt pürieren.
3. Die Nudeln mit dem Kichererbsenpüree mischen und 10 Minuten im vorgeheizten Ofen überbacken.

Tipp:
Einfacher geht es mit 3–4 Esslöffeln Sesampaste (Tahini) aus dem Bioladen. Statt Petersilie kannst du auch Blattkoriander verwenden.

SPANISCHE BLÄTTERTEIGPASTETE

Zutaten für 1 Person:

- 2 Platten Blätterteig (Tiefkühlware, angetaut)
- 1 kleine Dose Sardinen in Tomatensauce

1. Den Backofen auf 220 °C vorheizen. Ein Backblech mit Backpapier belegen. Eine Platte Blätterteig darauflegen.
2. Die Sardinen auf einen Teller legen, aufklappen und die Mittelgräten entfernen. Die Sardinen auf den Blätterteig auf dem Blech legen und die Tomatensauce aus der Dose darüber verteilen.
3. Die zweite Blätterteigplatte darauflegen. Die Teigränder ringsherum zuerst mit den Fingern fest zusammendrücken, dann ringsherum mit den Zinken einer Gabel nochmals zusammendrücken.
4. Die Teigtasche 10 Minuten im vorgeheizten Ofen backen, bis der Teig goldbraun und aufgegangen ist.

Tipp:
Du kannst noch 3–4 gehackte, schwarze Oliven auf die Sardinen geben.

REISPFANNE

Zutaten für 1 Person:

- 1 Tasse Rundkornreis, z. B. Arborio
- ½ Zwiebel, gewürfelt
- 1 Glas gegrillte rote Paprika
- ½ Cabanossi in Scheiben
- Öl, Salz und Pfeffer

1. Den Reis mit dem Wasser kochen (siehe Seite 183) und abtropfen lassen.
2. 1 EL Öl in einer Pfanne erhitzen, die Zwiebelwürfel darin glasig dünsten. Die Cabanossi zufügen und einen Moment erhitzen, bis Fett austritt. Die Paprika abtropfen lassen und mit Küchenpapier abtupfen. Dann in Stücke schneiden, in die Pfanne geben und kurz mitdünsten.
3. Den gekochten Reis in die Pfanne geben, gut umrühren und gleichmäßig durchwärmen. Mit Salz und Pfeffer abschmecken.

Tipp:
Keine Paprika im Haus? Wie wäre es mit Mais oder roten Kidneybohnen?
Wenn du gern vegetarisch isst, ersetze die Wurst durch gewürfelten Räuchertofu.

SCHNELLES CHILI CON CARNE

Zutaten für 2 Personen:

- 1 Zwiebel, gewürfelt
- 2 rote Paprikaschoten
- 1 Dose Rindfleisch im eigenen Saft
- 1 Dose rote Kidneybohnen
- 150 ml Passata
- Chiliflocken oder Tabasco
- Salz

1. 2 TL Öl in einem Topf erhitzen. Die Zwiebelwürfel darin glasig dünsten, aber nicht bräunen. Die Paprikaschoten entkernen und würfeln, in den Topf geben und kurz mitdünsten. 1 Prise Chiliflocken zufügen.
2. Vom Rindfleisch das sichtbare Fett entfernen, es wird nicht verwendet. Den gelierten, klaren Fleischsaft in den Topf geben. Das Fleisch klein würfeln und ebenfalls zugeben.
3. Die Kidneybohnen abgießen, abspülen und abtropfen lassen. Mit der Passata in den Topf geben und gründlich umrühren. 5–10 Minuten bei niedriger Temperatur köcheln lassen.
4. Mit Chiliflocken oder Tabasco und etwas Salz abschmecken.

RUSSISCHER KARTOFFELSALAT

Zutaten für 2 Portionen:

- 600 g kleine Kartoffeln
- 1 kleine Zwiebel, gewürfelt
- 150 g gegartes Rindfleisch
- 1 Glas rote Bete in Scheiben
- 1 Becher saure Sahne
- Pfeffer und Salz
- Schnittlauch zum Garnieren

1. Die Kartoffeln waschen und mit Schale in leicht gesalzenem Wasser garen. Abgießen, etwas abkühlen lassen, pellen und lauwarm in Scheiben schneiden.
2. Die Zwiebel und das Rindfleisch fein würfeln. Die roten Bete abtropfen lassen.
3. Kartoffelscheiben, Zwiebelwürfel, Fleisch und rote Bete in einer Salatschüssel mischen.
4. Die saure Sahne mit einer Gabel durchrühren und über den Salat geben. Mischen und abgedeckt mindestens 1 Stunde im Kühlschrank durchziehen lassen.
5. Mit Schnittlauchröllchen garnieren.

Tipp:
Dazu schmeckt deftiges Vollkornbrot mit gesalzener Butter.

CLEVER

GRUNDREZEPT VINAIGRETTE

Zutaten:

- 3 EL Essig
- 10 EL Öl
- Pfeffer und Salz

- Den Essig in eine kleine Schüssel geben. Salz und Pfeffer zugeben und rühren, bis das Salz aufgelöst ist.
- Das Öl zugeben und mit einer Gabel kräftig rühren, bis die Vinaigrette sämig ist.

Schneller geht es, wenn du alle Zutaten in ein Schraubglas gibst, den Deckel fest zuschraubst und kräftig schüttelst.

Abwechslung gefragt? Rühre etwas Senf oder frisch gehackte Kräuter unter die Vinaigrette. Probiere es einmal mit Rotweinessig oder Apfelessig, oder nimm aromatisches Walnussöl.

Ich habe ... Reis

GEMOGELTES RISOTTO

Zutaten für 1 Person:

- 1 Tasse Rundkornreis
- ½ Tasse Erbsen (TK oder Konserve)
- 4–5 Röschen Brokkoli (TK)
- ½ Tasse Milch
- 1 Ecke Schmelzkäse zum Streichen

1. Den Reis mit 2 Tassen Wasser kochen (siehe Seite 183).
2. Inzwischen in einem kleinen Topf ½ Tasse Wasser mit 1 Prise Salz zum Kochen bringen. Die Brokkoliröschen hineingeben, den Deckel auflegen und 4–5 Minuten bei niedriger Temperatur köcheln lassen. Die Erbsen zugeben und 1–2 Minuten mitgaren. Das Gemüse mit einem Schaumlöffel auf einen Teller legen.
3. Die Milch zum Gemüse-Kochsud geben, aufkochen und sprudelnd kochen lassen, bis die Flüssigkeit etwas reduziert ist. Den Schmelzkäse unter ständigem Rühren darin auflösen.
4. Reis und Gemüse in die Käsesauce geben, gut umrühren und durchwärmen.

REIS MIT WÜRSTCHEN

Zutaten für 1 Person:

- 1 Tasse Reis
- 1 kleine Zwiebel, gewürfelt
- 1 Zucchini, in Scheiben
- 1 Würstchen, in Scheiben
- 1 TL gekörnte Brühe
- Öl und Salz

1. Das Öl in einem kleinen Topf erhitzen. Die Zwiebel darin glasig dünsten, Zucchini und Würstchenscheiben zufügen und einige Minuten mitdünsten. Den Reis zugeben und bei niedriger Temperatur unter ständigem Rühren mitdünsten, bis er ganz von Öl umhüllt ist.
2. 2 Tassen heißes Wasser und die Brühe zugeben. Bei hoher Temperatur zum Kochen bringen, dann die Temperatur reduzieren und den Reis im geschlossenen Topf garen, bis an der Oberfläche kein Wasser mehr zu sehen ist. Den Herd abschalten und den Reis auf der Restwärme ausquellen lassen. Nach 10 Minuten kontrollieren, ob der Reis gar ist. Bei Bedarf etwas Wasser zugeben und noch einen Moment quellen lassen.

REISSALAT MIT MAYONNAISE

Zutaten für 1 Person:

- 1 Tasse Reis
- 1–2 EL Mayonnaise
- 100 g Kochschinken, gewürfelt
- 1 Gewürzgurke, gewürfelt
- 4 Kirschtomaten, halbiert

1. Den Reis frühzeitig kochen, abkühlen lassen und abgedeckt mindestens 20 Minuten in den Kühlschrank stellen.
2. Den Reis mit dem Schinken und der Gurke mischen. Die Mayonnaise unterrühren. Den Salat nochmals mindestens 30 Minuten im Kühlschrank durchziehen lassen.
3. Direkt vor dem Servieren die halbierten Kirschtomaten darauf anrichten.

Tipp:
Statt Kochschinken kannst du mageren Aufschnitt oder einen Rest Fleisch, z. B. Putenbrust, würfeln.

MEDITERRANER REISSALAT

Zutaten für 1 Person:

- 1 Tasse Basmatireis
- 75 g Fetakäse
- 1 kleine Zucchini
- 40 g schwarze Oliven
- Dill
- Olivenöl und weißer Pfeffer

1. Den Reis nach Grundrezept (siehe Seite 183) kochen. Sobald er gar ist, unter kaltem Wasser abspülen, um den Garprozess zu unterbrechen. Abtropfen lassen. Abkühlen lassen, dabei zwischendurch mit einer Gabel auflockern.
2. Inzwischen die Zucchini waschen und in schmale Streifen schneiden. Den Fetakäse würfeln.
3. Den Reis in einer Schüssel mit Zucchini, Feta und Oliven mischen. Mit etwas Öl beträufeln. Mit Salz, Pfeffer und Dill würzen und nochmals mischen.
4. Bis zum Servieren abgedeckt in den Kühlschrank stellen.

Tipp:
Wenn du Abwechslung magst, probiere eine Variante mit Mozzarella und frischen oder sonnengetrockneten Tomaten.

MILCHREIS

Zutaten für 2 Personen:

- 200 g Rundkornreis
- ½ l Milch
- 60 g Zucker
- 15 g Butter
- ½ Zimtstange und gemahlener Zimt
- Abgeriebene Schale einer halben Zitrone

1. Milch, Zucker, Zitronenschale und Zimtstange in einen Topf geben und bei sehr niedriger Temperatur erhitzen.
2. Inzwischen den Reis in einem feinen Sieb unter fließendem Wasser spülen, bis das Wasser klar abfließt. Abtropfen lassen.
3. Sobald die Milch aufkocht, den Reis zufügen und umrühren. 1 Stunde bei niedriger Temperatur köcheln lassen, zwischendurch gelegentlich umrühren. Gegen Ende der Garzeit häufiger rühren, damit der Milchreis nicht anbrennt. Ist die Milch fast gänzlich verdampft, den Topf vom Herd nehmen.
4. Die Zimtstange herausnehmen. Die Butter zugeben und gleichmäßig mit dem Reis verrühren.
5. Den Milchreis noch einen Moment ziehen lassen. Er schmeckt heiß, lauwarm oder kalt. Nach Geschmack mit Zimt und Zucker bestreuen.

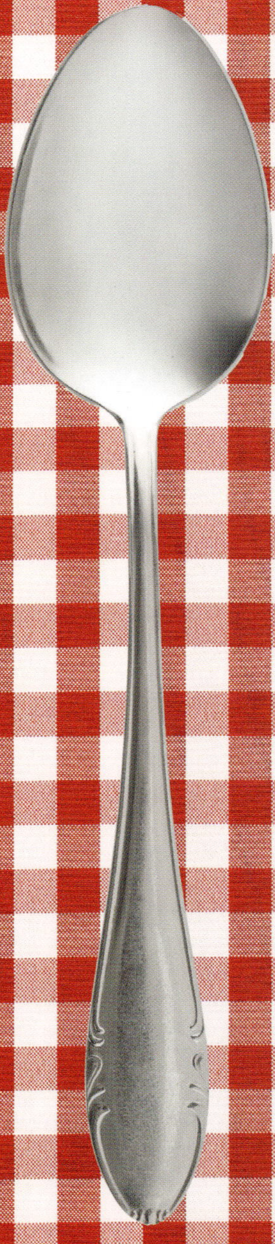

HILFE!

DIE EXPERTIN WEISS RAT

ANA GALLO

KARINA

KRANKENSCHWESTER
28 JAHRE

Angeblich soll das Kochen in der Mikrowelle Zeit und Energie sparen. Doch mir misslingt alles, außer wenn ich etwas aufwärme. Ob das an meiner Mikrowelle liegt?

LÖSUNG: Im Grunde funktionieren alle Mikrowellengeräte ähnlich. Für den Einstieg rate ich dir zum Kauf eines guten Kochbuchs für die Mikrowelle. Außerdem:

- Benutze nur geeignete Gefäße zum Garen und Aufwärmen. Glas, Keramik und manche Kunststoffe sind geeignet, auch Bratschlauch kannst du verwenden. Gib keinesfalls Metall in die Mikrowelle, auch keine Alufolie und nicht einmal Metall-Verschlussclips für einen Bratschlauch.
- Die Garzeit ist kürzer als auf dem Herd oder im Ofen. Nach der Fertigstellung sollten die Speisen noch einen Moment ruhen, da sie nach der Mikrowellenbestrahlung weiter garen.
- Da die Wellen die Speisen nicht gleichmäßig durchdringen, solltest du sie in möglichst gleich große Portionen aufteilen.
- Decke Fleisch ab und würze es erst nach der Zubereitung. Gemüse gart in weiten, flachen Schalen mit Deckel am besten. Kartoffeln und Fisch kannst du in mikrowellengeeignete Folie hüllen und im Dampf garen.

ELLEN

VOLONTÄRIN
20 JAHRE

Mengenangaben bitte! Ich bin gerade erst von zu Hause ausgezogen, und es fällt mir schwer, die Mengen für mich allein abzuschätzen.

LÖSUNG: Kein Wunder, denn die meisten Rezepte sind für 4 Personen berechnet, und nicht jede Menge lässt sich leicht durch 4 dividieren. Hier einige Faustregeln:

- Fleisch: Ein mittelgroßes Hähnchen reicht für etwa 4 Personen. Kochst du für dich allein, bist du mit Teilstücken wie Keulen oder Brust besser bedient. Kaufe für Frikadellen 300 g Hackfleisch und friere einige fertig gebraten ein.
- Beilagen: Rechne pro Person 100 g oder 1 Tasse Reis, 100 g Hülsenfrüchte und 150–200 g Gemüse.
- Aus dem Meer: Kaufe pro Person 200–250 g Fisch. Bei Muschelfleisch genügen 40 g.
- Nudeln: Normalerweise rechnet man 100 g ungekochte Nudeln pro Person. Wenn es dazu eine gehaltvolle Sauce gibt, genügen meist 70–80 g.

JOACHIM

ELEKTRIKER
63 JAHRE

Woher weiß man, wann ein Braten im Ofen gar ist?

LÖSUNG: Um herauszufinden, ob ein Bratenstück oder Geflügel vollständig gar ist, musst du nur mit einer Gabel an der dicksten Stelle einstechen. Tritt rötlicher Saft aus, ist das Fleisch innen noch roh oder rosa. Ist der Fleischsaft durchsichtig, ist es gar. Tritt kein Saft aus, ist das Fleisch schon zu lange im Ofen und trocken geworden. Achte darauf, Geflügel immer ganz durchzugaren.

RENA

KOSMETIKERIN
28 JAHRE

Ich habe gehört, Obst könne man einfrieren, und hielt das für eine gute Idee. Doch ich musste feststellen, dass das Obst nach dem Auftauen nicht mehr frisch schmeckt. Ist das normal?

LÖSUNG: Bevor Obst verdirbt, solltest du es natürlich lieber einfrieren, aber es verliert dadurch tatsächlich an Geschmack, wird weich und etwas zäh. Du kannst aber noch gut Kompott oder Marmelade daraus kochen. Vielleicht willst du gleich die richtigen Sorten und Mengen für deine Marmeladenrezepte einfrieren? Alternativ püriere das Obst und verwende es für Smoothies, Quarkspeise oder zum Garnieren von Kuchen.

SVETLANA

ARZTHELFERIN
26 JAHRE

Immer wenn ich gefrorene Kroketten frittiere, zerfallen sie mir. Gibt es da einen Trick?

LÖSUNG: Sie zerfallen zum Beispiel, wenn du sie vorher auftaust oder wenn das Öl zu stark abkühlt, weil du zu viele auf einmal in die Fritteuse gibst.
In einer elektrischen Fritteuse mit Thermostat tritt das Problem selten auf. Frittierst du auf dem Herd, erhitze ein oder zwei Fingerbreit Öl, gib zwei gefrorene Kroketten hinein und wende sie, sobald eine Seite goldbraun ist. Gib dann zwei weitere dazu. Fahre in dieser Weise fort. Nimm fertige Kroketten heraus – damit schaffst du Platz für die nächsten.

GREGOR

IT-TECHNIKER
27 JAHRE

Wenn etwas anbrennt, lässt sich dann der unangenehme Geschmack noch beseitigen?

LÖSUNG: Das gelingt nicht immer, aber ein Versuch lohnt sich. Fülle das Gericht vorsichtig in ein anderes Gefäß um, ohne dabei etwas von dem angebrannten Bodensatz zu lösen.
Gib dann rohe Kartoffelstücke dazu. Sie nehmen den angebrannten Geschmack auf und werden vor dem Servieren entfernt. Suppen und Eintöpfe lassen sich meist retten, indem man Brühe zugibt.

13

EINFRIEREN UND KONSERVIEREN

Da die Mengenangaben in Kochrezepten ebenso wie die gängigen Packungsgrößen des Lebensmittelhandels oft für Familien ausgelegt sind, bleiben gerade in Singlehaushalten oft Reste übrig, die nicht gleich am nächsten Tag verwertet werden können. Da ist es nur sinnvoll, wenn du dich mit dem Einfrieren auskennst. Manche Lebensmittel verlieren durch das Einfrieren an Qualität, andere – und sogar solche, von denen du es vielleicht nicht gedacht hättest – lassen sich problemlos einfrieren.

Das Konservieren in Gläsern ist eine gute Möglichkeit, um Geld zu sparen: Du kannst in der Saison preisgünstig Obst oder Gemüse in größeren Mengen einkaufen und dir einen Vorrat anlegen. Das „Einwecken" ist heute nicht mehr so aufwendig wie zu Großmutters Zeiten, und es hat den Vorteil, dass du die Portionsgrößen genau auf deinen Bedarf abstimmen kannst. Übrigens sind auch gekaufte Konserven nicht so schlecht wie ihr Ruf. Mehr dazu auf den folgenden Seiten.

NIEMALS!

- Angebrochene Dosen im Kühlschrank aufbewahren. Fülle den Inhalt in gut verschließbare Behältnisse um.
- Fertig gekochte Gerichte ungekühlt stehen lassen. Auf ihnen siedeln sich schnell Keime an.
- Rohes Fleisch bei Zimmertemperatur auftauen.
- Aufgetaute Lebensmittel erneut einfrieren.
- Lebensmittel aufbewahren, deren Aussehen oder Geruch dir fragwürdig vorkommt.
- Den Inhalt von Konservendosen essen, die eingedellt, aufgebläht, rostig oder anderweitig beschädigt sind oder aus denen beim Öffnen zischend Luft entweicht.
- Speisen einfrieren, die schon einige Tage im Kühlschrank gestanden haben.
- Gefrorenes unter einem warmen Wasserstrahl auftauen. Die Nährstoffe gehen verloren.

Gekochte Gerichte einfrieren

Dies solltest du beachten, wenn du selbst gekochte Gerichte einfrieren möchtest.

1. VORBEREITEN:

- Koche das Gericht wie gewohnt, aber gib weniger Salz, Wasser und Gewürze hinzu als im Rezept angegeben. Gare bei geschlossenem Deckel, damit es schneller geht.
- Gerichte, die warm verzehrt werden, solltest du nicht ganz gar kochen, da sie beim erneuten Erhitzen nach dem Auftauen nachgaren.
- Saucen werden erst nach dem Auftauen mit Speisestärke oder Saucenbinder gebunden.
- Schneide von Fleisch alles sichtbare Fett ab. Fette und Öle können auch bei Minusgraden ranzig werden.
- Friere Nudeln und Saucen getrennt ein. Mische sie erst zum Servieren.

2. EINFÜLLEN:

Fülle das fertige Gericht heiß in eine Gefrierbox. Schließe den Deckel, und öffne ihn dann an einer Ecke, damit Luft entweichen kann. Danach erneut verschließen.

3. ABKÜHLEN LASSEN:

Lass das Gericht in einem kühlen Zimmer erkalten. Stelle niemals Warmes ins Gefriergerät, weil dadurch die Temperatur im Inneren ansteigen würde.
Um größere Portionen zügig abzukühlen, kannst du die Spüle oder eine große Schüssel mit kaltem Wasser und Eiswürfeln füllen und deine gefüllten Gefrierboxen hineinstellen. Lass die Deckel an einer Ecke offen. Nach etwa einer halben Stunde ist der Inhalt kalt.

4. Die Boxen verschließen und ins Tiefkühlgerät stellen. Die optimale Temperatur liegt bei -18 °C.

Das Tiefkühl-ABC

A. Vorbereitungen: Manche Lebensmittel können roh eingefroren werden, andere sollte man vorher kurz blanchieren, und wieder andere werden am besten gegart ins Eis gelegt. Einige eignen sich gar nicht zum Einfrieren.

B. Verpackung und Temperatur: Ob Box oder Beutel – Verpackungen für Gefriergut müssen sich luftdicht verschließen lassen. Das ist wichtig, damit die Lebensmittel nicht an Feuchtigkeit verlieren oder bei Berührung mit der eisigen Luft durch Gefrierbrand geschädigt werden. Gefrierbeutel eigenen sich gut für Scheiben von Fleisch oder Fisch. Legt man Frischhaltefolie dazwischen, kann man die gefrorenen Scheiben einzeln entnehmen. Die Temperatur des Gefriergeräts sollte mindestens -18 °C betragen.

C. Frische: Je höher Qualität und Frische eines Lebensmittels vor dem Einfrieren sind, desto besser werden Geschmack, Farbe und Konsistenz nach dem Auftauen sein.

SONDERFÄLLE IM GEFRIERGERÄT

Einige Lebensmittel sollte man besser nicht einfrieren, weil sie nach dem Auftauen nicht mehr sonderlich appetitlich sind.

- Kartoffeln
- Salatgemüse
- Desserts mit Gelatine
- Saucen, die mit Mehl oder Speisestärke gebunden sind
- Suppen mit Nudeln oder Reis

Andere können eingefroren werden, eignen sich nach dem Auftauen aber nur zum Kochen oder Backen:

- Eier (ohne Schale), Eigelb, Eiweiß (zum Backen)
- Joghurt, Quark, Frischkäse (für Kuchen und Desserts)
- Sahne (zum Kochen)
- Hartkäse (zum Überbacken)

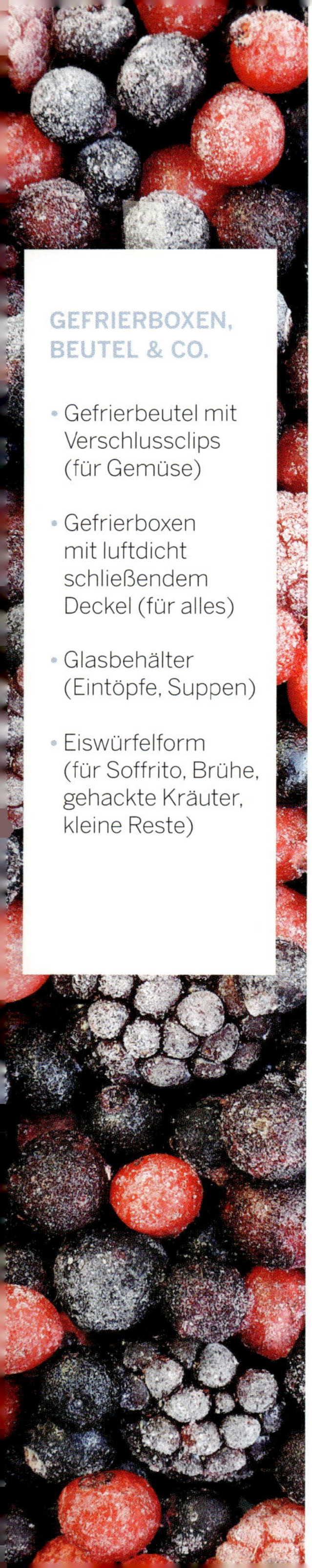

GEFRIERBOXEN, BEUTEL & CO.

- Gefrierbeutel mit Verschlussclips (für Gemüse)
- Gefrierboxen mit luftdicht schließendem Deckel (für alles)
- Glasbehälter (Eintöpfe, Suppen)
- Eiswürfelform (für Soffrito, Brühe, gehackte Kräuter, kleine Reste)

Was wird wie eingefroren?

GEMÜSE

Manche Gemüsearten werden beim Einfrieren weich und fade. Bei Erbsen, Bohnen oder Mais andererseits bleiben Geschmack und Konsistenz gut erhalten. Wichtig ist aber, das Gemüse nicht roh einzufrieren, sondern vorher zu blanchieren. Das geht so:

1. Wasser mit etwas Salz zum Kochen bringen. Inzwischen das Gemüse waschen.
2. Sobald das Wasser aufsprudelt, das Gemüse hineingeben und einige Minuten ziehen lassen, ohne dass das Wasser kocht. Für Spinat, Weißkohl, Pastinake, Blumenkohl und Paprika genügen 3 Minuten. Rotkohl und grüne Bohnen sollten 7 Minuten blanchiert werden.
3. Eine große Schüssel mit Eiswasser füllen. Das Gemüse abgießen und sofort ins Eiswasser geben, um den Garvorgang abzubrechen. Mit einer Schaumkelle herausnehmen.
4. Abtropfen lassen und zum Trocknen und Auskühlen auf einem sauberen Geschirrtuch ausbreiten.
5. In einzelne Portionen aufteilen und in Gefrierbeutel füllen.

SCHÜTTGUT

Erbsen, Bohnenkerne, Beerenfrüchte oder Fleischklößchen bilden beim Einfrieren meist kompakte Eisblöcke, die nur schwer aufzutauen sind. Das lässt sich vermeiden, indem man sie offen vorfrostet. So bleiben sie in der Gefrierverpackung schüttfähig und man kann sie portionsweise entnehmen.

1. Die Lebensmittel in einer Schicht in eine flache Form geben und ins Gefriergerät stellen.
2. Nun die Schnellfrost-Funktion einschalten, sofern das Gerät darüber verfügt.
3. Die hart gefrorenen Lebensmittel in Beutel oder Gefrierboxen umfüllen.

EINTÖPFE UND SUPPEN

Flüssige Gerichte kannst du gut in Gefrierboxen einfrieren. Wenn du Gefrierbeutel verwenden willst, gehst du so vor:

1. Den Beutel in einen Messbecher stellen, das Gericht in den Beutel füllen und diesen verschließen.
2. Den Beutel auf die Arbeitsfläche legen und vorsichtig flach drücken. Dabei den Verschlussclip lockern, damit Luft entweichen kann. Wieder fest verschließen und einfrieren. Solche flachen „Tafeln" nutzen den Platz im Gefriergerät gut aus, und sie tauen schneller auf als kompakte Eisblöcke.

AUFSCHNITT

Geschlossene Vakuumpackungen mit Aufschnitt lassen sich gut einfrieren. Reste aus angebrochenen Packungen, die noch nicht lange offen sind, solltest du zuerst umpacken. Geräucherte und gepökelte Wurstwaren eignen sich weniger gut zum Einfrieren.

1. Grundsätzlich sollte Gefriergut von möglichst wenig Luft umgeben sein. Wickle die Scheiben darum einzeln in Frischhaltefolie.
2. Lege alle Scheiben in eine luftdicht schließende Gefrierbox.

OBST

Obst wird normalerweise roh eingefroren. Dabei dehnt sich das in den Zellen enthaltene Wasser aus und sprengt die Zellwände. Aufgetautes Obst ist nicht

mehr knackig, eignet sich aber gut für Kuchen, Desserts, Smoothies und andere Zubereitungen.

1. Für kleinere Früchte wie Beeren aller Art oder Kirschen empfiehlt es sich, sie offen vorzufrosten und dann schüttfähig in Beutel oder Boxen abzufüllen.

2. Größere Früchte werden gewaschen, geschält und in Stücke geschnitten. Sie können offen vorgefroren oder gleich in Gefrierdosen gefüllt werden. Bei säuerlichem Obst empfiehlt es sich, jede Schicht in der Gefrierbox mit etwas Zucker zu bestreuen.

3. Äpfel, Birnen, Feigen, Aprikosen und andere Früchte werden durch Kontakt mit Luftsauerstoff braun. Das lässt sich vermeiden, indem man sie mit Zitronensaft beträufelt oder in Zuckersirup mit etwas Zitronensaft einfriert. Dafür 250 ml Wasser mit 100 g Zucker und dem Saft einer halben Zitrone 3 Minuten sprudelnd kochen. Die Menge genügt für etwa 250 g frisches Obst.

Richtig auftauen

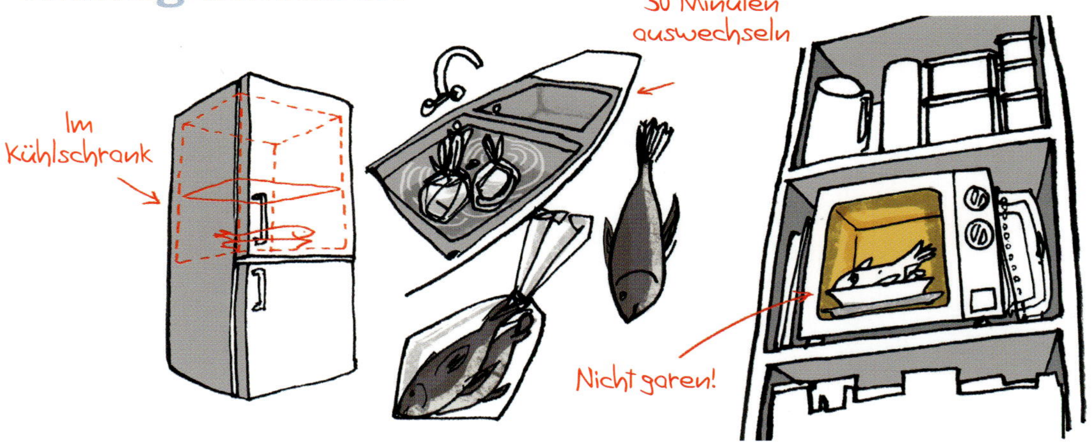

1. Im Kühlschrank: Fisch und Fleisch nie bei Zimmertemperatur auftauen, sondern rechtzeitig aus dem Gefriergerät nehmen und im Kühlschrank auftauen lassen. Plane für ½ kg Fleisch oder Fisch etwa 3–5 Stunden ein.

2. In Wasser: Fleisch oder Fisch in einen wasserdichten Beutel packen und in ein tiefes Gefäß mit kaltem Wasser legen. Das Wasser alle halbe Stunde auswechseln. Kleinere Gemüsestücke und Meeresfrüchte brauchen vor der Zubereitung nicht aufgetaut zu werden.

3. In der Mikrowelle: Viele Mikrowellengeräte haben eine Auftaustufe. Sie eignet sich aber nur für kleinere Stücke oder Portionen. Bei größeren Stücken besteht Gefahr, dass der äußere Bereich bereits gart, während das Innere noch gefroren ist.

Was hält sich wie lange?

	Kühlschrank 3–4 °C	Gefriergerät -18 °C
AUFSCHNITT	3–6 TAGE	1–2 MONATE
BROT	NICHT KÜHLEN	3–6 MONATE
BUTTER, GESALZEN	8 WOCHEN	1 JAHR
BUTTER, UNGESALZEN	8 WOCHEN	3 MONATE
EI OHNE SCHALE (EIWEISS, EIGELB)	2–4 TAGE	4 MONATE
FISCH, FETTARM (KABELJAU, SEEHECHT)	3–4 TAGE	6 MONATE
FISCH, FETTREICH (LACHS)	3–4 TAGE	2 MONATE
FLEISCHRESTE, EINTÖPFE, GERICHTE MIT EI, GEGARTES GEMÜSE	3–4 TAGE	2–3 MONATE
GEFLÜGEL UND FISCH, GEGART	3–4 TAGE	4–6 MONATE
GRÜNE BOHNEN	5 TAGE	8 MONATE
HACKFLEISCH	1–2 TAGE	2–3 MONATE
HÄHNCHEN- ODER PUTENGESCHNETZELTES	2–3 TAGE	6 MONATE
HÄHNCHEN, PUTE, GANS	2–3 TAGE	1 JAHR
KALBSSTEAK	2–4 TAGE	6–12 MONATE
KOCHSCHINKEN (AM STÜCK ODER IN SCHEIBEN)	3–4 TAGE	2–3 MONATE
MEERESFRÜCHTE, GEGART	1–2 TAGE	2–4 MONATE
MEERESFRÜCHTE, ROH	12–24 STUNDEN	2–4 MONATE
MÖHREN	2 WOCHEN	10–12 MONATE
RIND (STEAK, GRILLFLEISCH)	2–4 TAGE	10–12 MONATE
SCHNITTKÄSE (NICHT HARTKÄSE)	5 WOCHEN	3 MONATE
SCHWEIN, LAMM (BRATENSTÜCKE, KOTELETTS)	2–4 TAGE	8–12 MONATE
SPINAT	2–4 TAGE	10–12 MONATE
SUPPEN	2–3 TAGE	4 MONATE
WEICHKÄSE (BRIE, CAMEMBERT)	2–3 WOCHEN	8 WOCHEN

Vollkonserven

Als Vollkonserven bezeichnet man Lebensmittel, die in sterilisierte, luftdicht verschlossene Gläser oder Metalldosen abgefüllt sind. Sie werden bei der Produktion kurzzeitig über 100 °C erhitzt, kommen darum ohne Konservierungsstoffe aus und sind ungekühlt nahezu unbegrenzt haltbar. Dennoch muss ein Mindesthaltbarkeitsdatum aufgedruckt sein.

DAS SOLLTEST DU WISSEN

- Bewahre Konserven an einem trockenen, kühlen Ort auf. Die Temperatur sollte 30 °C nicht überschreiten.
- Konserven in Gläsern am besten dunkel lagern, weil sich der Inhalt durch Lichteinfluss verfärben kann.
- Ungeöffnete Konserven können bis zu 5 Jahre haltbar sein.
- Die Flüssigkeit in den Konserven enthält Vitamine und Mineralstoffe. Spüle sie nicht ab und versuche, sie zu verwenden, z. B. für Saucen.
- Lebensmittel aus der Konserve sollten nicht noch einmal gekocht werden, sonst gehen Nährstoffe verloren. Es genügt, sie kurz zu erhitzen.
- Verwendest du für ein Rezept konservierte Lebensmittel, gib sie erst am Ende der Garzeit zu und wärme sie nur kurz durch.
- Ordne Konserven im Vorratsschrank am besten nach Haltbarkeitsdatum. Es wird wegen der langen Lebensdauer sonst leicht vergessen.
- Nur geschlossene Konserven sind lange haltbar. Verbrauche nach dem Öffnen den Inhalt zügig. Reste kannst du in einer fest schließenden Gefrierdose einige Tage im Kühlschrank aufbewahren.

Halbkonserven

Um den Geschmack der Zutaten optimal zu erhalten, werden Halbkonserven nicht sterilisiert, sondern meist pasteurisiert, also auf eine Temperatur zwischen 70 °C und 95 °C erhitzt. Je nach Wärmebehandlung variiert die Haltbarkeit zwischen wenigen Wochen und mehreren Monaten.

DAS SOLLTEST DU WISSEN

- Typische Halbkonserven sind Fisch-, Fleisch- und Wurstprodukte.
- Im Handel sind Halbkonserven im Kühlregal zu finden, und zu Hause müssen sie im Kühlschrank aufbewahrt werden.
- Angebrochene Halbkonserven müssen innerhalb weniger Tage verbraucht werden. Reste aus Dosen in andere Behälter mit luftdicht schließendem Deckel umfüllen. Bei angebrochenen Gläsern genügt es, sie fest zuzuschrauben.
- Den Inhalt nur mit makellos sauberem Besteck aus dem Glas nehmen, sonst besteht Gefahr, dass Keime eingeschleppt werden und Reste schneller verderben.
- Finger weg, wenn der Inhalt von Gläsern Bläschen oder Trübungen zeigt oder wenn Produkte mit fester Konsistenz verflüssigt sind.

Selbst konservieren in Gläsern

Traditionell wurde „eingeweckt", um im Sommer Ernteüberschüsse für den Wintervorrat haltbar zu machen. Wer sich mit dem Konservieren auskennt, kann heute bei günstigen Saisonangeboten auf dem Markt zuschlagen. Statt wie zu Omas Zeiten mit Gummiringen und Klammern zu hantieren, kannst du moderne Gläser mit einer Vakuum-Gummidichtung im Deckel verwenden.

SCHRITT FÜR SCHRITT >>>

1. Sterilisieren: Ein Durchgang in der Spülmaschine genügt nicht! Gläser und Deckel müssen 10 Minuten in einem Topf mit Wasser gekocht werden. Lege ein gefaltetes Geschirrtuch auf den Topfboden, damit die Gläser im brodelnden Wasser nicht aneinanderschlagen. Sterilisiere auch alle Küchenwerkzeuge, die du benutzen willst, z.B. Sieb, Messer, Einfülltrichter. Danach die Gläser mit der Öffnung nach unten auf einem sauberen Geschirrtuch abtropfen lassen.

2. Obst und Gemüse: Nimm nur makellose Ware, weder zu reif noch zu unreif und ohne Flecken oder Druckstellen auf der Schale. Gründlich waschen und dann gemäß Rezept verarbeiten.

3. Konservieren: Benutze zum Einfüllen einen weiten Trichter, damit das Gewinde des Glases makellos sauber bleibt. Nur dann schließt der Deckel luftdicht. Den Inhalt einmal umrühren, um Luftblasen zu entfernen. Fülle die Gläser nicht bis zum oberen Rand. Der Abstand zum Deckel beträgt

- 1,25 cm bei kleineren Obst- und Gemüsekonserven ohne Flüssigkeit oder Zucker.
- 2 cm bei 1-l-Gläsern, Suppen und anderen Flüssigkeiten.

Nun die Gläser in einen Topf stellen, bis knapp unter Deckelhöhe Wasser einfüllen und zum Kochen bringen. Die Kochzeit variiert je nach Inhalt.

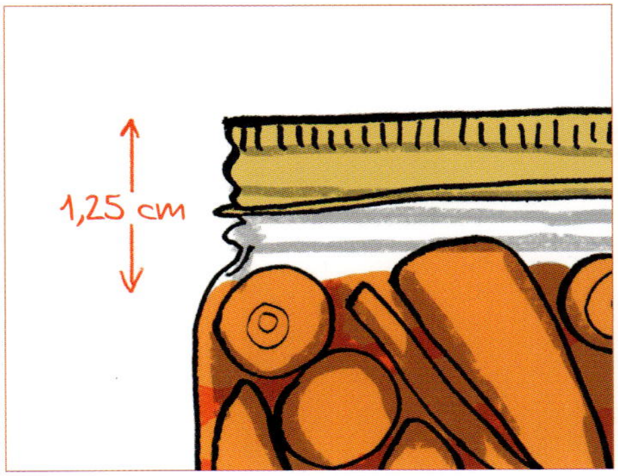

4. Verschließen und beschriften: Die Gläser fest zuschrauben und abkühlen lassen. Danach kannst du Etiketten mit Inhalt und Datum beschriften und aufkleben.

Nicht kaufen:

- ☒ Dosen, die eingebeult, aufgebläht oder rostig sind
- ☒ Dosen mit gewölbtem Boden, der nach dem Eindrücken nicht in die Ausgangsposition zurückkehrt
- ☒ Gläser mit rostigem Deckel
- ☒ Gläser, in deren Inhalt Bläschen oder Trübungen zu erkennen sind
- ☒ Behältnisse ohne Etikett

HILFE!

DIE EXPERTIN WEISS RAT

ANA GALLO

MATTHIAS  INGENIEUR
43 JAHRE

Ich liebe die japanische Küche, doch aus Angst vor einer Infektion mag ich keinen rohen Fisch essen. Wie schützt man sich davor? Und welche Fischarten betrifft es?

LÖSUNG: In der Tat können Darmparasiten ein Risiko darstellen. Sie werden aber abgetötet, wenn du den Fisch mindestens zehn Minuten lang bei über 60 °C garst, also ihn normal kochst oder brätst. Willst du den Fisch allerdings roh essen, nimm ihn sorgfältig aus und friere ihn vor dem Verzehr 24–72 Stunden bei -20 °C ein. Hat dein Kühlschrank nur 3 oder weniger Sterne, dauert es länger, bis -20 °C erreicht werden, dann solltest du ihn 7 Tage lang einfrieren. Bei Muscheln, Schalentieren, Süßwasserfischen oder Fisch aus Aquakultur tritt der Fadenwurm nicht auf. Auch pasteurisierte Halbkonserven, Fisch in Salzlake (Matjes) und salzgetrockneter Stockfisch sind ungefährlich. Infektionsgefahr besteht nur durch Halbkonserven mit Marinaden oder Essig, durch kalt geräucherten oder rohen, unsachgemäß vorbereiteten Fisch.

BANU  BANKANGESTELLTE
32 JAHRE

Eine Freundin hat mich ausgelacht, als ich ein frisches Hühnchen vor dem Einfrieren gewaschen habe. Aber wie kann man es denn einfach in den Tiefkühlschrank legen, wo man doch nicht weiß, wo es herstammt?

LÖSUNG: Frischfleisch aus einem serösen Geschäft, in dem die Hygienevorschriften beachtet werden, braucht nicht gewaschen zu werden. Das gilt auch für Geflügel. Viele Leute haben diese Gewohnheit nicht abgelegt, die noch aus Zeiten stammt, als Lebensmittelkontrollen keine Selbstverständlichkeit waren. Experten halten das Waschen für unnötig, da schädliche Mikroorganismen ohnehin durch das Garen oder Einfrieren abgetötet werden.
Außerdem wird beim Waschen immer auch Fleischsaft weggespült. Restfeuchte, die auch nach dem Abtrocknen bleibt, bildet beim Einfrieren Reif, und der kann Geschmack und Geruch beeinträchtigen. Wenn du das Waschen im Einzelfall trotzdem für nötig hältst, trockne sehr gut mit einem sauberen Tuch nach. Andererseits muss Fisch und Geflügel vor dem Einfrieren immer ausgenommen werden. Dazu wäscht man das Innere mit reichlich Wasser aus, aber ohne das Tier unter den Wasserstrahl zu halten. Anschließend gründlich abtrocknen.

MAREN

PFERDEWIRTIN
28 JAHRE

Wie stressig! Immer wenn ich Tiefgekühltes kaufe, hetze ich danach nach Hause, weil ich nicht weiß, wie schnell es antaut und verdirbt.

LÖSUNG: Laut Gesetz muss Tiefkühlkost im Geschäft bei -18 °C gelagert werden, allerdings ist eine Toleranz von +/- 6 °C zulässig. Beobachte zu Hause einmal, wie lange ein tiefgefrorenes Lebensmittel zum Auftauen braucht. In den ersten 30–60 Minuten tut sich nicht viel – so viel Zeit hast du auf jeden Fall für den Nachhauseweg. Natürlich spielt dabei die Temperatur eine Rolle, die von Jahreszeit und Wohnort abhängt. Hier noch drei Tipps:

1. Kaufe Tiefkühlkost zum Schluss ein. Es ist kein Zufall, dass die Kühltruhen in Supermärkten oft in der Nähe der Kassen stehen.
2. Nimm Packungen, die weit unten in der Gefriertruhe liegen. Lass Packungen liegen, die mit viel Reif bedeckt sind, deren Inhalt verklumpt ist oder einen kompakten Klotz bildet. Das sind Anzeichen dafür, dass die Kühlkette unterbrochen wurde.
3. Nimm im Sommer eine Kühltasche (mit Akkus!) mit zum Einkaufen. Du kannst Tiefkühlwaren auch in zwei Plastiktüten oder ein paar Lagen Zeitung wickeln, um das Antauen zu verzögern.

THORSTEN

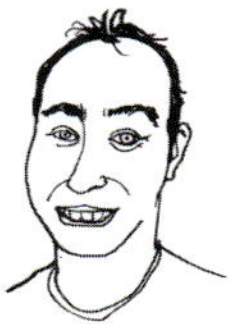

INFORMATIKER
27 JAHRE

Ist es gut, Lebensmittel vakuumverpackt einzufrieren?

LÖSUNG: Ja, in ihrer Vakuumverpackung können Lebensmittel lange und in gutem Zustand aufbewahrt werden. In solchen Verpackungen befindet sich nur sehr wenig Luftsauerstoff, was die Entwicklung von Mikroorganismen ausbremst, die sich schon bei Temperaturen über -30 °C vermehren können. Fette können durch Sauerstoffeinwirkung sogar im Kälteschlaf ranzig werden – auch dieser Prozess wird in Vakuumverpackungen stark verlangsamt. Und natürlich beugt die Verpackung Reifbildung und Gefrierband vor.

GUNNAR

APOTHEKER
36 JAHRE

Warum soll man den Inhalt von Dosen mit Dellen nicht verzehren?

LÖSUNG: Die Innenseiten von Konservendosen sind meist mit einem Lack beschichtet, der den direkten Kontakt zwischen Metall und Lebensmittel verhindert. Im Bereich einer Delle kann dieser Lack reißen, sodass gesundheitsschädliche Stoffe aus dem Metall in den Konserveninhalt gelangen können. Durch eine Delle im Randbereich kann die Verlötung beschädigt werden. Eine minimale Öffnung genügt, damit Mikroorganismen eindringen können. Wenn dir zu Hause eine Dose herunterfällt und dabei verbeult, kannst du sie bedenkenlos öffnen und den Inhalt sofort verbrauchen. Wie alt die Delle einer Dose im Supermarktregal ist, kannst du aber nicht wissen. Lass sie lieber stehen.

14

CLEVER EINKAUFEN UND SPAREN

Natürlich wirken sich deine Einkaufsgewohnheiten auf deine Finanzen aus. Aber sie können auch Einfluss auf dein „Zeitkonto" und auf deine Gesundheit haben. Es ist nicht immer die beste Idee, den Einkauf unterwegs auf die Schnelle zu erledigen.

Ein kluger Einkauf beginnt mit einer durchdachten Einkaufsliste. Sie hilft dabei, auf Unnötiges zu verzichten und unüberlegte Spontankäufe zu vermeiden. Wenn du dich ein bisschen genauer mit verschiedenen Produkten beschäftigst, lernst du bald, sie zum optimalen Zeitpunkt zu kaufen. Und wenn du außerdem noch weißt, wie die verschiedenen Lebensmittel richtig gelagert werden, hast du deine Vorratshaltung bald gut im Griff.

NIEMALS!

- Ohne Liste einkaufen gehen.
- Hungrig oder müde einkaufen gehen.
- In Hektik einkaufen. In Stress und Eile fällt man allzu leicht falsche Entscheidungen.
- Einkaufen gehen, wenn es voll ist. Im Gedränge ist es unmöglich, in Ruhe abzuwägen und Lockangebote zu erkennen.
- Beim Einkaufen nur auf die Preise achten. Du musst schon genauer hinschauen und die Mengen vergleichen.

Das ABC des Einkaufens

A. Plane deine Einnahmen und Ausgaben: Verschaffe dir einen Überblick über deinen regelmäßigen Bedarf und kaufe mit Verstand ein. Geh nicht immer in denselben Laden, sondern achte darauf, wo bestimmte Produkte besonders günstig oder in bester Qualität angeboten werden. Notiere dir, was du ausgibst, und setzte dir das Ziel, beim nächsten Mal weniger auszugeben.

B. Kaufe so selten ein wie möglich und nur, was du wirklich brauchst. Statt täglich Zeit in Geschäften zu verbringen, überlege lieber, was sich aus den Beständen deines Vorrats zaubern lässt. Meist genügt es, zweimal im Monat zum Großeinkauf aufzubrechen. Schreibe unbedingt eine Liste ... und lass sie nicht zu Hause liegen. Wenn du ein Smartphone hast, könntest du eine Einkaufszettel-App ausprobieren. Fällt dir ein attraktives Sonderangebot auf? Greif zu, aber streiche dafür einen anderen Posten von der Liste.

C. Koche dein Essen selbst. Fertiggerichte, Imbiss- und Restaurantbesuche gehen auf die Dauer ins Geld. Nimm dir für die Mittagspause eine Portion in einer gut schließenden Dose mit: In den meisten Firmen gibt es eine Mikrowelle. So hast du viel besser im Blick, wie viel du ausgibst und was du isst. Außerdem kannst du die Portionsgrößen selbst bestimmen. Restaurantportionen sind meistens zu üppig.

Iss zuerst, was schneller verdirbt

Nachdem du groß eingekauft und alles in die Vorratsschränke eingeordnet hast, verbrauche immer zuerst die Lebensmittel, die am schnellsten verderben.

- **Obst:** Behalte im Blick, was wann reif ist, damit du es nicht wegwerfen musst. Iss zum Beispiel zuerst Bananen und Kiwis, dann Birnen und Pflaumen und zuletzt Mandarinen, Orangen und Äpfel.
- **Gemüse:** Verbrauche zuerst den Salat, der schon gewaschen und geschnitten in Tüten verkauft wird, dann ganze Salatköpfe. Blattgemüse wie Spinat und Mangold hält sich 2–3 Tage. Kürbis, Auberginen, Sellerie, Rettich, Zucchini oder Blumenkohl kannst du länger aufbewahren.
- **Portionen:** Iss Angeschnittenes und Angebrochenes zuerst (Melonen, Heringssalat, Frischkäse etc.)
- **Fleisch:** Verbrauche zuerst Produkte aus rohem Fleisch und danach gegarte Fleischwaren.

10 TIPPS
für den sparsamen Einkauf

01

Halte dich beim Einkauf an deine Liste, aber lass dir ein bisschen Flexibilität. Gestehe dir maximal 2 oder 3 Dinge zu, die du zu notieren vergessen hast. Greif bei interessanten Angeboten ruhig zu, aber streiche dafür etwas anderes von der Liste.

02

Kaufe möglichst wenig Halbfertig- oder Fertigprodukte. Sie sind teurer.

03

Kaufe Zutaten, die sich lange halten, etwa Reis, Hülsenfrüchte, Gemüse, Nudeln.

04

Trinke öfter Wasser. Vergleiche einmal den Literpreis von gutem Mineralwasser und gängigen Soft-Drinks – das wird dich überzeugen.

05

Überlege genau, wie viel Salzgebäck, Kekse oder Süßigkeiten du wirklich brauchst.

06

Obst ist als Nachtisch gesünder und preiswerter als Fertigpudding.

07

Wenn dir öfter Reste verderben, kaufe lieber kleinere Mengen ein.

08

Bei frischen Produkten lässt sich viel sparen, wenn man sie in größeren Mengen kauft und mit Freunden oder Nachbarn teilt. Das gilt auch für Obst und Gemüse von regionalen Erzeugern.

09

Kaufe Produkte, die du gern und oft genießt, in Großpackungen (Milch, Öl, Tomatensauce, Kartoffeln, Äpfel).

10

Gewöhne dir an, Produkte anhand des Preises pro 100 g oder pro Kilo zu vergleichen und vergiss bei aller Sparsamkeit nicht, dass gute Qualität ihren Preis hat.

Einkaufsfalle Supermarkt

Heutzutage geben alle großen Handelsketten Marktforschungsstudien in Auftrag, um das Kaufverhalten der Kunden zu analysieren und gezielt auszunutzen. Das ist einer der Gründe dafür, warum es fast nie gelingt, für ein Paket Mehl in ein Geschäft zu gehen – und nur mit einem Paket Mehl wieder herauszukommen. Die Strategien wechseln, doch einige davon funktionieren seit Jahren mit Erfolg.

IMPULSKÄUFE

Sonderangebote sollen Kunden zu unüberlegten Spontankäufen verführen.
Lass dich nicht von Behauptungen locken, sondern frage dich, ob du das angepriesene Produkt oder die angebotene Menge davon wirklich brauchst.

WAS STEHT WO?

- Starte deinen Einkauf hinten im Laden, nicht vorne. Hinten stehen die Grundnahrungsmittel. Das hat seinen Grund, denn auf dem Weg dorthin kommt der Kunde an vielen Verlockungen vorbei.
- Sieh dir die Regale von unten nach oben an. In der Mitte steht gut sichtbar und griffbereit, was der Kunde kaufen soll. Für Günstigeres muss man sich meist bücken.
- Misstraue Produkten, die als Sonderaktion an Kreuzungen von Gängen angepriesen werden oder die eher ungeordnet in Kartons aufgestapelt sind. Diese Präsentation suggeriert oft ein Schnäppchen, das gar keins ist.

PREISE ÜBERPRÜFEN

- Prüfe genau, ob der ausgeschilderte Preis wirklich zum gewünschten Produkt gehört. In manchen Geschäften werden die Regale eher nachlässig aufgefüllt.
- Achte bei ähnlichen Produkten auf Menge und Größe. Nicht immer sind Großpackungen günstiger als kleine Mengen.
- Lass dich nicht von Supersonderangeboten blenden. Rechne nach, bevor du zugreifst.

SCHWELLENPREISE

Der Unterschied liegt bei einem Cent, doch der uralte 1,99-Trick lässt immer noch viele Leute in dem Glauben, sie würden günstiger einkaufen. Runde die Preise in Gedanken auf die der Dezimalzahl folgende ganze Zahl auf.

DIMENSIONEN

- Große Einkaufswagen und -körbe sollen dir das Gefühl vermitteln, du hättest nicht viel eingekauft. Es passt ja noch eine Menge hinein.
- Enge Gänge bewirken, dass du häufiger stehen bleiben musst, um andere Kunden vorbeizulassen. Du nimmst den Regalinhalt des Gangs genauer wahr und wirst verführt, etwas Unnötiges zu kaufen.

HEISSE ZONEN

Auch sie sollen zum unüberlegten Kauf verführen. An der Kasse locken Knabberzeug und Süßigkeiten oder Produkte wie Batterien oder Rasierklingen, die man doch eigentlich immer braucht. Typische Positionen sind auch Gangkreuzungen, an denen viele Kunden vorbeikommen. Heiße Zonen im Eingangsbereich machen es schwer, nur schnell ein paar Kleinigkeiten zu besorgen.

Den Einkauf unter Kontrolle

- **Begrenze dein Budget.** Nimm Bargeld mit. Karten verlocken dazu, mehr auszugeben.
- **Verfall nicht der Einkaufsroutine.** Brich mit der Gewohnheit, immer am gleichen Ort einzukaufen. Vergleiche Angebot und Preise verschiedener Geschäfte. Woanders sind Putzmittel vielleicht günstiger, oder die Gemüseabteilung ist besser sortiert.
- **Rechne, rechne, rechne.** Nimm dazu ruhig den Taschenrechner im Handy. So findest du schnell heraus, ob das Supersonderangebot „2 zum Preis von 1" wirklich so günstig ist.
- **Brille!** Wenn du eine Lesebrille hast, nimm sie mit zum Einkauf. Wichtige Informationen wie der Preis pro 100 g sind oft sehr klein gedruckt.
- **Wagen oder Korb?** Brauchst du nur wenige Kleinigkeiten, nimm den Korb.
- **Beschwichtige deine Gelüste.** Verständlich, dass du dir auch was gönnen willst, aber gleich drei Sachen …
- **Schlechte Gesellschaft.** Geh möglichst allein einkaufen. Quengelnde Kinder und eingefleischte Konsumfans, die ihre Kaufimpulse nicht im Griff haben, können einen schlechten Einfluss haben.
- **Zeit!** Supermärkte setzen Strategien ein, um dich beim Einkauf aufzuhalten. Je länger du durch den Laden streifst, desto mehr kaufst du. Überlege vorher, wie viel Zeit du dir nehmen willst, und stell dir den Wecker deines Handys, damit er dir ein paar Minuten vor Ablauf der Zeit Bescheid gibt.
- **Mitrechnen!** Ein gutes Gehirnjogging und ein Ansporn zum Sparen ist, fortlaufend im Kopf zu summieren, was du in den Wagen legst. Es muss nicht auf den Cent genau sein.

Listen mit System

☑ Wenn du eine Einkaufsliste schreibst, geh in Gedanken vom Eingang deines vertrauten Supermarkts bis zur Kasse. Notiere in dieser Reihenfolge, was du kaufen willst. So steuerst du die jeweiligen Produkte gezielt an und lässt dich nicht so leicht ablenken.

☑ Ob du Reste einfrierst oder frisch zubereitete Gerichte: Notiere alles auf einer Liste, die am besten immer am Kühlschrank hängt. Streiche durch, was du aus dem Gefriergerät nimmst. So kannst du deinen Vorrat schnell überblicken und kaufst nichts Unnötiges ein.

3 GUTE GRÜNDE FÜR FRISCHE PRODUKTE

1.
Sie sind preisgünstiger und enthalten mehr wertvolle Nährstoffe.

2.
Mit dem Kauf unverpackter Frischware hilfst du, Abfall zu vermeiden. Die Produktion von Verpackungsmaterialien ist mit einem hohen Kosten- und Energieaufwand verbunden.

3.
Im Gemüseladen, beim Fleischer, im Fischgeschäft um die Ecke oder auf dem Wochenmarkt ist alles frischer als im Supermarkt. Wer dort einkauft, unterstützt nicht nur die kleinen Geschäftsleute und regionalen Erzeuger, sondern kann oft auch das Auto stehen lassen.

Wie frisch ist das?

Grundsätzlich empfiehlt es sich, Fleisch, Fisch und Gemüse frisch einzukaufen. Frische Ware hat einen höheren Nährstoffgehalt, denn Vitamine und andere Inhaltstoffe können sich bei längerer Lagerung zersetzen. Aber nicht nur die Gesundheit profitiert, sondern auch der Geldbeutel, denn frische Produkte halten sich länger.

FLEISCH

frisch		nicht frisch
• Fleisch kräftig rot	RIND	• bläuliche Ränder (fast verdorben), rote Flecken
• Fleisch hellrosa oder kräftig rosa	KALB	• bräunlich (schlechte Qualität) oder bläuliche Ränder (fast verdorben)
• Fleisch rosa (Lamm) oder blassrosa (Milchlamm), Fett weiß	LAMM	• Fleisch rot und Fett gelblich
• Fleisch rosa, Fettmarmorierung weiß	SCHWEIN	• Fleisch rot (schlechte Qualität) oder bläuliche Ränder (fast verdorben)
• Fleisch rosa oder weiß, Haut gelblich (spezielle Mast, gute Qualität)	HUHN	• Fleisch rötlich (schlechte Qualität) oder grünlich marmoriert (verdorben)
• Fleisch weiß oder hellrosa, Haut weiß	PUTE	• Fleisch rötlich (schlechte Qualität) oder grünlich marmoriert (verdorben)
• Fleisch rosa	KANINCHEN	• Fleisch rot (schlechte Qualität) oder grünlich marmoriert (verdorben)

FISCH

frisch	nicht frisch
• glänzende, rund vorgewölbte Augen mit schwarzer Pupille	• eingefallene, milchig-trübe Augen
• kräftig rote Kiemen	• weißliche, am Körper klebende, verschleimte Kiemen
• feucht glänzende Haut	• matte, trockene Haut
• feuchte, gerade Schwanzflosse	• trockene, gebogene Schwanzflosse
• festes, elastisches Fleisch	• hartes Fleisch (auf Druck bleibt ein Fingerabdruck zurück)
• fast geruchlos	• strenger Geruch
• Filets / Steaks: glänzend, feste Konsistenz	• Filets / Steaks: trocken, bröckelige Konsistenz

GEMÜSE

frisch		nicht frisch
• knackige Blätter ohne Flecken	**BLATTGEMÜSE**	• welke Blätter mit dunklen Flecken
• glänzende, feste Haut; der Größe entsprechendes Gewicht	**FRUCHTGEMÜSE (AUBERGINE, PAPRIKA ETC.)**	• weiche, runzlige Haut; auffallend leicht
• fest geschlossen; kein Grün sichtbar	**ZWIEBELGEMÜSE (ZWIEBEL, KNOBLAUCH)**	• Schichten / Zehen trennen sich; auffallend leicht; grüne Sprosse sichtbar
• glatte, ebenmäßige, glänzende Schale; feste Konsistenz	**KÜRBIS-GEWÄCHSE (ZUCCHINI, KÜRBIS, GURKE)**	• matte, weiche Schale; fühlt sich hohl an; auffallend leicht

KÜHLEN MIT SYSTEM

Lebensmittel halten sich länger, wenn sie richtig gekühlt werden.

- **Oberes Fach (wärmster Bereich)** Käse, Eier, Getränke etc.
- **Mittlere Fächer (mittlere Temperatur)** Aufschnitt und Milchprodukte: Joghurt, Milch, Sahne, Desserts in Bechern, Fertigprodukte und Reste von Mahlzeiten
- **Unteres Fach (kältester Bereich)** Leicht Verderbliches: rohes Fleisch, roher Fisch
- **Schubladen** Obst und Gemüse, das gekühlt werden muss
- **Tür (wärmer als im obersten Fach)** Gewürze, Getränke, Saucen
- Hinten im Kühlschrank ist es kälter als in Türnähe.
- Mit viereckigen Behältnissen lässt sich der Platz am besten ausnutzen. Stelle größere nach hinten, damit sie die kleinen nicht verdecken.

Kann ich das noch essen?

Dass auf die meisten Lebensmittel ein Mindesthaltbarkeitsdatum aufgedruckt werden muss, weißt du zweifellos. Aber was, wenn dir beim Durchsehen des Kühlschranks ein Joghurt in die Hand fällt, dessen Mindesthaltbarkeitsdatum überschritten ist? Wirfst du ihn weg – sicher ist sicher? So verhalten sich die meisten Menschen, und darum landen viele einwandfreie Lebensmittel im Müll. Die Ursache dafür ist vor allem mangelndes Wissen.

MINDESTHALTBARKEITSDATUM (MHD)

Das MHD ist kein Verfallsdatum. Es sagt lediglich aus, dass ein Produkt bis zu diesem Datum in Topzustand sein muss. Es muss in Aussehen, Geschmack und Konsistenz rundum den Erwartungen des Kunden entsprechen. Wenn besondere Lagerungsbedingungen – beispielsweise eine bestimmte Temperatur – einzuhalten sind, um die angegebene Mindesthaltbarkeit zu gewährleisten, muss auf der Verpackung ein entsprechender Hinweis angebracht werden. Das MHD gilt nur für eine noch original verschlossene Packung.

Nach Ablauf des MHD ist ein Lebensmittel nicht automatisch ungenießbar oder verdorben. Es darf sogar noch verkauft werden, wenn es in einwandfreiem Zustand ist. Viele Händler bieten solche Produkte zu reduzierten Preisen an. Langlebige Lebensmittel wie Reis oder Nudeln sind auch weit über das MHD hinaus noch bedenkenlos genießbar. Bei anderen Produkten lohnt es sich, sie genau in Augenschein zu nehmen und einmal daran zu riechen, bevor man sie wegwirft.

VERBRAUCHSDATUM

Auf Lebensmitteln wie Hackfleisch, Frischgeflügel oder Rohmilch (Vorzugsmilch), die in mikrobiologischer Hinsicht sehr leicht verderblich sind, muss anstelle des MHD ein Verbrauchsdatum aufgedruckt sein. Auch in diesem Fall müssen die sachgemäßen Aufbewahrungsbedingungen angegeben werden. Nach Ablauf des Verbrauchsdatums dürfen diese Lebensmittel nicht verkauft werden, und du solltest sie mit Rücksicht auf deine Gesundheit auch nicht mehr verzehren.

KEINE KENNZEICHNUNG

Für einige Produkte ist die Angabe des MHD nicht erforderlich. Dazu gehören beispielsweise frisches Obst und Gemüse, Speiseeis in Portionspackungen, Kaugummi oder Getränke mit einem Alkoholgehalt von zehn oder mehr Volumenprozent.

Gut zu wissen:

Nicht kühlen muss man

* Obst (es sei denn, die Nachreifung soll hinausgezögert werden)
* Brot, Frühstücksflocken
* Gemüse

HILFE!

DIE EXPERTIN WEISS RAT

ANA GALLO

CHARLOTTE

SCHNEIDERIN
32 JAHRE

Sind No-Name-Produkte wirklich immer die bessere Wahl?

LÖSUNG: Viele Supermarktketten bieten neben Markenartikeln auch eigene No-Name-Produkte an. Das hat den Vorteil, dass sich dadurch die Angebotspalette für den Kunden vergrößert. Meistens – aber nicht immer – sind die No-Name-Produkte preisgünstiger als Markenware und von guter Qualität. Oft stammen Markenprodukte und No-Names sogar vom gleichen Hersteller und tragen nur unterschiedliche Etiketten. Manchmal jedoch ist Markenware einem entsprechenden No-Name-Produkt qualitativ überlegen.

Ich rate dir, die Testberichte von Verbrauchervereinigungen zu studieren, die oft auch im Internet veröffentlicht werden. Anhand der vergleichenden Gegenüberstellungen kannst du dir gut ein Urteil bilden. Übrigens lassen sich auch die Hersteller von No-Name-Produkten und Eigenmarken leicht im Internet herausfinden.

ALBRECHT

BIOLOGE
53 JAHRE

Ich musste schon öfter Wein wegschütten, weil er in der angebrochenen Flasche umgekippt war. Wie bleibt er lange trinkbar?

LÖSUNG: Licht, Temperatur und Sauerstoff tragen zur Oxidation des Weins bei. Es kommt also auf die korrekte Lagerung an. Wein muss immer an einem lichtgeschützten Ort und bei der richtigen Temperatur – die je nach Sorte verschieden ist – aufbewahrt werden. Weißwein und Sekt sind im Kühlschrank bei 6–8 °C gut aufgehoben, also im obersten Fach. Rotwein braucht höhere Temperaturen zwischen 16 und 18 °C. Stelle geschlossene Flaschen nicht in den Kühlschrank, sondern bewahre sie bei eher kühler Zimmertemperatur auf. Unabhängig von der Sorte ist der Sauerstoff in angebrochenen Flaschen das größte Problem. Du musst die Flasche sorgfältig mit dem Korken verschließen oder ihr mit einer speziellen Vakuumpumpe den Sauerstoff entziehen. Stelle angebrochene Weinflaschen immer in den Kühlschrank. Die Kälte verlangsamt den Oxidationsprozess und der Wein wird sich problemlos drei bis vier Tage halten.

OLGA

DISPONENTIN
28 JAHRE

Was ist besser, ein Einkauf im Monat oder mehrere?

LÖSUNG: Empfohlen wird meist ein Großeinkauf im Monat, und für vier- oder mehrköpfige Familien ist das wohl auch sinnvoll – immer vorausgesetzt, es ist genug Platz in Kühlschrank und Speisekammer vorhanden. Allerdings ist es gar nicht so einfach, die Mahlzeiten für vier Wochen im Voraus zu planen. In dem meisten Fällen wird man also öfter einkaufen müssen.

BRIGITTE

FRISEURIN
33 JAHRE

Ich habe es nicht so mit Buchhaltung, mache alles nach Auge und weiß nicht einmal genau, wie viel ich ausgebe ...

LÖSUNG: Um sparsam zu wirtschaften, solltest du schon einigermaßen genau wissen, wie viel Geld dir zur Verfügung steht und wofür du es ausgibst. Das gute, alte Haushaltsbuch kannst du aber durch eine Tabellenkalkulations-Software ersetzen. Viele dieser Programme verfügen über passende Dokumentenvorlagen. Am Anfang wirst du etwas Zeit brauchen, um deine spezifischen Daten anzulegen. Danach brauchst du nur noch laufende Posten zu erfassen. Das muss nicht täglich geschehen. Bewahre einfach alle Kaufbelege auf und gib die Daten einmal monatlich ein. Das Rechnen nimmt dir die Software ab.

WOLFGANG

KONDITOR
27 JAHRE

Kann man Geld sparen, indem man online einkauft?

LÖSUNG: In der Regel findest du im Online-Angebot der Super- und Großmärkte die gleichen Produkte wie im Laden selbst. Allerdings sind die Werbeaktionen oftmals unterschiedlich: Einige Angebote gelten nur für das Internet, andere kannst du nur nutzen, wenn du in den Laden gehst.

Die Lieferung nach Hause kostet Geld, wenn nicht ein bestimmter Mindestbestellwert erreicht wird. Im Rahmen von Sonderaktionen wird gelegentlich kostenlose Lieferung angeboten. In einigen Supermärkten kann man die Bestellung online aufgeben und die Ware dann selbst abholen, manchmal sogar ohne aus dem Auto zu steigen. Allerdings schlägt auch die Fahrt zum Einkauf als Zeit- und Kostenfaktor zu Buche. Abgesehen von diesen speziellen Angeboten für Online-Produkte liegt das Sparpotenzial vor allem in der Einkaufssituation. Wer in aller Ruhe zu einem günstigen Zeitpunkt am eigenen Rechner einkauft, geht meist überlegter vor und ist weniger Verlockungen ausgesetzt. Du kannst deine vorherigen Einkaufslisten als Referenz benutzen oder dich über Angebote anderer Anbieter informieren, ohne mehrere Läden aufsuchen zu müssen.

Es lohnt sich, immer auf dem neuesten Stand der Online-Einkaufsmöglichkeiten zu sein, zumal beispielsweise auch regionale Obst- und Gemüseerzeuger diesen Vertriebsweg zunehmend für sich entdecken.

15

HEIMWERKEN FÜR ANFÄNGER

Wusstest du, dass die meisten Heimwerker nicht aus Sparsamkeitsgründen die Ärmel hochkrempeln, sondern weil es ihnen Spaß macht? Tatsächlich braucht man gar keinen anderen Grund, um sich ans „Werkeln“ zu machen.

Das nächste Kapitel nimmt dich bei den ersten Schritten an die Hand. Zu welchen Höhen du dich dann aufschwingst, liegt ganz bei dir. Schaff dir eine Werkzeug-Grundausstattung an und erweitere sie allmählich, wenn du dich neuen Herausforderungen stellst – und das wirst du zweifellos tun, wenn du einmal Feuer gefangen hast. Nach den ersten Heimwerker-Erfolgen wirst du dein Zuhause mit völlig neuen Augen betrachten und dich immer wieder fragen: „Kann ich das nicht selber machen?“

Verliere aber bei aller Begeisterung nicht die Sicherheit aus den Augen. Nimm Vorsichtsmaßnahmen und Schutzvorkehrungen nicht auf die leichte Schulter. Das oberste Gebot lautet, nichts zu tun, dessen du dir nicht ganz sicher bist.

NIEMALS!

- Eine Metallleiter benutzen, wenn du mit Strom hantierst.
- Elektrowerkzeuge in einer feuchten Umgebung einsetzen.
- Weite Kleidung oder offene Haare tragen, wenn du Werkzeugmaschinen bedienst.
- Dich auf der Leiter zu weit zur Seite zu lehnen. Stelle sie so, dass du dein Ziel bequem erreichst.
- An Elektrowerkzeugen Zubehör wie Bohrer oder Sägeblätter auswechseln oder Einstellungen vornehmen, ohne den Stecker zu ziehen.
- Spitze, scharfe Werkzeuge in die Taschen stecken.
- Ein Zimmer zu streichen beginnen, wenn nicht genug Zeit ist, einen Anstrich zu beenden.
- An regnerischen, schwülen oder sehr heißen Tagen streichen.

Das Heimwerker-ABC

A. Durchdenke alle Schritte deines Vorhabens von Anfang bis Ende genau und überlege auch, was schief gehen kann. Versuche nicht, etwas „mal eben auf die Schnelle" zu erledigen – das dauert meistens umso länger.

B. Überprüfe alles zweimal: die Mengen, die Maße ... und lieber etwas zu wenig abschneiden als zu viel.

C. Spare bei Material und Zubehör nicht am falschen Ende, sondern plane immer eine Reserve ein.

Die Grundausstattung

* Hammer
* Schraubendreher (Schlitz und Kreuzschlitz, verschiedene Größen)
* Bandmaß
* Zange
* Schraubenschlüssel (verschiedene Größen)
* Cutter
* Isolierband
* Handbohrer
* Bohrmaschine oder Akkuschrauber
* Nägel, Schrauben, Haken, Dübel
* Spachtelmasse
* Universalkleber

Mit diesem Werkzeug bekommst du allerlei in Ordnung.

Sicherheit geht vor

01	Für jede Arbeit das richtige Werkzeug einsetzen.
02	Nicht in der Nähe von Steckdosen bohren.
03	Wann immer du Arbeiten an der Elektroinstallation oder in der Nähe der Kabelführung vornimmst, schalte die Sicherung aus.
04	Beachte beim Umgang mit Farben, Lösungsmitteln, Klebstoffen und anderen Produkten, die chemische Substanzen enthalten, die Anwendungshinweise des Herstellers.
05	Schütze deine Augen und Hände, wenn die Arbeit es erfordert.
06	Verwende bei deiner Arbeit stabile Leitern und Böcke.
07	Hantiere nicht mit mehreren Werkzeugen gleichzeitig. Stecke sie in eine Tasche, unter den Gürtel oder lege sie griffbereit ab.
08	Informiere dich, ob für deine Arbeit eine Schutzmaske nötig ist – und welcher Typ (Einwegmaske, Maske mit Filter).

Sicherheits-Grundausstattung

- Schutzbrille
- Arbeitshandschuhe
- Schutzmaske

So vermeidest du Anfängerfehler

- ☒ Geh keine Arbeit an, wenn du nicht das nötige Werkzeug und Material hast.
- ☒ Decke den Arbeitsbereich weiträumig ab – man kann nie wissen …
- ☒ Überspringe keine Arbeitsschritte wie Vorbehandlung oder Schliff von Oberflächen. Halte Trocknungszeiten ein.
- ☒ Packe Arbeiten, die mehr als eine Person erfordern, nicht allein an.
- ☒ Lies dir die Gebrauchs- und Sicherheitshinweise aller Produkte genau durch.
- ☒ Benutze keine ungeeigneten Materialien zur Bearbeitung von Oberflächen.

Bohren mit Staubfänger

1. Klebe mit Kreppband eine Plastiktüte unter das Loch. Spreize die Öffnung, damit der Staub auch hineinfällt.

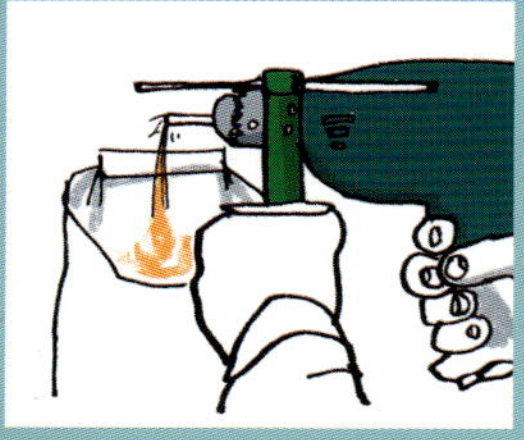

2. Wenn du an der Decke bohrst, kannst du einen Joghurtbecher oder einen halbierten Tennisball mittig auf den Bohrer spießen. Versuche, das Behältnis mit Malerkrepp an der Decke zu fixieren, damit es sich nicht mitdreht.

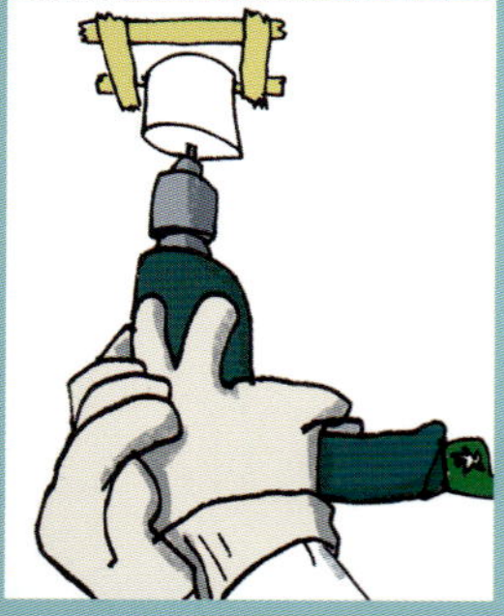

Das Geheimnis einer guten Befestigung

Um etwas an der Wand oder an einer anderen Fläche zu befestigen, kannst du zu Hammer und Nägeln greifen. Willst du etwas Schweres anbringen, musst du mit der Bohrmaschine Löcher bohren, Dübel hineinschieben und deinen Gegenstand mit Schrauben befestigen.

DEM NAGEL AUF DEN KOPF!

Nägel lassen sich mit einem Hammer leicht in Wände aus Gipskartonplatten, Porenbeton oder Holz schlagen. Sie eignen sich nur zum Aufhängen leichterer Objekte.

1. Halte den Hammer am Ende des Griffs, nicht unter dem Hammerkopf. Die Kraft kommt aus dem Unterarm, das Handgelenk bleibt relativ seif.
2. Setze den Nagel an die vorher angezeichnete Stelle. Schlage ein paar Mal nicht zu fest auf den Nagel, damit er eindringt, ohne zu verrutschen. Schau dabei nicht auf den Nagelkopf, sondern auf seine Spitze, und hämmere leicht schräg von oben, nicht im rechten Winkel. Sind die ersten Schläge zu kräftig, wird das Loch zu groß und der Nagel sitzt locker. Wenn du Angst um deine Finger hast, kannst du den Nagel mit einer Zange festhalten.

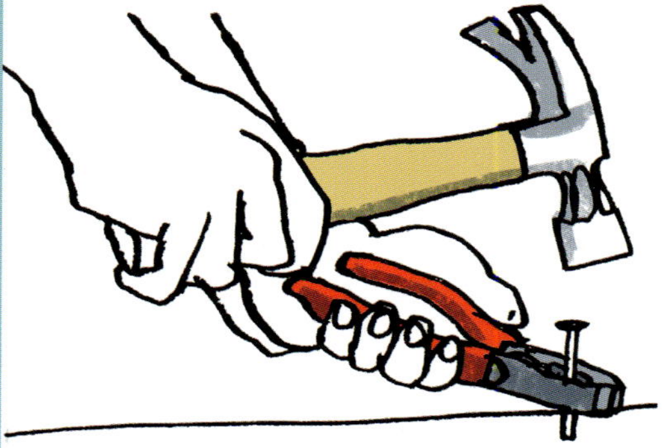

3. Halte den Nagel beim Hämmern fest, bis er tief und sicher im Loch sitzt. Dann kannst du ihm die letzten Schläge verpassen, ohne dass der Putz abbröckelt oder der Nagel verbiegt.

RICHTIG NAGELN

Putz: Schlage zuerst die Nagelspitze mit dem Hammer platt, damit beim Einhämmern kein Putz abspringt. Dann den Nagel nicht rechtwinklig zur Wand, sondern leicht schräg von oben einschlagen.
Holz: In hartes Holz lässt sich die Nagelspitze leicht hineindrehen, wenn du sie vorher in Flüssigseife oder Vaseline tunkst. Normalerweise sind helle Bereiche der Maserung weicher als dunkle. Willst du einen Stahlkopf unsichtbar machen, versenke ihn einfach mithilfe eines zweiten Nagels tiefer in der Wand.
Beton: Ist die Wand sehr hart, kann der Nagel verbiegen. Da hilft der alte Trick mit dem Korken:
1. Schneide von einem Korken ein Stück ab, das etwas kürzer als der Nagel ist. Stecke den Nagel mittig hinein. Die Nagelspitze darf am anderen Ende nur minimal herausschauen.
2. Lege den Kork mit der glatten Seite an die richtige Stelle, halte den Korken gut fest und hämmere. Der Kork lässt sich gut halten und verhindert, dass der Nagel krumm wird.
3. Ist der Nagel im Kork verschwunden, entferne diesen mit einem Cutter. Nicht ziehen, sonst kommt der Nagel mit heraus. Dann den Nagel weiter einschlagen.

Du brauchst zum Bohren:

- Schutzbrille
- Bleistift
- Staubfänger
- Einwegmaske
- Bohrer
- Schrauben und Dübel
- Verlängerungskabel

MIT DER BOHRMASCHINE

1. Wähle einen Bohrer, der zum Wandmaterial passt und der Dübelgröße deiner Schraube entspricht. Beachte beim Einspannen des Bohrers die Bedienungsanleitung deiner Bohrmaschine ein und überprüfe, dass er fest sitzt.
2. Nimm eine Körperhaltung ein, in der du den Bohrer bequem rechtwinklig auf der Wand ansetzen kannst. Falls nötig, stell dich auf eine Trittleiter oder stütze dich mit dem freien Arm an der Wand ab.
3. Halte die Bohrmaschine beim Anlaufen gut fest. Hat sie einen Zusatzgriff für die zweite Hand, benutze ihn. Anderenfalls stütze das untere, breite Griffende mit der freien Hand.
4. Zieh den Bohrer hin und wieder aus der Wand, um Bohrstaub aus dem Loch zu holen.

RICHTIG BOHREN

Harte Oberflächen: Mit langsamer Drehzahl vorbohren, damit der Bohrer nicht abrutscht. Dann die Schlagbohrfunktion einschalten und mit hoher Drehzahl bohren. Zwischendurch mehrmals unterbrechen und den Bohrer samt Staub aus dem Loch ziehen.
Weiche Oberflächen: Mit geringer Drehzahl ohne Schlagfunktion bohren. Verwende für Gipskarton- und Porenbetonwände unbedingt geeignete Spezialdübel.
Holz: Mit konstant niedriger Drehzahl und immer auf der sichtbaren Seite bohren.

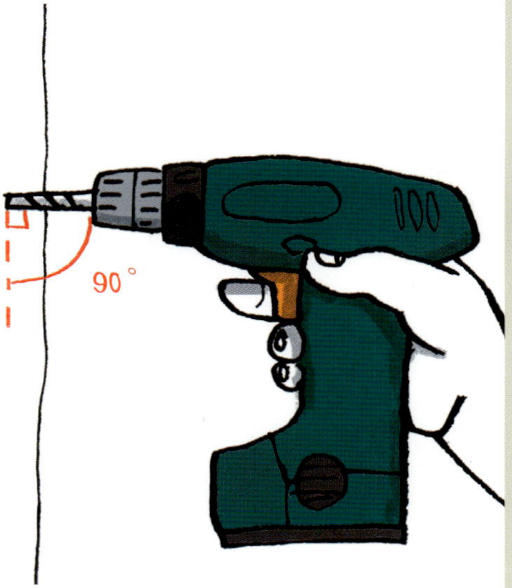

CLEVER

NAGELN UND BOHREN IN FLIESEN

Mit dem Hammer
1. Markiere den entsprechenden Punkt und klebe Malerkrepp über Kreuz auf die Markierung.

2. Auf dem Malerkrepp rutscht der Nagel nicht so leicht ab. Setze ihn an und schlage ihn ein.

Mit dem Bohrer
1. Markiere die Stelle auf der Fliese und schlage mit einem Nagel ein kleines Loch in die Glasur, damit der Bohrer nicht abrutscht.

2. Bohre nicht am Rand einer Fliese, er bricht leichter aus.

3. Bohre, zumindest anfangs, nur langsam und ohne Schlagbohrfunktion.

SCHRITT FÜR SCHRITT >>>

Wände streichen

DU BRAUCHST:

* Wandfarbe
* Rundpinsel
* Flachpinsel
* Walze mit Teleskopstange
* Farbeimer
* Terpentin und Wasser
* Malerkrepp
* Abdeckplanen oder Zeitungspapier
* Handschuhe

1. Bereite den Raum sorgfältig vor. Boden, Möbel, Tür mit Plastikfolie oder Zeitungspapier abdecken. Zieh alle Stecker. Klebe Steckdosen, Zierleisten, Tür- und Fensterrahmen mit Malerkrepp ab. Zieh Arbeitskleidung an und schütze Haare und Hände.

2. Rühre die Farbe gründlich um und gieße eventuell etwas aus dem Farbeimer ab, falls er zu voll ist. Ein Flachpinsel wird mit einem Drittel der Borstenlänge eingetaucht. Eine Walze 1 cm tief eintauchen und über ein Abstreifgitter rollen, um die Farbe zu verteilen.

3. Die Deckenkanten rundum mit einem 5–10 cm breiten Flachpinsel streichen. Dann die Walze mit Teleskopstange nehmen und in 5 cm Abstand zur gepinselten Kante einmal die Decke entlang streichen. Dann in die Gegenrichtung rollen, diesmal auch über den freien Streifen am Rand. Danach leicht nachrollen, ohne die Walze neu einzutauchen, um die Farbe gleichmäßig zu verteilen. Die ganze Decke Bahn für Bahn in dieser Weise streichen.

4. Nun sind die Wände dran.
Reinigen: Ist die vorherige Farbe noch in Ordnung, wasche sie mit Wasser und Seife ab und lasse sie trocknen. Ist sie fleckig oder unschön, wird neu gestrichen.
Die Kanten: Streiche alle Kanten, auch an abgeklebten Leisten, mit einem Pinsel.
Die Fläche: Arbeite mit der Walze in senkrechten Bahnen, bis die ganze Wand bedeckt ist. Dann die Farbe ganz durchtrocknen lassen und nochmals streichen – diesmal in waagerechten Bahnen.

Die Wand vorbereiten

Um Risse, Löcher und abblätternde Farbe auszubessern, brauchst du eine geeignete Spachtelmasse für die jeweilige Lochtiefe, eine kurzflorige Walze, Spachtel, Lappen und Schleifpapier. Wenn Spachtelmasse trocknet, schrumpft sie, darum ist oft ein zweiter oder sogar dritter Auftrag notwendig.

1. Schäden ausbessern mit Fertig-Spachtelmasse

Löcher: Setze die Tubenspitze am Loch an und drücke Spachtelmasse hinein. Streiche sie mit dem Spachtel glatt und bringe die Masse, die auf ihm zurückbleibt, erneut auf. Mehrmals wiederholen.

Risse: Kratze den Riss mit der Ecke des Spachtels aus, um lose Partikel zu entfernen. Dann Spachtelmasse in den Riss drücken und glätten. Trocknen lassen.

Abblätternde Farbe: Entferne lose Farbe sorgfältig mit dem Spachtel, aber löse keine Farbe, die noch fest sitzt. Streiche Spachtelmasse auf die Ränder der schadhaften Stelle. Glätte mit dem Spachtel und verteile die Masse, die an ihm haften bleibt, zur Mitte hin im schadhaften Bereich. Nach Herstelleranweisung trocknen lassen, dann eine zweite Schicht auftragen. Wieder an den Rändern beginnen und die Masse zur Mitte hin verstreichen.

2. Nach dem Trocknen die gespachtelten Stellen sorgfältig schleifen, bis keine Wölbung mehr zu tasten ist.

3. Den Schleifstaub mit einem Lappen abwischen. Da gespachtelte Stellen sehr saugfähig sind, muss hier mehr Farbe aufgetragen werden, um helle Flecken zu vermeiden.

Was habe ich falsch gemacht?

Tropfnasen: Die Farbe rinnt herunter und bildet Tropfen.

Ursachen: Schlecht verteilte Farbe, zu viel Farbe auf Walze oder Pinsel, zu stark verdünnte oder schlecht gerührte Farbe. Farbe nur mäßig verdünnen, in dünner Schicht auftragen und Pinsel oder Walze immer gut abtropfen lassen.

Behebung: Tropfen entfernen, bevor er trocknet, und darüber streichen.

Scheckiger Anstrich: Helle oder dunkle Flecken, die alte Farbe schimmert durch.

Ursachen: Farbton für den Untergrund nicht geeignet, zu stark verdünnte oder schlecht gerührte Farbe, ungleichmäßig oder zu dünn aufgetragene Farbe.

Behebung: Wenn sich alte und neue Farbe stark unterscheiden, weiß grundieren und dann die neue Farbe auftragen.

Pinselspuren: Nach dem Trocknen sind Pinselstriche erkennbar.

Ursachen: Es wurde über eine noch feuchte Stelle gestrichen oder an einer Stelle zu oft gestrichen.

Behebung: Durchtrocknen lassen und die Stelle erneut mit der richtigen Menge Farbe streichen.

Risse: Farbe reißt beim Trocknen oder haftet schlecht.

Ursache: Es wurde eine Farbe mit anderer Elastizität aufgetragen, bevor die untere Schicht getrocknet war.

Behebung: Ganz durchtrocknen lassen, Stelle schleifen und neu streichen.

SCHRITT FÜR SCHRITT >>>

Ein Wandregal anbringen

DU BRAUCHST:

* Bandmaß und Bleistift
* Wasserwaage
* Bohrmaschine
* Schrauben und Dübel (4 pro Brett)
* Regalbretter
* 2 Konsolen pro Brett
* Schraubendreher

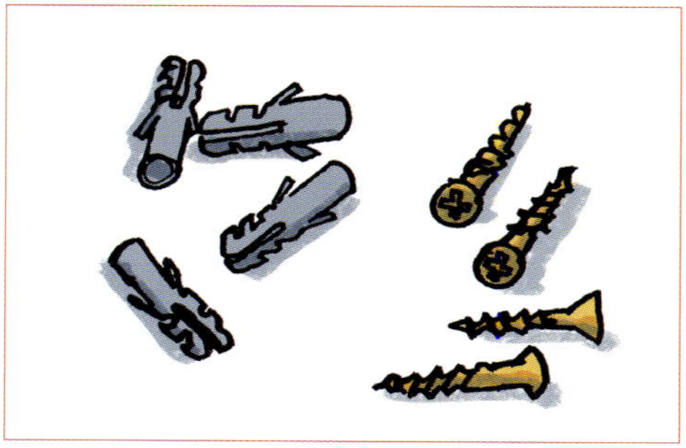

1. Hast du alles? Kontrolliere, ob deine Schauben sowohl zu den Dübeln als auch zu den Bohrungen in den Konsolen passen. Markiere die gewünschte Position des Regals dünn mit Bleistift an der Wand.

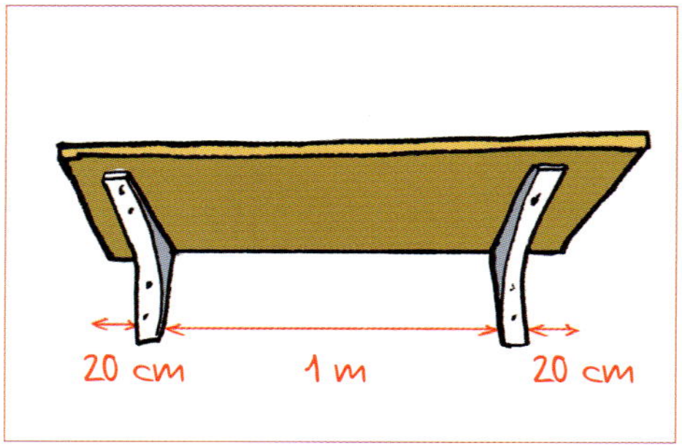

2. Halte eine Konsole an die Wand, berücksichtige dabei den Überstand des Regalbretts. Richte die Konsole mit der Wasserwaage gerade aus und zeichne die Löcher an. Ein Loch bohren, den Dübel einsetzen und die Konsole locker festschrauben. Die Position des zweiten Lochs nochmals prüfen. Bohren, den Dübel einsetzen und beide Schrauben festziehen.

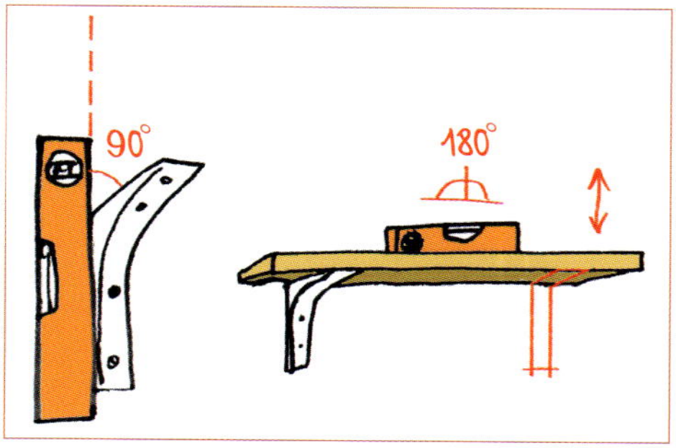

3. Zur Montage der zweiten Konsole legst du das Regalbrett auf die bereits befestigte. Richte es mit der Wasserwaage aus und zeichne seine Unterkante auf der Wand an. Das Regalbrett abnehmen, die zweite Konsole an der Linie anlegen, senkrecht ausrichten und bohren (Schritt 2).

4. Nun das Regalbrett so auf die Konsolen legen, dass es beidseitig gleich weit übersteht. Von unten mit der Konsole verschrauben. Wichtig ist, dass die Schrauben kürzer als die Regalstärke sind, damit ihre Spitzen nicht die Regaloberseite durchstoßen.
Willst du weitere Regale anbringen? Beginne wieder bei Schritt 1.

SCHRITT FÜR SCHRITT >>>

Eine Gardinenstange montieren

1. Position markieren. Hersteller empfehlen oft, die Halterungen 15 cm über dem Fensterrahmen anzubringen, das ist aber kein Gesetz. Berücksichtige auch Form und Proportionen der Fenster. Lege die Halterungen an und markiere die Positionen dünn mit Bleistift.

2. Den zweiten Halter anbringen. Schrauben und Dübel werden normalerweise mitgeliefert – wähle einen passenden Bohrer. Bohre zuerst nur ein Loch, anfangs mit geringer Drehzahl, dann allmählich schneller. Möglicherweise musst du die Position des zweiten Lochs noch korrigieren.

3. Den zweiten Halter anbringen. Markiere die Position des Halters mit einer langen Holzleiste und einer Wasserwaage. Alternativ an der Unterkante der Wasserwaage eine Linie auf die Wand zeichnen und diese schrittweise bis zum anderen Ende verlängern. Dann Schritt 2 wiederholen.

4. Beide Halter endgültig anbringen. Prüfe die Positionen beider Halter. Lockere die Schrauben, um die Halter zum Bohren der zweiten Löcher aus dem Weg drehen zu können. Die Halter festschrauben, die Gardinenstange einlegen und die Endstücke aufstecken.

DU BRAUCHST:

* Bandmaß und Bleistift
* Gardinenstange, komplett mit Haltern, Schrauben und Dübeln
* Bohrmaschine
* Wasserwaage
* Lange Holzleiste
* Schraubendreher

SCHRITT FÜR SCHRITT >>>

Eine Steckdose auswechseln

Grundausstattung für Elektroarbeiten

DU BRAUCHST:

* Taschenlampe
* Abisolierzange
* Bohrmaschine
* Lüsterklemmen
* Schraubendreher (Schlitz und Kreuzschlitz)
* Phasenprüfer
* Kneifzange
* Schere

1. Die Abdeckung abmontieren. Sie kann, je nach Modell, mit Klemmen oder Schrauben befestigt sein. Den Abdeckrahmen abnehmen.

2. Den Metallrahmen vor dem Steckdoseneinsatz mit dem Schraubendreher lösen. Er kann mit Schrauben oder mit seitlichen Spreizkrallen befestigt sein. Heble den Einsatz mithilfe des Schraubendrehers heraus, ohne zu stark an den Kabeln zu ziehen. Die Kabelanschlüsse nach vorn drehen.

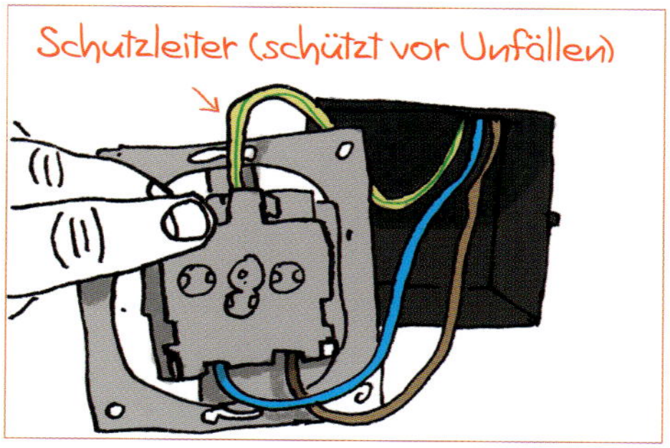

3. Adern richtig anschließen. Bevor du die Adern löst, achte darauf, wo sie angeschlossen sind. Normalerweise sind drei Adern vorhanden: Phase oder stromführender Leiter (braun), Nullleiter (blau) und Schutzleiter (grün-gelb). Ist eine Ader schadhaft, solltest du alle drei auf gleiche Länge kürzen und die Enden abisolieren. Dann in die zugehörigen Klemmen schieben und gut festschrauben.

4. Steckdoseneinsatz mit Metallplatte wieder einsetzen und sorgfältig festschrauben. Danach die Abdeckung montieren und ebenfalls gut festschrauben.

SCHRITT FÜR SCHRITT >>>

Einen Kabelschalter auswechseln

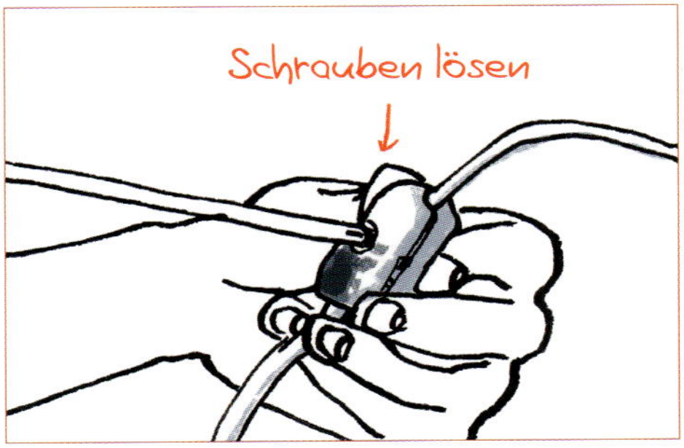

1. Zuerst die Schrauben lösen, die das Schaltergehäuse zusammenhalten.

2. Bei einem Schalter mit zwei Klemmen wird eine der Adern an der Seite des Schaltergehäuses entlanggeführt. Bei Lampenkabeln, deren Adern aus vielen feinen Kupferdrähten bestehen, empfiehlt es sich, die „ausgefransten" Aderenden abzuschneiden.

3. Die abisolierten Aderenden mit einem Lötkolben verzinnen oder Aderendhülsen aufstecken und mit einer Zange zudrücken. Dann die Adern in die Anschlussklemmen stecken und festschrauben.

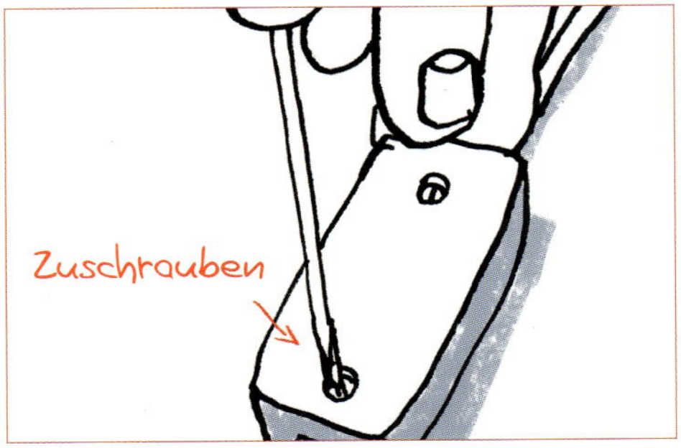

4. Zuletzt den Unterbrecher wieder in das Schaltergehäuse einlegen und den Deckel mit den zugehörigen Schrauben schließen.

CLEVER

EIN KABEL ABISOLIEREN

1. Den Plastikmantel des Kabels mit einer Schere aufschneiden, um die Adern freizulegen. Die Umhüllungen der Adern mit einer Abisolierzange entfernen.

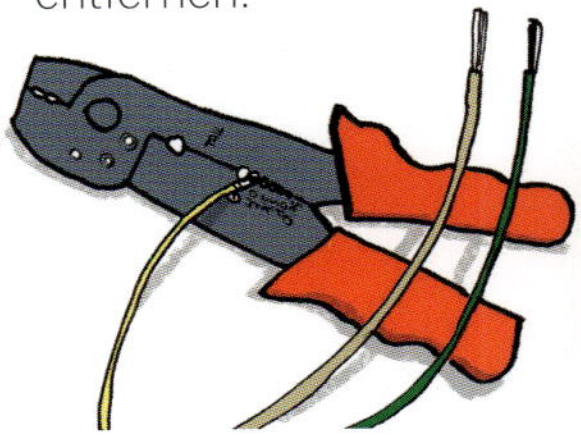

2. Du kannst die Ader auch zwischen die Klingen einer Schere klemmen, die Klingen behutsam zusammendrücken und die Ader hin und her drehen, bis der Plastikmantel durchtrennt ist. Die feinen Kupferdrähte müssen intakt bleiben.

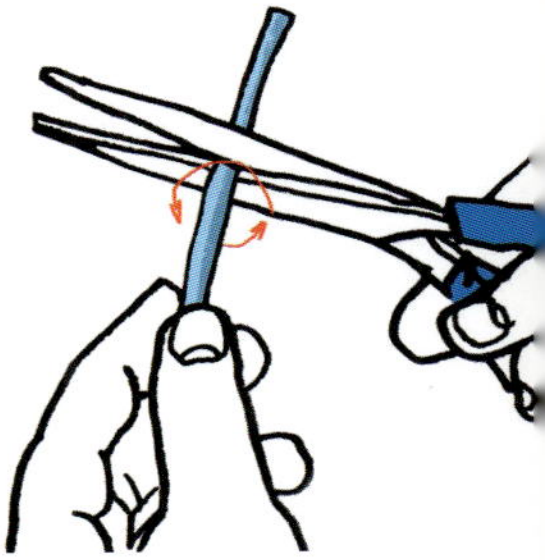

Klempner-Grundausstattung

DU BRAUCHST:

* Bandmaß und Bleistift
* Werkzeugkasten mit dem Wesentlichen
* Schraubenschlüssel (verschiedene Größen)
* Rohrzange
* Armaturenzange
* Schraubendreher
* Teflonband oder Gewebeband

Alles im Fluss?

Undichtes Rohr

Wenn ein Wasserrohr undicht ist, muss ein Sanitärinstallateur her. Aber bis er kommt, kannst du das Problem provisorisch beheben. Das hat den Vorteil, dass du nicht den Haupthahn zudrehen und womöglich stundenlang auf Wasser verzichten musst.

SCHRITT FÜR SCHRITT >>>

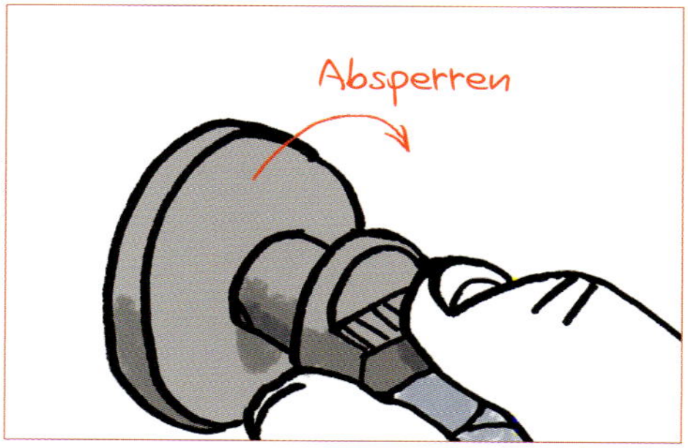

1. Den Haupthahn zudrehen. Den Wasserhahn, der dem Leck am nächsten ist, aufdrehen, damit das Restwasser abläuft. Die undichte Stelle abtrocknen.

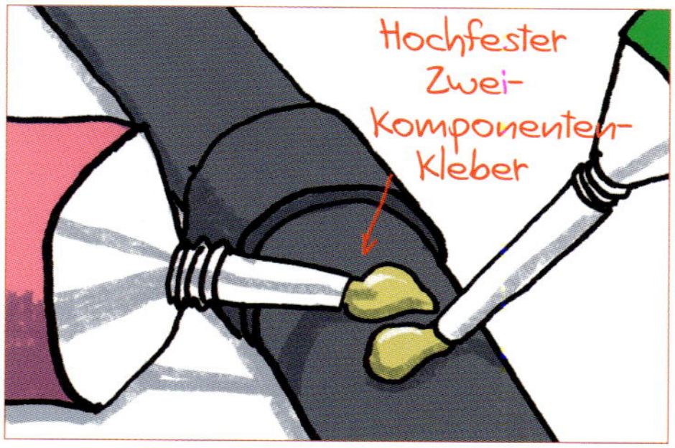

2. Mische Harz und Härter nach Herstelleranleitung. Trage den Kleber rund um das Rohr auf und lass ihn antrocknen. Das kann einige Stunden dauern.

3. Umwickle die Stelle mit Gewebeband oder anderem wasserdichten Klebeband. Trage noch eine Schicht Klebstoff auf und lass ihn wieder gemäß Anleitung trocknen. Dann kannst du das Wasser wieder aufdrehen. Auch wenn sich der Hauptzufluss nicht abdrehen lässt, kannst du den Schaden mit gutem Gewebeband in Grenzen halten.

Abfluss verstopft?

SPÜLE

Wenn das Wasser aus der Küchenspüle schlecht abfließt, hilft meistens eine Saugglocke.

1. Decke den Überlauf des Spülbeckens mit einem Lappen dicht ab.
2. Setze die Gummiglocke auf den Abfluss und halte sie fest. Drücke den Griff mehrmals mit pumpenden Bewegungen herunter. Die Gummiglocke saugt sich fest und drückt einen Luftstoß durch das Rohr, der die Schmutzteile löst.
3. Bei hartnäckiger Verstopfung kannst du einen Rohrreinigungsschlauch an den Wasserhahn anschließen und ins Abflussrohr einführen. Decke den Abfluss um den Schlauch herum mit einem Lappen dicht ab und dreh den Wasserhahn voll auf, um das Rohr mit Wasserdruck frei zu spülen.

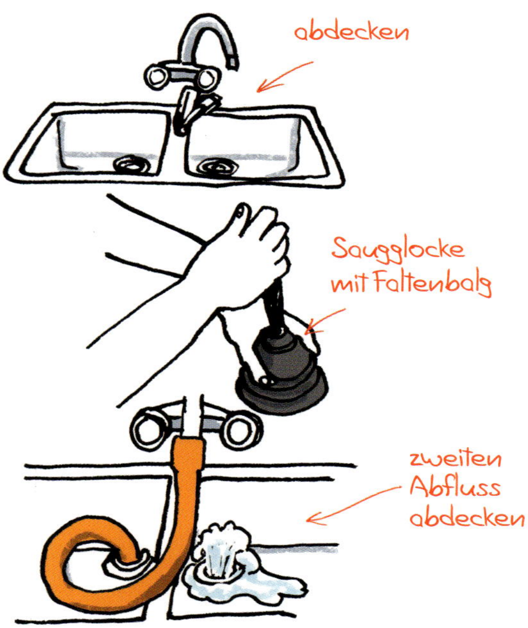

TOILETTE

Wenn die Toilette wegen einer Rohrverstopfung nicht abfließt, hat es wenig Zweck, die Spültaste zu betätigen. Dabei besteht nur Gefahr, dass das Wasser im Becken aufsteigt und womöglich überläuft.

1. Fülle das Toilettenbecken mit einem Eimer bis 10 cm unter dem Rand mit Wasser.
2. Stoße mit dem Wischmopp mehrmals kräftig in den Toilettenabfluss. Dadurch entsteht im Abflussrohr ein erhöhter Wasserdruck, der die Verstopfung meist beseitigt.
3. Wenn das nicht hilft, versuche es mit einer Rohrreinigungsspirale, die du in jedem Baumarkt für wenig Geld bekommst.

Für kleine Reparaturen

HANDWERKSZEUG:

- Rohrzange
- Zange
- Gewebeband oder Teflonband
- Schraubendreher

Probleme mit dem Toiletten-Spülkasten

Wenn der Spülkasten deiner Toilette ständig rauscht, weil Wasser nachläuft, liegt meistens ein Defekt an einem seiner drei Hauptbestandteile vor: am Schwimmer, am Einlaufventil oder am Auslaufventil.

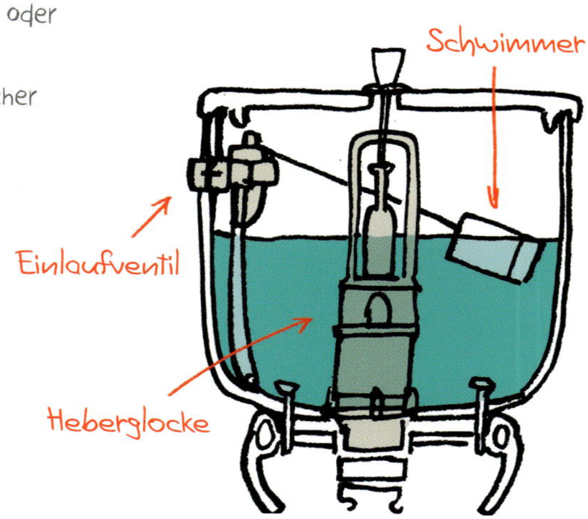

1. DER SCHWIMMER IST NICHT RICHTIG EINGESTELLT.

Ist der Schwimmer zu hoch eingestellt, strömt zu viel Wasser in den Spülkasten und fließt durch den Überlauf wieder hinaus. Am Schwimmer befindet sich ein Einstellrad, mit dem sich seine Position justieren lässt.

1. Senke den Schwimmer ab, damit das Ventil den Wasserzulauf früher unterbricht.

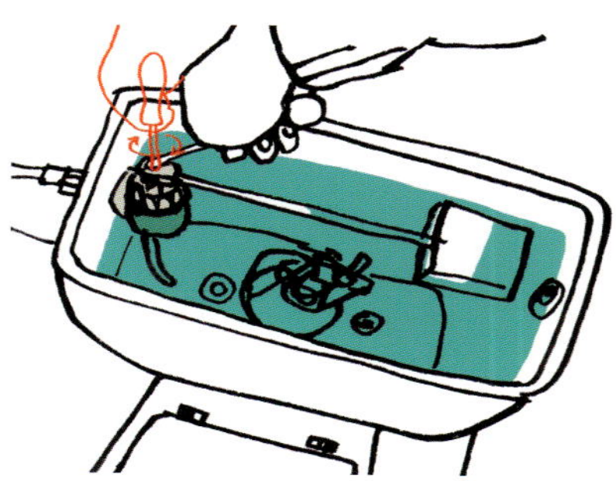

2. DIE DICHTUNG AM AUSLAUFVENTIL IST DEFEKT.

Sie lässt sich ohne viel Aufwand auswechseln.

1. Dreh das Eckventil zu und entleere den Spülkasten.
2. Schraube die Heberglocke in der Mitte heraus. Sie sitzt über dem Auslaufventil und an ihrem unteren Ende befindet sich eine Dichtung. Wenn sie porös ist, muss sie ausgewechselt werden.

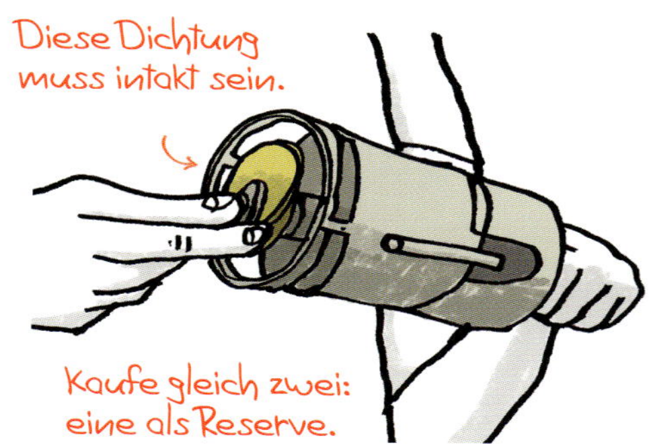

3. Nimm die defekte Dichtung als Muster mit in den Baumarkt.
4. Setze die neue Dichtung ein, schraube die Heberglocke wieder fest und dreh das Eckventil auf. Wenn der Spülkasten sich gefüllt hat, justiere den Schwimmer.

3. DIE DICHTUNG AM EINLAUFVENTIL IST DEFEKT.

Diese Dichtung verschließt das Ventil für den Wasserzufluss. Auch sie lässt sich leicht auswechseln.

1. Dreh das Eckventil zu, leere den Spülkasten und baue den Schwimmer aus.
2. Löse die Schraube und dreh die Ventilabdeckung auf. Im Inneren liegt ein runder Gummiring. Das ist die Dichtung.

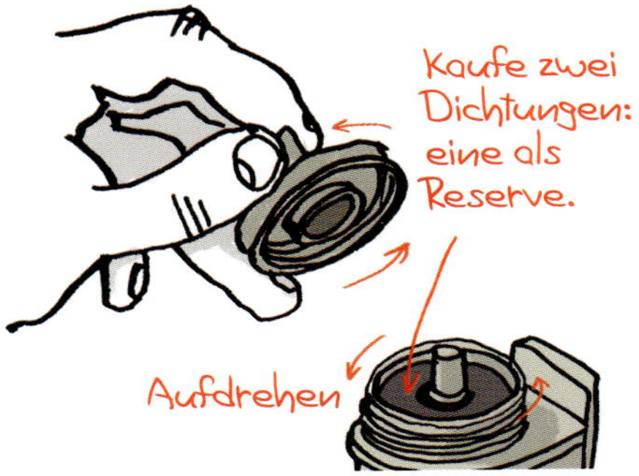

3. Präge dir den Aufbau des Ventils ein. Bei manchen Ventiltypen befindet sich über der Dichtung ein Zapfen aus Kunststoff, der nicht verloren gehen darf. Nimm die defekte Dichtung als Muster mit in den Baumarkt.

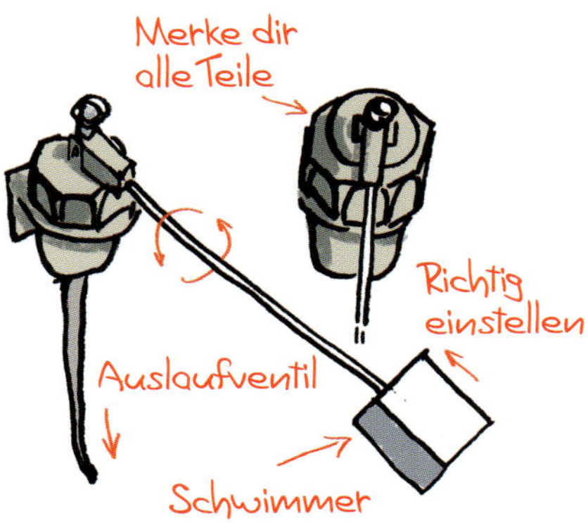

4. DAS EINLAUFVENTIL IST DEFEKT

Auch wenn das Einlaufventil selbst defekt ist, kann ständig Wasser in den Spülkasten strömen. Mit ein paar Handgriffen kannst du das Ventil austauschen.

1. Dreh das Eckventil zu und entleere den Spülkasten.

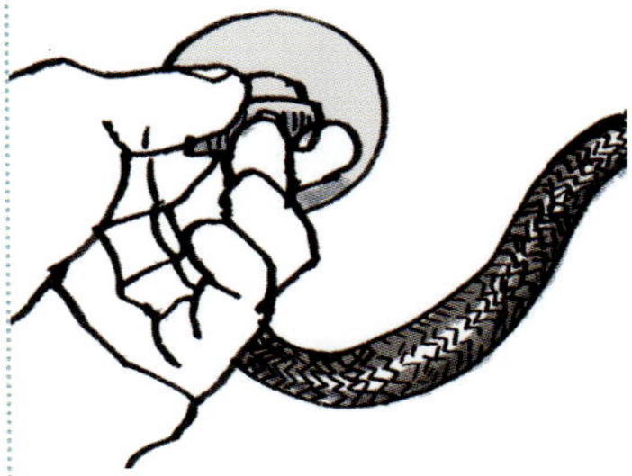

2. Löse die Verschraubung des Zulaufrohrs oder Flexschlauchs am Spülkasten. Halte dafür das Rohr oder den Flexschlauch mit einer Zange fest und löse die Muttern auf der Außenseite des Spülkastens mit einem Schraubenschlüssel, bis sich der Zulauf abnehmen lässt.

3. Entferne die letzte Mutter außen.

4. Entnimm das komplette Einlaufventil und ersetze es durch ein neues. Eine Einbauanleitung wird meist mitgeliefert. Setze das neue Ventil so ein, dass es gerade steht und nicht gegen die Wände oder den Boden des Spülkastens schrammt.

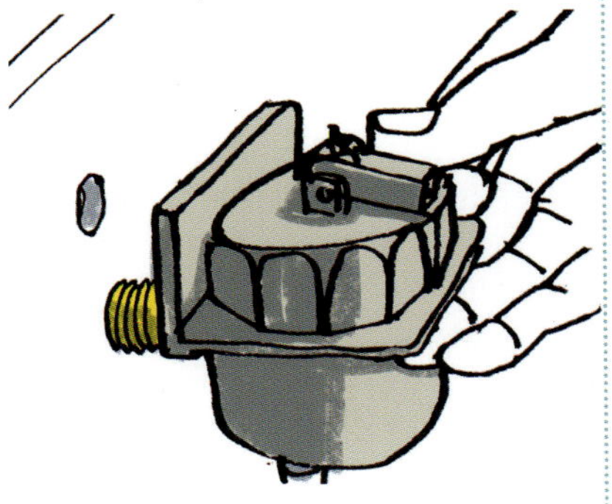

5. Jetzt den Schwimmer samt Arm wieder montieren und das Eckventil öffnen. Wenn der Spülkasten gefüllt ist, justiere die Einstellung des Schwimmers (siehe Seite 240).

HILFE!

DIE EXPERTIN WEISS RAT

ANA GALLO

CLAUS

LEHRER
42 JAHRE

Ich habe Murks gemacht! Beim Streichen von Wand und Decke habe ich Kanten abgeklebt, aber beim Ablösen des Malerkrepps ist stellenweise alte Farbe sichtbar geworden. Wie bekomme ich eine gerade Kante hin?

LÖSUNG: Saubere Kanten gehören zu den größten Herausforderungen beim Streichen. Wenn du eine ruhige Hand hast, zieh die Kante mit einem dünnen Pinsel nach, um deine Panne zu beheben. Achte künftig darauf, Malerkrepp sorgfältig anzudrücken, damit keine frische Farbe darunter laufen kann. Und zieh es nach dem Streichen ab, bevor die Farbe ganz getrocknet ist. Schau dich auch einmal im Fachhandel um. Da gibt viel praktisches Zubehör, beispielsweise Beschneideroller, die auf einer Seite mit einer Plastikzunge ausgestattet sind. Mit ihnen gelingen gerade Kanten ganz leicht.

KATJA

HEILPRAKTIKERIN
28 JAHRE

Ich möchte einen Küchenschrank aufhübschen. Welche Farbe haftet auf der Melaminbeschichtung am besten?

LÖSUNG: Melamin ist ein porenfreies, glattes, nicht saugendes Material, das besondere Vorgehensweisen und Farben erfordert. Speziallacke für Melaminoberflächen gibt es in vielen Farbtönen zu kaufen. Vor dem Anstrich müssen die Fronten mit Küchenschwamm und Anlauger gründlich gereinigt werden. Dann mit feinem Schleifpapier (240er Körnung) anrauen und den Schleifstaub mit klarem Wasser abwischen. Wische auch den Küchenfußboden, damit der neue Anstrich nicht durch aufwirbelnden Staub verunreinigt wird. Dann trägst du – am besten mit einer kleinen Lackierwalze – eine Grundierung für Melaminoberflächen auf. Sie sorgt dafür, dass der farbige Lack gut haftet und strapazierfähig ist. Gut durchtrocknen lassen und zuletzt im Farbton deiner Wahl lackieren. Möglicherweise sind zwei Anstriche nötig.

FLORIAN

ERZIEHER
24 JAHRE

Ich will einen alten Stuhl restaurieren und bekomme einfach die rostigen Schrauben nicht heraus. Gibt es einen Trick?

LÖSUNG: Versuche es mit einem mit Cola getränkten Wattebausch, mit dem du die Schrauben und die jeweilige Stelle gut einreibst. Lass die Mischung eine Weile einwirken und versuche dann, die Schrauben herauszudrehen. Das klingt kurios, aber Colagetränke enthalten Phosphorsäure, die mit dem Eisenoxid reagiert und den Rost umwandelt. Ein Versuch lohnt sich auf jeden Fall.

GREGOR

KURIERFAHRER
30 JAHRE

Ich will ein Regal anbringen, aber die Wand ist recht dünn. Wie vermeide ich, sie zu durchbohren?

LÖSUNG: Kaufe dir im Baumarkt einen Tiefenanschlag für deine Bohrmaschine. Dieses Zubehörteil kostet wenig und lässt sich millimetergenau einstellen. Alternativ miss die Wandstärke und klebe ein Stück Malerkrepp um deinen Bohrer, um die maximale Bohrtiefe zu markieren.

JOHANNES

JOURNALIST
36 JAHRE

Ich habe den Kabelsalat auf dem Fußboden satt! Geht das nicht ordentlicher?

LÖSUNG: Du könntest die Kabel mit Nagelschellen oder Klemmen, die es in verschiedenen Größen gibt, an der Wand fixieren. Am unauffälligsten sieht es aus, wenn du sie direkt an Türrahmen oder Fußleisten entlang führst. Eine Alternative sind Kabelkanäle aus Kunststoff, die auf die Wand geklebt oder geschraubt werden. Sie lassen sich öffnen und schließen, um Kabel einzulegen oder zu entnehmen, und können im Farbton der Wände gestrichen werden.

PABLO

STUDENT
26 JAHRE

Ich würde Pinsel und Farbwalzen gern mehrmals verwenden. Was muss ich tun, damit sie brauchbar bleiben?

LÖSUNG: In den Herstellerhinweisen von Farben ist meist auch angegeben, wie Malerwerkzeug gereinigt wird. Hier ein paar Tipps.
Pinsel: Hast du wasserlösliche Acryl- oder Dispersionsfarben verwendet, wasche die Pinsel sofort nach der Arbeit mit Wasser und Seife aus. Wenn du lösemittelhaltige Farben verarbeitet hast, stell die Pinsel einige Stunden in Terpentin oder Pinselreiniger. Danach ebenfalls mit Wasser und Seife auswaschen.
Walzen: Farbreste mit Zeitungspapier entfernen. Wasserlösliche Farben unter fließendem Wasser ausspülen. Zieh auch den Griff heraus und reinige ihn. Trocknen lassen und in einer Plastiktüte aufbewahren. Walzen, mit denen du lösemittelhaltige Farben gestrichen hast, solltest du besser nicht wiederverwenden.

PUTZEN MIT SYSTEM

Nicht alle Räume werden gleich stark strapaziert, folglich müssen sie auch nicht im gleichen Rhythmus gereinigt werden. Andererseits ist es keine gute Idee, das Putzen dem Zufall oder dem Lustprinzip zu überlassen. Ein sinnvoller, durchdachter Plan hilft dabei, das Reinigungsprogramm im Griff zu behalten und unerfreuliche Last-Minute-Großaktionen zu vermeiden. Damit der Putzplan zu deinen Lebensumständen passt, könntest du dir die folgenden Fragen stellen:

Wie viel Zeit habe ich? Für eine Grundreinigung solltest du mehrere Stunden einplanen. Lege aber auch für kürzere Putzeinsätze eine konkrete Zeitspanne fest, denn bei solchen Arbeiten verliert man leicht das Zeitgefühl.

Was kann ich täglich erledigen? Wenn du jeden Tag Kleinigkeiten tust, bleibt weniger liegen und du sparst dir Großaktionen.

Kann ich meinen Plan einhalten? Ein wirklich guter Plan ist auf deine Kräfte, deine Zeit und deine Lebensumstände abgestimmt – und er ist flexibel.

Saisonwechsel

FRÜHLING

- Winterkleidung verstauen und aussortieren, was du nicht mehr trägst
- Sonnenschutz und Insektenschutz anbringen
- Winterschutz von Markisen abnehmen
- Tragbare Heizgeräte staubgeschützt verstauen

SOMMER

- Wollteppiche verstauen
- Winter- durch Sommerbettdecken ersetzen
- Heizungs- und evtl. Klimaanlage warten lassen
- Vorbereitungen für die Ferienzeit treffen (Gebäudesicherheit, Pflanzen etc.)

HERBST

- Sommerkleidung verstauen und aussortieren, was du nicht mehr trägst
- Wasserrohre im Außenbereich überprüfen (fester Sitz, Frostfestigkeit)
- Dachrinnen und Kamine oder Kaminöfen reinigen
- Heizkörper entlüften

WINTER

- Winterschutz über Markisen ziehen
- Sonnenschutz und Insektenschutz abnehmen
- Warme Teppiche auslegen
- Bettdecken (Inletts) waschen oder reinigen lassen

Der blitzsaubere Jahresplaner

	alle 1 bis 2 Tage	1-mal wöchentlich	alle 2 Wochen
BAD	• Reinigen: Toilette, Bidet, Waschbecken, Fußboden • Badetuch wechseln (nach 2 Duschen)	• Badewanne / Dusche, Armaturen, Duschkabine, Spiegel • Handtücher wechseln*	
KÜCHE	• Arbeitsfläche, Herd, Spüle, Fußboden • Fress- und Trinknapf (Haustier) • Geschirrtücher wechseln	• Schrankfronten, Elektrogeräte (Mikrowelle, Kühlschrank, Spülmaschine) • Wäsche waschen	• Kühlschrankinhalt durchsehen, Mindesthaltbarkeitsdaten prüfen
SCHLAFZIMMER	• Betten machen (täglich)	• Bettbezüge wechseln (im Sommer 2-mal wöchentlich)	• Kopfteil und Regale abstauben • Matratze wenden
WOHNZIMMER	• Fegen oder saugen • Tische abstauben	• Boden wischen • Aufräumen, alte Zeitungen aussortieren	
FLUR		• Fegen oder saugen • Staub wischen	
ALLGEMEIN		• Teppiche ausklopfen oder absaugen • Holzböden reinigen	• Mülleimer reinigen • Staub wischen auf CDs, DVDs, Musikanlage, Fernseher und Computer • Hund baden

* Die Angaben sind für eine dreiköpfige Familie mit zwei berufstätigen Erwachsenen ausgelegt. Wie oft Vorhänge und vergleichbare Textilien gewaschen werden müssen, hängt vom Stoff ab, aber auch von der Luftverschmutzung (z. B. durch Straßenverkehr, Baustellen). Handtücher immer gut trocknen lassen, sonst riechen sie schnell muffig und müssen häufiger gewaschen werden. Wenn die Haushaltsmitglieder werktags in der Kantine / Mensa essen, können Geschirrtücher seltener gewaschen werden.

alle 1 bis 2 Monate	alle 3 Monate	alle 6 Monate	1-mal jährlich
• Kacheln putzen • Rohre reinigen (mit Essigessenz)		• Spülkasten reinigen	• Hausapotheke durchsehen, alte Medikamente und Kosmetika entsorgen
• Backofen reinigen • Rohre reinigen	• Kühlschrank von innen säubern (mit Essigwasser)	• Kühlschrank und Gefrierschrank abtauen und grundreinigen	• Dunstabzugshaube reinigen, Filter wechseln • Schubladen und Schränke aufräumen und reinigen
• Matratze absaugen • Grundreinigung: aufräumen, Zierkissen und Tagesdecken waschen	• Vorhänge waschen	• Kopfkissen waschen • Wolldecken waschen	• Synthetikbettdecken waschen
	• Vorhänge und Sofabezüge waschen		• Holzböden pflegen
• Eingangstür abwischen			
• Fenster und Spiegel putzen • Bücher abstauben	• Staub hinter Möbeln entfernen • Zimmerdecken entstauben • Hund / Katze entwurmen	• Holztüren abwischen	• Leuchtmittel säubern • Wände abwaschen oder streichen • Teppiche (in die Reinigung bringen) • Gasinstallation überprüfen lassen

Das ist in 20 Minuten erledigt!

Wenn du in der Wohnung Ordnung hältst und vermeidest, dass sich in Küche und Bad Schmutz ansammelt, ist schon viel gewonnen. Verteilst du kleine Arbeiten so, dass sie gut in deinen Wochenablauf passen, dann lassen sich viele fast nebenbei erledigen. Und wenn du Dinge, die dich viel Mühe oder Überwindung kosten, gleich montags erledigst, hast du sie für die Woche abgehakt. Reserviere den Samstag für größere Aktionen oder zum Vorkochen für die Woche.

	Bad	Küche
MONTAG	• Aufräumen • Toilettensitz abwischen	• Arbeitsfläche und Herd abwischen • Spüle freiräumen (nach dem Kochen) • Abwaschen oder Spülmaschine einräumen
DIENSTAG	• Waschbecken abwischen (auch Außenseite)	• **Schränke über dem Herd abwischen** • Spülmaschine ausräumen • Abwaschen oder Spülmaschine einräumen • Spüle freiräumen (nach dem Kochen) • Fegen (oder saugen) und wischen
MITTWOCH	• Spiegel putzen • Fegen und wischen • Toilette mit der Bürste reinigen	• Spüle freiräumen (nach dem Kochen) • Arbeitsfläche und Herd putzen • Abwaschen oder Spülmaschine einräumen • Wäsche aufhängen
DONNERSTAG	• Aufräumen • Toilettensitz abwischen • Dusche putzen	• Spüle freiräumen (nach dem Kochen) • Arbeitsfläche und Herd putzen • Spülmaschine ausräumen • Abwaschen oder Spülmaschine einräumen
FREITAG	• Toilettensitz gründlich mit einem Schwamm reinigen	• **Schränke unter und über der Spüle abwischen** • **Essensreste im Kühlschrank entsorgen** • Abwaschen oder Spülmaschine einräumen • Fegen und wischen

Arbeiten in weißer Schrift müssen nicht unbedingt wöchentlich erledigt werden und können durch andere ersetzt werden (Mülleimer auswaschen, Gemüsefach im Kühlschrank reinigen etc.).

Schlafzimmer	Wohnzimmer	Allgemein
• Bett machen • Kleidung aufhängen und Schuhe wegräumen	• Aufräumen (Zeitschriften, alles, was nicht am Platz ist)	• Wäsche zusammenlegen und bügeln
• Bett machen • Kleidung aufhängen und Schuhe wegräumen • Fegen	• Sofa in Ordnung bringen • Fegen	
• Bett machen • Nachttisch aufräumen	• Sofa in Ordnung bringen • Staub wischen	• Wäsche waschen
• Bett machen	• Aufräumen (Zeitschriften, alles, was nicht am Platz ist)	
• Bett machen • Staub wischen	• Sofa in Ordnung bringen • Fegen und wischen	• Wäsche zusammenlegen und bügeln • Wäsche waschen

REGISTER

REGISTER